航空运输类专业系列教材

民 航 市 场 营 销

韩奋畴　马广岭　主　编
宋欣明　王晓丽　副主编

电子工业出版社
Publishing House of Electronics Industry
北京·BEIJING

内 容 简 介

本书按照学习市场营销知识的进阶顺序,分为三篇:第一篇为民航市场营销基础知识,分为2章,讲解了市场、市场营销、市场营销要素等概念;第二篇为民航市场营销主要岗位实务,分为4章,分别讲解了民航产品设计和维护类岗位知识与技能、价格和销售控制类岗位知识与技能、分销渠道与客户关系类岗位知识与技能、促销类岗位知识与技能;第三篇为民航市场营销管理与战略,分为2章,分别讲解了市场营销管理和市场营销战略。

本书可作为普通高等院校和职业院校民航运输、销售代理、航空服务、空中乘务等专业相关课程的教材,也可作为航空公司、民航机场、民航销售代理等民航企业的培训教材。

图书在版编目(CIP)数据

民航市场营销 / 韩奋畴,马广岭主编. —北京:电子工业出版社,2019.8
ISBN 978-7-121-36986-5

Ⅰ.①民… Ⅱ.①韩… ②马… Ⅲ.①民用航空-市场营销学-高等学校-教材 Ⅳ.①F560

中国版本图书馆 CIP 数据核字(2019)第 131887 号

责任编辑:王艳萍
印　　刷:中煤(北京)印务有限公司
装　　订:中煤(北京)印务有限公司
出版发行:电子工业出版社
　　　　　北京市海淀区万寿路 173 信箱　邮编　100036
开　　本:787×1 092　1/16　印张:13　字数:332.8 千字
版　　次:2019 年 8 月第 1 版
印　　次:2024 年 12 月第 12 次印刷
定　　价:42.00 元

凡所购买电子工业出版社图书有缺损问题,请向购买书店调换。若书店售缺,请与本社发行部联系,联系及邮购电话:(010)88254888,88258888。

质量投诉请发邮件至 zlts@phei.com.cn,盗版侵权举报请发邮件至 dbqq@phei.com.cn。

本书咨询联系方式:(010)88254574,wangyp@phei.com.cn。

航空运输类专业系列教材
建设委员会

协助建设单位

国际航空运输协会

春秋航空股份有限公司

奥凯航空有限公司

香港快运航空公司

重庆机场集团

北京外航服务公司

北京临空国际技术研究院

郑州中原国际航空控股发展有限公司

杭州开元书局有限公司

三亚航空旅游职业学院

广州民航职业技术学院

浙江育英职业技术学院

西安航空职业技术学院

武汉职业技术学院

武汉城市职业学院

江西青年职业学院

长沙航空职业技术学院

成都航空职业技术学院

上海民航职业技术学院

南京旅游职业学院

西安交通大学

三峡航空学院

西安航空学院

北京理工大学

北京城市学院

烟台南山学院

青岛工学院

西安航空职工大学

南通科技职业学院

中国民航管理干部学院

郑州航空工业管理学院

长沙南方职业学院

长沙商贸旅游职业技术学院

长沙民政学院

南京航空航天大学

浙江旅游职业学院

潍坊工程职业学院

江苏工程职业技术学院

江苏安全技术职业学院

湖南生物机电职业技术学院

河南交通职业技术学院

浙江交通职业技术学院

新疆天山职业技术学院

正德职业技术学院

山东外贸职业学院

山东轻工职业学院

三峡旅游职业技术学院

郑州大学

滨州学院

九江学院

安阳学院

河南工学院

中国石油大学

厦门南洋学院

广州市交通技师学院

吉林经济管理干部学院

石家庄工程职业学院

陕西青年职业学院

廊坊职业技术学院

廊坊燕京职业技术学院

秦皇岛职业技术学院

广州珠江职业技术学院

广州涉外经济职业技术学院

武汉东湖光电学校

闽西职业技术学院

黄冈职业技术学院

衡水职业技术学院

山东海事职业学院

安徽建工技师学院

安徽国防科技职业学院

惠州市财经职业技术学院

黑龙江能源职业学院

北京经济技术管理学院

四川文化传媒职业学院

济宁职业技术学院

泉州海洋职业学院

辽源职业技术学院

江海职业技术学院

云南经济管理学院

江苏航空职业技术学院

山东德州科技职业学院

河南工业贸易职业学院

兰州航空工业职工大学

四川交通职业技术学院

烟台工程职业技术学院

重庆第二师范学院

南阳师范学院

成都文理学院

郑州工商学院

云南旅游职业学院

武汉外语外事职业学院

德阳川江职业学校

武汉外语外事职业学院

湖北交通职业技术学院

《民航市场营销》
编委会

主　编　韩奋畴　马广岭

副主编　宋欣明　王晓丽

参　编　张　伟

前言

随着中国民航改革的深入,中国民航市场不断发展壮大,民航企业特别是航空公司的市场营销从无到有,从小到大,逐渐规范成熟,市场营销岗位已成为民航企业的核心岗位之一,形成了产品、价格、渠道、促销等岗位群。民航市场营销工作本身有着较强的行业特点,而目前高校使用的通用市场营销课程教材不能完全贴近民航企业的特点。为便于民航类专业学生更有效、更有针对性地学习市场营销课程,我们编写了这本《民航市场营销》。本书立足于与民航市场实际工作岗位相结合,侧重于市场营销理论在民航市场中的应用,旨在使学生了解和掌握民航市场营销理论知识、应用技能和工作理念,实现高等职业技能人才的培养目标。本书也可以作为民航企业市场营销人员入职培训用书。

本书根据学生的认知结构、学习特点和民航企业对市场营销人才的需求设计内容体系。本书共分为三篇:第一篇民航市场营销基础知识,主要阐述了市场和市场营销的含义、民航市场营销的要素;第二篇民航市场营销主要岗位实务,主要阐述了民航市场工作人员四大类岗位(产品设计类、价格控制类、渠道客户类、促销推广类)所需掌握的知识和技能;第三篇民航市场营销管理与战略,主要从整体市场营销的角度阐述管理和战略。

本书的特色体现为工学结合,以民航市场实际工作岗位知识和技能为主线展开编写,贴近实际工作需要,同时对市场营销的理论知识予以阐述,是一本理论联系实际、具有较强行业特点且易于操作的市场营销类书籍。

韩奋畴负责本书总体统稿及第二篇、第三篇内容的编写,马广岭、张伟负责第一篇内容的编写,宋欣明负责案例和背景资料编写,王晓丽负责习题练习与实训、附录A的编写。在本书编写过程中,我们得到了三亚航空旅游职业学院院领导的大力支持和热心帮助,同时得到了海南航空、首都航空、天津航空、深圳航空等公司的各位领导的大力支持,在此表示衷心的感谢!

如有老师需要教学资源,请和作者联系(QQ:228651816, 邮箱:228651816@qq. com)。

由于编者水平有限和时间仓促,书中的缺点和不足在所难免,恳请业内专家与读者批评指正。

编　者

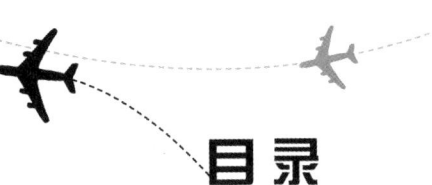

目录

第一篇　民航市场营销基础知识

本篇将重点学习市场、市场营销及市场营销的要素等相关概念，这些概念的建立是开展市场营销活动的基础。

第一章　民航市场营销的基本概念

名人格言

营销并不是要一味地推销自己已经拥有的东西，而是要为客户创造真正的价值。

——菲利普·科特勒

注：中国的航空公司需要开拓思路，从根本上改变过去单纯靠价格、航班时刻等去竞争的方式，并且要从营销的本质出发，摸索出一套有效的、适合中国国情的营销理念，满足旅客需求，为旅客创造价值，树立起自己的核心竞争力。

▌导入案例▐

市场营销创造需求

在中小学放寒暑假时，不少家长计划让孩子乘飞机探亲团聚，但父母苦于忙工作无法和孩子同行，为此，海南航空（简称海航）等航空公司推出了无人陪伴儿童服务，满足了旅客的潜在需求，赢得了市场的认可。在海南航空的班机上，挂着"无人陪伴儿童"卡片的学生乘客会得到海航的特殊照顾。海航市场部确定"无人陪伴儿童"业务的最好时期、最佳航班时刻及需注意的事项，最好选择白天起飞的航班，尽量不要选择起飞时刻太晚的。办理"无人陪伴儿童"手续必须到海航直属售票处申请，家长可拨打海南航空免费咨询热线咨询。

海航会安排专人帮助无人陪伴儿童办理行李托运和登机手续，带领儿童过安检，将儿童引领至休息区。航班起飞前，工作人员会将儿童送入客舱，并与乘务员认真交接。飞机落地后，海航工作人员会提前在廊桥口等候，核对身份后，亲自将无人陪护儿童交给其家人。

小朋友们就要开学了,海航三亚营业部迎来无人陪伴儿童回程高峰期,为确保小朋友安全顺利乘机,海航推出多项举措,确保家长放心,小朋友开心。

(1)开展"手牵手"乘机活动。针对无人陪伴儿童激增的情况,海航完善了现有的工作流程,五人以上小朋友必须有两名工作人员带领。在整个服务过程中,与小朋友手牵手,确保小朋友安全、快乐乘机。

(2)为小朋友提供专用车辆。针对旺季生产远机位比较多的情况,每个航班给小朋友提供专用车辆,为他们提供一个安全舒适的乘机环境。

(3)提供亲情电话服务。针对航班延误的情况,为旅客提供亲情电话服务,告诉航班延误的时间和预计到达的时间,得到了广大家长的好评。

第一节 市 场

问题:

(1)人们对市场的认识是一成不变的吗?

(2)需求在市场中的地位如何?

(3)需求有哪些类型和状态?

(4)如何测量市场?

(5)市场的作用是什么?

一、市场的概念

自人类出现交换活动,市场就开始产生了。市场是社会分工的产物,是商品经济发展的产物。随着社会分工、商品生产、商品交换的产生和发展,就产生了与之相适应的市场,即哪里有商品生产和商品交换,哪里就有市场。

1. 市场概念的演变

1)传统意义上的市场概念

最早的市场,是指买方和卖方聚集以交换各自货物的场所,如农贸市场、手工业品市场等。这时,把市场理解为商品交换这种特殊现象在空间上的表现形式,即传统意义上的市场是指一个具体的地点。

2)经济学意义上的市场概念

随着社会经济的发展,社会分工越来越细,商品交换日益丰富,交换形式越来越复杂,市场不再一定是真实的场所和地点。当今,许多买卖都是通过计算机网络来实现的,典型电子商务网站——淘宝网,就是提供商品交换的虚拟市场。因此,市场概念已不再受到原有时间与空间的限制,而演变为一种范围更广、含义更深、全新的市场概念,且有了更为深刻的含义。经济学家将市场这一术语表述为卖方和买方的集合,也可以说市场是一群人的集合。

3）市场营销学角度的市场概念

在市场营销学中,卖方构成行业,买方则构成市场。因此,从市场营销角度来讲,市场是指产品现实买方与潜在买方的需求总和。市场这一定义实际上是建立在对现代商品供求关系的深刻认识的基础上的,突出强调了参加交换的人们,不只是现在进行交易的人们,还包括有购买可能的潜在顾客。同时,还强调了人们的购买需求和购买能力,大大拓宽了商品交换关系的视野。

与市场有关的几个概念

需要:指人们感到缺乏某种东西的一种状态,它描述了人类的基本要求,如人们对衣食住行等的要求。

欲望:指满足需要的一种心理状态,如人对金钱的欲望。

需求:指人们有能力并愿意购买某种产品的欲望。

效用:产品满足人们欲望的能力。它是个人的心理感受,来自个人的主观评价。

2. 需求的层次和状态

需求(Demand)是市场的关键因素,需求的层次和状态有以下几种分类。

1）马斯洛的需求理论

需求理论由美国心理学家亚伯拉罕·马斯洛于1943年在《人类激励理论》中提出。马斯洛的需求理论把人类需求分成生理需求、安全需求、社交需求、尊重需求和自我实现需求五类,如图1-1所示。

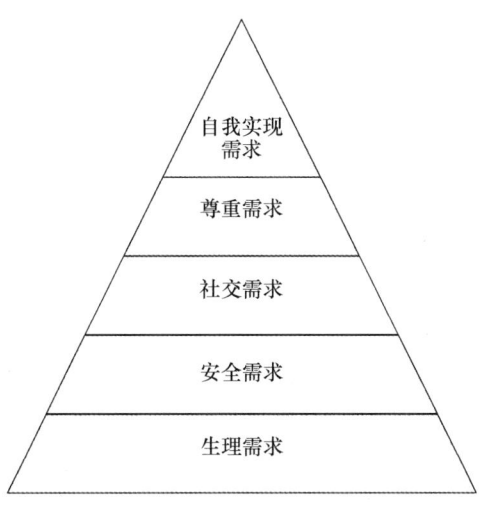

图1-1 人类需求金字塔

这些需求有以下特点和规律。

(1) 五种需求像阶梯一样从低到高,按层次逐级递升。一般来说,只要某一层次的需求得到相对满足了,就会向更高一层次发展。

（2）五种需求可以分为两级。其中,生理需求、安全需求和感情需求通过外部条件就可以得到满足;而尊重需求和自我实现需求通过内部因素才能得到满足。

（3）在同一时期,一个人可能有几种需求,但每个时期总有一种需求占支配地位,对行为起决定作用。任何一种需求都不会因为更高层次需求的发展而消失。

2）需求的不同状态

（1）负需求。负需求是指绝大多数人对某个产品感到厌恶,甚至愿意出钱回避它的一种需求状况。例如,近年来许多老年人为预防各种老年疾病不敢吃甜点心和肥肉,有些顾客害怕出事而不敢乘飞机,有些顾客害怕化纤纺织品中有损害身体的有毒物质而不敢购买化纤服装。在负需求情况下,应分析市场为什么不喜欢这种产品,判断是否可以通过重新设计产品、降低产品价格等积极营销方案,来改变市场的信念和态度,将负需求转变为正需求。

（2）无需求。无需求是指目标市场对产品毫无兴趣或漠不关心的一种需求状况。通常,市场对产品无需求由下列原因引起:①人们一般认为该产品对个人无价值;②人们一般认为虽然该产品有价值,但在特定的市场中可以认为其无价值;③该产品是新产品或人们不熟悉的物品等。无需求时企业应刺激市场营销,即通过大力促销及其他市场营销措施,努力将产品的质量与人的自然需求和兴趣联系起来。

（3）潜伏需求。潜伏需求是指有相当一部分顾客对某物有强烈的需求,而现有产品或服务又无法满足这种需求的一种需求状况。在潜伏需求状况下企业的主要工作是开发市场营销,即开展市场营销研究和测量潜在的市场范围,进而开发出有效的产品和服务来满足这些需求,将潜伏需求变为现实需求。

（4）下降需求。下降需求是指市场对一个产品或几个产品的需求呈下降趋势的一种需求状况。在下降需求状况时企业的主要工作为重振市场营销,即通过分析衰退的原因,改进产品特点和外观,进而开拓新的目标市场,或者通过采用更有效的沟通手段来重新刺激市场需求,使老产品开始新的生命周期,并通过创造性的产品再营销来扭转需求下降的趋势。

（5）不规则需求。不规则需求是指某些产品或服务的市场需求在一年内的不同季节,或者一周内的不同日子,甚至一天内的不同时间上下波动很大的一种需求状况。在不规则需求情况下企业主要的工作是协调市场营销,即通过灵活的定价、大力促销及其他刺激手段来改变需求的时间模式,使物品或服务的市场供给与需求在时间上协调一致。

（6）充分需求。充分需求是指某产品或服务目前的需求水平和时间等于预期的需求水平和时间的一种需求状况。这是企业最理想的一种需求状况。但是,在动态市场上,顾客偏好会不断发生变化,竞争也会日益激烈。因此,在充分需求状况下应做好维持市场营销工作,即努力保持产品质量,经常测量顾客满意程度,通过降低成本来保持合理的价格,并激励推销人员和经销商大力推销,千方百计地维持目前的需求水平。

（7）过量需求。过量需求是指市场对某种产品或服务的需求水平超过了企业所

能供给和愿意供给水平的需求,即供给小于需求。对于过量需求,市场营销管理的任务是降低市场营销,即通过提高价格、合理分销产品、减少服务和促销手段,暂时或永久地降低市场需求水平。

(8)有害需求。有害需求是指市场对某些有害产品或服务的需求。对于有害需求的情况,企业应做好反市场营销工作,即劝说喜欢有害产品或服务的顾客放弃这种爱好和需求,大力宣传有害产品或服务危害的严重性,大幅度提高价格,以及停止生产供应等。降低市场营销和反市场营销的区别在于:前者是采取措施减少需求,后者是采取措施消灭需求。

二、市场的构成和测量

市场是由各种基本要素组成的有机结构体,正是这些要素之间的相互联系和相互作用,导致了市场的形成,推动了市场的现实运动。从宏观方面来说,可供交换的商品、卖方、买方这三个方面构成了市场。但从微观或企业角度考察,企业作为某种或某类商品的生产者或经营者,总是直接面对对该商品有购买需求的买方市场的。深入了解企业所面临的现实的市场状况,从中选择目标市场并确定进入目标市场的市场营销策略,以及进一步寻求潜在市场,是企业开展市场营销活动的前提。从企业的角度来说,市场的构成包括人口、购买力、购买欲望三方面要素。

1. 人口

需求是人的本能,对物质生活资料及精神产品的需求是人类维持生命的基本条件。因此,哪里有人,哪里就有需求,哪里就会形成市场。人口的多少决定着市场容量的大小,人口的状况影响着市场需求的内容和结构。构成市场的人口要素包括总人口、性别和年龄结构、家庭户数和家庭人口数、民族与宗教信仰、职业和文化程度、地理分布等多种具体因素。

2. 购买力

购买力是人们通过支付货币购买商品或劳务的能力。人们的消费需求是通过利用手中的货币购买商品实现的。因此,在人口状况既定的条件下,购买力就成为决定市场容量的重要因素之一。市场的大小,直接取决于购买力的高低。一般情况下,购买力受到人均国民收入、个人收入、社会集团购买力、平均消费水平、消费结构等因素的影响。

3. 购买欲望

购买欲望是指顾客购买商品的愿望、要求和动机,即需求。它是把顾客的潜在购买力变为现实购买力的重要条件。倘若仅具备了一定的人口和购买力,而顾客缺乏强烈的购买欲望或动机,商品买卖仍然不能发生,市场也无法真实地存在。因此,购买欲望也是市场不可缺少的构成要素。

人口、购买力、购买欲望三者互相联系、互相制约,共同构成企业需要面对和关注的市场。同时,上述三个要素也决定了市场规模的大小,对市场规模及大小的认识和判断,是市场工作人员必备的能力。一般来说,要获知一个市场的大小和规模,一般

有以下两种方法。

（1）根据现有市场数据进行判断。如以三亚—广州航班为例，从历史航班运营数据了解三亚—广州客流量具体数据，从而判断出该市场的大小。该方法简单实用。

（2）根据构成市场的三要素，即通过市场调查等形式了解相关人口、购买力、购买欲望的数据和资料后，进行推算。如要开通三亚—拉萨航班，又没有历史航班数据可查时，可以采用此方法判断该市场的大小。

三、市场的作用

在市场经济条件下，市场作为经济运行的中枢和集中体现，主要起到优化资源配置的作用。

资源是指社会经济活动中的人力、物力、财力的总和。资源配置是对相对稀缺的资源在各种可能的生产用途之间做出选择，或者说各种资源在不同使用方向上进行分配，以获得最佳效率的过程。合理配置资源，使其得到充分利用，避免不必要的闲置和浪费，是任何社会经济活动的中心问题。资源配置有自然配置、市场配置和计划配置三种方式。其中，市场配置是市场经济中资源配置的主要方式，即各种资源通过市场调节实现组合和再组合。具体表现为：各种资源通过参与市场交换在全社会范围内自由流动，按照市场价格信号反映的供求比例流向最有利的部门和地区；企业作为资源配置的利益主体通过市场竞争实现各项资源要素的最佳组合。企业作为市场的经营主体，生产什么、如何生产、生产的产品卖给谁，均体现了资源配置的内容。

1. "企业生产什么"问题

在市场经济中，各企业都是独立的商品生产经营者，只有当它们生产的商品满足了社会需要时，其个别劳动才能转化为社会劳动，从而实现其价值。可是，各个企业在商品实现市场交换前，谁也不可能事先知道该商品会在市场上出现多少、是否真正为顾客所需要、能不能卖得出去。因此，各个商品生产者只有把他们的商品生产出来拿到市场上之后，通过产品的跌价和涨价才能亲眼看到社会需要什么、需要多少和不需要什么。

如果某种商品供不应求，价格上涨，就会吸引许多商品生产者来生产这种商品；反之，如果某种商品供过于求，价格下跌，就会有许多商品生产者因亏损或破产而放弃这种商品的生产。在这种情况下，每个企业必须不断适应市场的变化，去生产社会需要的各种商品，以实现社会资源在社会各生产部门之间的分配。

2. "企业如何生产"问题

在市场竞争中，只有不断开发新产品和采用新技术，才能满足顾客需求的变化，从而不断降低生产耗费，减少成本支出，提高产品质量，使自己在竞争中处于有利地位。反之，则会因商品质次价高，不符合顾客的需要，使自己在竞争中处于十分不利的地位，甚至导致破产。只要有一个企业因改进技术、提高劳动生产率而获得超额利润，其他企业就会纷纷效仿，进而会促进和推动整个社会生产力的发展。

3. "企业生产的产品卖给谁"问题

在市场经济中，企业生产出来的商品以市场价格销售给那些愿意购买的顾客，从

而实现等价交换。一方面,生产经营企业获得较大的利益和回报,职工也可以多劳多得,避免计划经济那种人为规定价格造成的分配不公和"大锅饭"现象。另一方面,顾客也以合理的等价交换获得了自己想要的商品。

总之,市场能够自动调节各种资源使其达到最优化,实现优胜劣汰。市场的第一作用是优化资源配置,而价格在这里面起到关键的作用。1723年出生于苏格兰的亚当·斯密是公认的经济学之父,他在其著作《国富论》中提出:市场是一只"看不见的手"。其中心思想是:看起来似乎杂乱无章的自由市场实际上具有自行调整机制,自动倾向于生产社会最迫切需要的商品。例如,如果某种产品供应短缺,其价格自然上升,而价格上升又会使生产商获得较高的利润,由于利润高,其他生产商也想要生产这种产品。生产增加会缓和原来的供应短缺,而且随着各个生产商之间的竞争,供应增长会使商品的价格降到"自然价格",即其生产成本。谁都不是有目地的通过消除短缺来帮助社会的,但是问题却被解决了,即每个人"只想得到自己的利益",但是又好像被一只无形的手牵着去实现一种他根本无意要实现的目的。

市场的功能
(1) 调节资源在社会各个部门之间的分配。
(2) 市场刺激生产者努力改进技术,提高生产力。
(3) 使企业处于竞争之中,并给企业反馈市场信息。

四、民航市场

民航是指承运人使用航空器把旅客、行李、货物、邮件实现位移的全部活动。与其相联系的另外一个概念是公共民航,它是指公共民航企业以获取报酬为目的,使用民用航空器运送旅客、行李、货物或邮件。民航具有快速、机动、安全等特点,是旅客、货邮运输的重要方式。民航市场是运输位移的现实和潜在的需求者的集合。

民航市场主要具备以下特征:
(1) 民航产品生产、消费的同步性。
(2) 民航市场的非固定性。
(3) 民航需求的多样性与运输供给的分散性。
(4) 民航供求的不均衡性。

第二节　市 场 营 销

问题:
(1) 什么是市场营销?
(2) 历史上有哪些市场营销观念?它们之间有什么不同之处?

(3) 民航市场营销经历了哪些阶段?

一、市场营销的概念

市场营销一词的英文为 Marketing。过去,我国对此词的翻译不一,有的译为销售、行销,有的译为市场经营、市场营销、营销等。后经国内理论界反复研讨,认为 Marketing 是动名词,译名应反映其动态的意义,最终基本取得一致认识,将其译成市场营销。

市场营销,是企业在市场环境中从事的一种经营活动,是在市场营销观念指导下产生的一种现代企业行为。对于这种行为和活动的确切含义,国外市场营销界做过多种不同的解释和表述。这些论述反映了人们对市场营销的认识和发展过程。

人们早期对市场营销认识是比较肤浅的,正如美国市场营销专家史丹顿(W. T. Stanton)所指出的:"一个推销员或销售经理谈到市场营销,他真正讲到的可能是销售;一个广告业务员所说的市场营销,可能就是广告活动;百货公司部门经理谈到的市场营销可能是零售商品计划。他们都谈到了市场营销,但只谈到了整个市场营销活动的一部分。"显然,在上述片面认识的基础上,很难形成较为完整的定义。

1960 年,美国市场营销协会(AMA)定义委员会给市场营销下的定义是:"市场营销是引导产品及劳务从生产者到达顾客或使用者手中的一切企业经营活动。"很明显,这个定义以产品的制成作为市场营销的起点,以送达顾客手中为终点,把市场营销仅仅看作沟通生产环节与消费环节的商业活动过程,因而也存在明显的局限性。

英国市场营销协会曾指出:一个企业如果要生存、发展和盈利,就必须有意识地根据用户和顾客的需要来安排生产。这一论述把市场营销与生产经营决策直接联系起来,相较以往的认识有了明显的突破。

日本有关学者认为:市场营销是在满足顾客利益的基础上,为适应市场的需要而提供商品和服务的整个企业活动。美国市场营销专家菲利普·科特勒(Philip Kotler)教授则进一步指出:市场营销是经由交易的过程,导致需要与欲望得到满足的人类活动。

上述定义从活动基础和最终目的的层面上对市场营销的含义做了更深刻的揭示。

美国哈佛大学教授马尔康·麦克纳尔(Malcolm Macnair)提出了独到的见解:市场营销是给社会创造和传递新的生活标准的行为。这一定义从社会功效的角度表达了市场营销活动的深层内涵和其追求的理想境界,颇具哲学意义。

由以上列举的定义可以看到,随着社会经济的发展和人类认识的深化,市场营销的内涵和外延已经得到极大的丰富和扩展,其过程向前延伸到生产领域和生产前的各种活动,向后延伸到流通过程结束后的消费过程;其内容扩大到市场调研、市场细分、产品开发、确定价格、选择分销渠道、广告、促销、售后服务、信息反馈等诸多方面;其目的上升为保证顾客需求得到全部和真正满足,并为社会创造出更高的生活标准;

其运行表现为在现代市场营销观念指导下制订计划、有组织地自觉调节和控制的理性活动。

根据现代市场营销的发展,可以给出其如下定义:市场营销是一个认知、参与并且满足顾客需求,旨在达到企业最终盈利目的的一个管理过程。

市场营销内涵包括如下三点

小知识

（1）市场营销的目的是满足消费者的现实需求和潜在需求。

（2）市场营销的中心是促成交易活动的实现。

（3）实现交易活动的手段是开展综合性的整体营销战略和策略。

二、市场营销学的发展与传播

市场营销起源于 20 世纪初的美国。一百多年来,随着客观形势和工商企业的市场营销活动的发展,逐渐发展为一门学科。

1. 市场营销学的发展

一般说来,其发展大致可分为以下几个阶段。

1) 起源阶段

19 世纪末 20 世纪初是市场营销学的形成阶段。当时,以美国为代表的一些主要资本主义国家,由于工商业的发展十分迅速,商业广告的运用和销售技术的研究逐步受到社会各界的重视,许多大学经济学系都开设了广告学和销售技术等课程。从 1902 年起,美国的密歇根州、加利福尼亚州和伊利诺伊州的三所大学的经济学系正式设置了市场营销学课程,并把市场营销问题当作一门学科来研究。此后,美国的高等财经院校普遍重视市场营销学的研究。市场预测也开始成为一个热门的研究课题,其代表人物巴布生首次运用市场物价指数编制市场预测图表,并设立商业服务社,为工商企业提供商情资料,引起了企业界的重视。1912 年,美国哈佛大学赫杰特齐编写的《市场营销学》,使市场营销学从经济学中分离出来,成为一门独立的学科。在这一阶段,市场营销学的研究具有较大的实用性,内容主要针对商业销售实务方面的问题,虽有实用价值,但其在理论上尚未形成完整的体系,且仅限于大学讲堂,还未引起社会的普遍重视。

2) 应用阶段

从 20 世纪 30 年代到第二次世界大战结束,是市场营销学的应用阶段。在这一时期初期(1929 年—1933 年),资本主义世界爆发了严重的经济危机,市场上商品堆积如山,销售困难,商店纷纷倒闭,工厂停工减产,劳动者大量失业,幸存企业也都面临十分严重的销售问题。在这一形势下,市场营销学受到社会公众广泛的重视,各种市场营销学理论相继进入应用领域,被工商企业用来指导实践,以帮助其解决产品的销售问题,由此逐步建立了市场营销学的理论体系。在这一时期,美国的高等院校和

工商企业建立的各种市场研究机构,有力地推动了市场营销学的普及和研究。例如,1915 年美国正式成立"全美广告协会",1926 年改组为"全美市场营销学和广告学教师协会";1937 年,全美各种市场研究机构联合组成"美国市场营运协会",不仅有工商企业和经济学家参加,而且吸收了市场行情、广告、行销、信托等方面的专家入会,共同研讨市场营销学的实际运用问题。此外,很多高等院校也发起成立了市场营销学研究团体,经常研讨市场营销学的理论和应用问题,并为企业提供咨询服务。在这一阶段,企业虽然引进了市场营销理论,但所研究的内容仍局限于流通领域,研究重点仍在于广告和推销术等商业推销实务和技巧。

3)发展繁荣阶段

20 世纪 50 年代初至今,是市场营销学的发展繁荣阶段。20 世纪 50 年代初,美国进入了战后的恢复时期,大量的军事工业转向民用,随着战后科学技术的深入发展,劳动生产率大大提高,经济迅速增长,市场态势发生了重大变化。一方面,商品供应数量空前增加,新产品、新品种不断涌现,买方市场已经形成;另一方面,由于政府汲取了 20 世纪 30 年代大危机的教训,推行了一整套高工资、高消费和高福利的社会经济政策,以刺激和提高居民的购买力,使顾客对于商品的购买选择性日益增强,挑选时越来越苛求。在这种情况下,企业之间的市场竞争愈演愈烈,使得原来的市场营销学理论和实务,不能适应企业市场营销活动的需要。于是,市场营销的理论出现了一个重大突破——形成了"以顾客为中心"的现代市场营销观念。市场营销学的研究突破了流通领域,深入到生产领域和消费领域中,形成了现代市场营销学体系。

第二次世界大战后,在美国,各种市场营销学著作纷纷出版。市场营销学的地位空前提高,受到社会各界的普遍重视。特别是 1960 年尤金·麦卡锡的《基础市场营销学》一书的问世,对市场营销学的发展有重要意义。20 世纪 70 年代,市场营销学又与消费经济学、心理学、行为科学、社会学、统计学等应用学科相结合,发展成为一门新兴的综合性应用学科,从美国先后传入日本、西欧、东欧等国家和地区,并逐渐被世界各国所接受。可以说,这一阶段是现代市场营销学走向成熟的阶段。

进入 20 世纪 80 年代,市场营销学在理论研究的深度上和学科体系的完善上得到了极大发展,市场营销学的概念有了新的突破。1986 年,菲利普·科特勒在《哈佛商业评论》上发表了《论大市场营销》。他提出"大市场营销"的概念,即在原来的 4P 组合的基础上,增加两个 P——政治力量(Political Power)和公共关系(Public Relations)。这一概念的提出,是 20 世纪 80 年代市场营销战略思想的新发展。用菲利普·科特勒自己的话说,这是"第四次浪潮":1984 年夏,他在美国的西北大学说:"我目前正在研究一种新观念,我称其为第四次浪潮——'大市场营销'。我想,我们学科的导向已经从分配演变到销售,继而演变到市场营销,现在演变到'大市场营销'。"

1986 年,加拿大工业市场营销学会主席埃恩·戈登又提出了以"竞争观念"取代"市场营销观念"这一新的提法,在美国学术界引起一定的反响。1987 年 5 月 27 日,菲利普·科特勒在加拿大蒙特利尔为纪念美国市场营销协会成立 50 周年而举行的

世界市场营销学大会上,做了题为《市场营销思想新领域》的学术报告。在报告中,他预言,20世纪90年代将出现一系列新的市场营销观念,如定制营销(Customized Marketing)、营销网络(Marketing Network)、纯粹营销公司(Pure Marketing Companies)等。

市场营销学于20世纪初在美国产生以来,至今虽不过一百多年,但发展迅速,著作浩繁,影响深远,受到各界的普遍重视。究其原因,就在于它适应了社会化大生产和市场经济高度发展的客观需要。在西方国家,每个人都生活在高度发达的市场经济之中,一旦离开市场便无法进行生产和生活。市场成为整个社会经济的主宰者,它指挥和调节着国民经济的发展,影响到每个人的经济生活,决定着每个企业的生存和发展、前途和命运。因此,每个生产者和经营者都不能不关心市场,不能不研究市场营销学。这就是市场营销学在西方国家受到普遍重视并迅速发展的根本原因。

2. 市场营销学的传播

第二次世界大战后的20世纪五六十年代,市场营销学开始从美国传播到日本、西欧、东欧等国家和地区。日本在20世纪50年代开始引进现代美国市场营销学,法国也在战后开始引进现代美国市场营销学,并在一些公司的市场营销中应用现代美国市场营销学的原理和技术;1969年,巴黎高等商业学校最先开设市场营销学课程,20世纪70年代以来,法国其他大学陆续开设了市场营销学课程;东欧国家在战后20世纪五六十年代也开始引进现代美国市场营销学。目前,许多国家高等学校的管理学院和管理学系普遍开设了市场营销学课程,工商企业的高级管理人员一般都学过市场营销学。它对于提高企业管理人员的经营管理能力和提高企业经营效益、促进经济发展、改善人民生活起着重要作用。

早在20世纪30年代,我国就有市场营销学著作的译本。改革开放以来,随着国民经济发展,我国市场形势发生了很大变化,许多商品由过去长期供不应求发展为市场供应充足、可自由购买。随着经济体制改革的深入发展和企业经营机制的转换,工商企业内有动力、外有压力,因而有越来越多的工商企业开始重视市场营销问题。在这种新的形势下,1980年,我国理论界和工业、商业、外贸、银行等业务部门开始重视引进、学习、研究和应用现代西方市场营销学所阐明的市场营销原理和技术。现在,我国几乎所有综合大学、理工科大学、高等财经院校和广播电视大学等都已开设市场营销学课程,市场营销学的知识在我国迅速传播,并已运用于我国企业的国内、国际市场营销活动之中。我国市场营销学的研究也取得了极为可喜的成果。

但是,总的来说,在市场营销学的教学研究方面,我国尚处于介绍、传授现代西方市场营销学的阶段。至于如何根据我国国情走自己的路,建立起具有中国特色的社会主义市场营销学,尚在探索之中。

随着社会主义市场经济体制的建立和发展,市场营销学在我国有了更加广阔的发展前景。它的研究更加突出中国特色,并且在边引进、边消化、边吸收的基础上,逐步建立起切合我国国情的、中国化的市场营销学。

三、市场营销观念及其发展

市场营销观念是指企业在一定时期、一定生产经营技术和市场环境的条件下,进行全部市场营销活动的指导思想和根本准则。其核心是企业以什么为中心,如何正确处理社会、顾客和企业三者关系,用什么来指导和开展营销活动。

市场营销观念随着生产力和科学技术的不断发展、市场供求的不断变化、市场竞争的激烈展开和市场营销管理由低级向高级发展的需要而相应地发展演变。西方著名的市场营销学者菲利普·科特勒将市场营销观念归纳为五种,即生产观念、产品观念、推销观念、营销观念和社会营销观念。

1. 生产观念

生产观念是一种最古老的指导企业市场营销活动的观念。这种观念认为:顾客喜爱那些可以到处都能买到并且价格低廉的产品,因而生产导向性的企业总是致力于获得更高的生产率和广泛的销售覆盖面。

生产观念是在卖方市场下产生的。20 世纪 20 年代之前,生产的发展不能满足需求的增长,多数商品都处于供不应求的状态。在这种卖方市场下,只要有商品,质量过关、价格便宜,就不愁在市场上找不到销路,而且有许多商品都是顾客上门求购的,于是生产观念应运而生。在这种观念的指导下,企业以产定销,集中一切力量扩大生产、降低成本,以生产出尽可能多的产品来获取更多利润。这种生产导向性企业提出的口号是"我们会生产什么就卖什么",不讲究市场营销。

显然,企业奉行生产观念是有一定前提的。

(1) 以产品供不应求的卖方市场为存在条件。顾客最关心的是能否得到产品,而不去注意产品的细小特征,企业不愁其产品卖不出去,想方设法集中力量扩大生产。

(2) 产品成本很高的企业,为了提高生产效率、降低成本来扩大市场,也奉行生产观念。例如,在 20 世纪初,美国福特汽车公司曾倾力于汽车的大规模生产,以降低成本,使大多数美国人能买得起汽车,扩大福特汽车的市场;同时,因其生产的 T 型车十分畅销,根本无须推销兜售,以致亨利·福特这位汽车大王曾傲慢地宣称:"不管顾客需要什么颜色的汽车,我只有一种黑色的。"这是当时生产观念的典型表现。

生产观念并非在 20 世纪 20 年代以后就销声匿迹了,在一些特定的形势下,如日本在 1945 年战败后数年间,因商品短缺、供不应求,生产观念在企业经营管理者中曾一度流行。可见,生产观念在一定条件下是合理的,有指导作用。然而,一旦市场形势发生了变化,比如当市场不再是卖方市场,而处于买方市场,生产观念就变得不合时宜,而且会成为企业经营的严重障碍。因此,企业在新形势下必须以新的观念来指导市场营销。

2. 产品观念

产品观念也是一种古老的指导企业市场营销的观念。这种观念认为,顾客最喜

欢那些高质量、多功能和有特色的产品,因此在产品导向性企业中,管理者总致力于生产高价值产品,并不断地改进产品,使之日臻完美。

许多管理者认为,顾客欣赏精心制造的产品,他们能够鉴别产品的质量和功能,并愿花较多的钱买质量上乘的产品。然而,由于管理者们往往会深深地迷恋上自己的产品,对该产品在市场上是否迎合时尚、是否朝着不同的方向发展等关键问题上缺乏敏感与关心,所以产品观念容易导致"营销近视症",即把注意力不适当地放在产品上,而不是放在顾客的需求上。有这样一个故事:一位办公室文具柜制造商认为他的文具柜一定畅销,因为它们是世界上最好的柜子。他自豪地说:"这些柜子即便被从四楼扔下去也能完好无损。"他的销售经理对此表示赞同,但补充了一句:"不过我们的顾客并不打算把它们从四楼往下扔。"

奉行产品观念,曾使许多企业管理者患上"营销近视症"。这些企业管理者将自己的注意力集中在现有产品上,集中主要的技术和资源进行产品的研究和大规模生产,他们看不到顾客需求的不断发展变化;看不到新的需求带来了产品的更新换代,看不到在新的市场形势下,营销策略应随市场情况的变化而变化,以产品之不变去应市场之万变,以为只要有好的产品就不怕顾客不上门,因而不能随顾客需求变化,以及市场形势的发展去及早地预测和顺应这种变化,树立新的市场营销观念和策略,最终导致企业经营的挫折和失败。

需要特别指出的是,在企业研发制造出了一种新产品时,最容易滋生出来产品观念。即使有些企业在形式上已放弃了产品观念,但由于管理层过分迷恋产品本身,往往会导致其丧失了正确观察事物相互关系的能力。1972年,杜邦公司发明了凯佛拉,它具有钢一般的硬度,重量只有钢的1/5,被认为是继尼龙之后又一种重要的新型纤维。杜邦公司的经理们设想出其大量的应用领域和10亿美元的大市场,然而尽管凯佛拉是制造防弹背心的理想纤维,是可以用于造船帆、绳索和轮船的大有前途的纤维,但几十年过去了,杜邦公司仍在等待着致富奇迹的出现。也许凯佛拉最终会被证明是一种神奇的纤维,然而这一时刻的来临肯定比杜邦公司预料的要迟得多。

案例:

美国×××钟表公司自1869年创立到20世纪50年代,一直被认为是美国最好的钟表制造商之一。该公司在市场营销管理中强调生产优质产品,并通过由著名珠宝商店、大百货公司等构成的市场营销网络分销产品。在1958年之前,公司销售额始终呈上升趋势。但1958年后其销售额和市场占有率开始下降。造成这种状况的主要原因是市场形势发生了变化:这一时期,许多顾客对名贵手表已经不感兴趣,而趋向于购买那些经济、方便、新颖的手表;而且,许多制造商迎合顾客需要,已经开始生产低档产品,并通过廉价商店、超级市场等大众分销渠道积极推销,从而夺走了×××钟表公司的大部分市场份额。而×××钟表公司竟没有注意到市场形势的变化,依然迷恋于生产精美的传统样式手表,仍旧借助传统渠道销售,认为自己的产品质量好,顾客必然会找上门。结果,致使其企业经营遭受重大挫折。

3. 推销观念

推销观念(又称销售观念),也是许多企业所奉行的一种市场观念。这种观念认为,如果顺其自然,顾客通常不会足量购买某一企业的产品,因而企业必须积极推销和进行大量促销活动。企业如果能针对顾客的心理,采取一系列有效的推销和促销手段,以使顾客对企业的产品发生兴趣,那么刺激顾客大量购买该产品是完全可能的。

在西方国家,推销观念是在卖方市场向买方市场转换期间产生的。第一次世界大战结束以后,由于科技进步及科学管理方法和大规模生产的推广,商品产量迅速增加,逐渐出现商品供过于求的状况,企业间竞争日益激烈。尤其是 1929 年爆发的世界性经济大危机,使许多企业认识到产品销路已成为攸关企业生命的问题。企业不能只集中力量发展生产,价廉物美的产品也未必卖得出去。企业要在日益激烈的竞争中求得生存和发展,必须重视和加强推销工作,因而他们提出的口号是"我们卖什么就要尽快卖掉。"由于推销导向型企业只是努力将自己生产的产品推销出去,而不考虑这些产品是否满足顾客的需要及销售以后顾客的意见。所以,推销观念仍属于以产定销的企业经营理念。

在我国的房地产市场销售中,推销色彩浓烈。在销售行为和众多的广告中,房地产开发商一直在充当施舍者,如"圆你一个美好家园的梦""送你一个温馨的家"等,根本不问交易行为中的主体——购房者的感觉。这种一厢情愿而又落后的主体意识,导致房地产开发商难以真正了解购房者的需求而过分依赖市场,认为市场热则万事大吉,市场冷则束手无策。

通常,推销观念被大量应用于推销那些购买者不太想得到要去购买的非渴求商品,如保险、百科全书等。这些行业中的企业善于使用各种推销技巧来寻找潜在客户,并用高压式的推销术说服他们接受其产品。对于刚上市的新产品,企业必须通过加强推销工作,来使顾客对其产品和服务从了解到感兴趣直至实施购买。

此外,大多数公司在产品过剩时,也常常奉行推销观念。这些公司的近期目标是销售其能够生产的商品,而不是生产能够售出的新产品。在现代工业经济中,大多数市场是买方市场,卖方不得不拼命争夺顾客,推销大战热火朝天,令顾客感到似乎处处受到"围攻",在每个回合中,总有企业想尽力推销掉一批东西。

4. 营销观念

营销观念的形成是市场观念的一次"革命",它是作为对上述诸观念的挑战而出现的一种崭新的企业经营理念。尽管这种理念由来已久,但是它的核心原则直到 20 世纪 50 年代中期才基本定型。营销观念认为,实现企业诸目标的关键在于正确确定目标市场的需求和欲望,并且比竞争对手更有效、更有利地传送目标市场所期望得到满足的东西。

20 世纪 50 年代以来,西方发达国家的市场已经变成了名副其实的买方市场,卖方间竞争十分激烈,而买方处于优势地位;科学技术的迅速发展使人民的文化生活水平迅速提高,顾客的需求向多样化发展并且频繁变化,营销观念正是在这种市场形势

下应运而生,成为新形势下指导企业营销活动的指导思想的。营销观念的形成,不仅从形式上,更从本质上改变了企业营销活动的指导原则,使企业经营哲学从以产定销转变为以销定产,第一次摆正了企业与顾客的位置,所以是市场观念的一次重大革命。在这种观念下,企业一切活动都以顾客需求为中心,企业把满足顾客的需求和欲望作为自己的责任,喊出了"顾客需要什么,我们就生产什么""顾客就是上帝"的口号。

通过表1-1,可以进一步认识营销观念和推销观念的区别。

表 1-1　营销观念与推销观念的比较

比较项目 观念类别	出发点	方法手段	经营目标
推销观念	企业现有产品	推销与促销 (着眼于每次交易)	通过销售来获得利润
营销观念	企业的目标顾客及他们 的需求、欲望	整体营销市场 (着眼于总体市场)	通过使顾客满意来获 得利润

可见,推销观念注重卖方需求,以公司现有产品为出发点,要求大力推销与促销,以实现有利的销售。而营销观念则注重买方需求,以目标顾客及他们的需求、欲望为出发点,通过融合和协调那些影响顾客满意程度的营销活动,来赢得和保持顾客的满意度,从而获得利润。从本质上说,营销观念是以顾客的需求和欲望为导向,这种导向以使顾客满意而实施的企业综合营销努力为基础。营销观念表现出了对顾客主权论的信奉,即认为究竟应该生产什么的决定权不在企业手中,也不在政府手里,而是在顾客手中,企业应该生产顾客所需要的东西,这样才能使顾客利益最大化,从而使企业赚取利润。

当然,在一个企业中树立和奉行营销观念是一个相当艰巨的任务。企业以前信奉的经营观念、原有的组织结构和管理人员都会对市场营销观念的推行起到或多或少的阻碍作用,即使企业通过改革组织结构、建立新的经营程序和方法、组织鼓励学习等措施,建立起强有力的营销部门并不断趋于成熟后,管理层也必须同一种遗忘营销原则的倾向做斗争。

5. 社会营销观念

社会营销观念是用来修正并取代市场营销观念的。这种观念认为,企业的任务是确定目标市场的需求、欲望和利益,并以保证或提高顾客和社会福利的方式,比竞争更有效、更有利地向目标市场提供所期待的产品和服务。

社会营销观念是在20世纪70年代被提出的。当时,为了保护顾客的利益,美国等国家陆续成立了顾客联盟,保护顾客权益主义蓬勃兴起。针对于此,美国管理学权威彼得·德鲁克指出:"市场营销的漂亮话讲了20年之后,保护顾客权益主义居然变成了一个强大的、流行的运动,这就证明没有多少公司真正奉行营销观念。"还有不少人认为,营销观念回避了顾客需求、顾客利益和长远社会利益之间隐含的冲突,在环境恶化、资源短缺、人口爆炸、世界性通货膨胀、社会服务被忽视的年代里,一个企业

仅仅追求营销观念是不适当的,它往往会导致资源浪费、环境污染等诸多弊病。

因此,一些西方学者提出了一些新观念来修正或取代营销观念,如"人性观念""明智的顾客观念""绿色营销观念"等,所有这些观念都是从不同的角度来探讨问题的,著名营销权威菲利普·科特勒将之综合起来,提出了"社会营销观念"。

社会营销观念要求企业在制定营销决策时要权衡三方面的利益,即企业利润、顾客需要的满足和社会利益。这与以往的企业营销活动的指导思想是不一样的。通过前面的介绍,我们了解到:最初,企业进行营销决策时主要考虑自己的当前盈利,后来,企业开始意识到满足顾客需求和欲望对企业有着深远意义,于是产生了营销观念。20 世纪 70 年代以来,社会利益开始成为企业经营决策的一个重要因素。社会营销观念希望正确处理企业、顾客和社会三者之间的利益关系,企业决策要兼顾三方面的利益,这样,企业既能发挥特长,在满足顾客需求的基础上获取经济效益,又能符合整个社会的利益,因而具有强大的生命力。不少公司通过采用社会营销观念,获得了可观的销售量和利润。

综上,生产观念、产品观念、推销观念属于传统市场营销观念,而营销观念、社会营销观念属于现代市场营销观念,如图 1-2 所示,这五种营销观念的演变,体现了营销观念从低级向高级的发展过程。

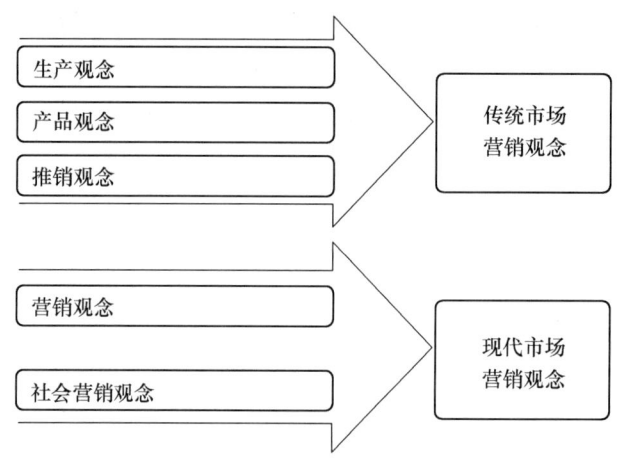

图 1-2　营销观念的演变

传统市场营销观念与现代市场营销观念的比较

营销观念类型 \ 比较项目	出发点	重点	方法	目的
传统市场营销观念	企业	产品	推销和促销	通过销售来获得利润
现代市场营销观念	市场	顾客需求	整合营销	通过使顾客满意获得利润

四、民航市场营销

1. 民航市场营销的概念

民航市场营销是民航企业通过创造并同他人交换运输产品和价值以满足需求和欲望的一种社会管理过程。民航市场营销可以理解为在正确的市场营销观念指导下,民航企业通过从事产品开发、价格制定、产品分销和促销,以满足运输需求者现实的和潜在的运输需要的整体活动的过程。

在民航市场上,旅客面对众多的航空公司、航班、时刻、机型、票价、服务等,可选择范围越来越大,而旅客真正看重的是"让渡价值",即旅客希望把货币成本、时间成本、精力成本、心理成本等降到最低限度,同时又希望获得更多的实际利益。面对新的竞争态势,各航空公司都在调整发展战略,在客户关系、服务、品牌等多方面实行战略管理,谋求发展。

2. 民航市场营销的作用

民航市场营销贯穿于民航生产活动的全过程。在提供运输产品之前,要进行市场调研,研究旅客、货主的需求,分析市场机会,制定市场目标,从而确定所提供的民航产品的类型、运输生产组织形式、航线的种类和航班的密度。在运输生产过程中,要使产品策略、价格策略、分销渠道策略、促销策略有机结合在一起,有效实现运输生产过程,运输生产结束后,做好服务、信息总结、反馈工作。这样,周而复始,形成良性循环。由此可见,民航市场营销是连接市场需求和民航企业生产的必要环节,是企业把消费者需求和市场机会变为有利可图的企业机会的有效手段,在提高企业经济利益的同时,更好地满足了社会的运输需求,有利于地方经济发展,有利于实现经济效益和社会效益的共同提升。

3. 中国民航市场营销发展历程

1）生产阶段

在1997年以前,由于航班少,对于普通旅客来说,乘坐飞机是一种奢侈的选择,中国民航实行单一票价,导致一票难求的情况时有发生,基本上是卖方市场,市场营销环境还没有充分形成。

2）营销起步阶段

1997年,中国民航进行票价改革,实行"一种票价,多种折扣"的政策,其核心也是在基准价的基础上允许票价上下浮动,但随后的自杀性的竞相打折的"机票大战"造成全行业巨额亏损。

2000年底,中国民航局先后出台了航线联营和允许部分热门航线公开打折的政策,并陆续放松了对部分航线的限制。

3）营销发展阶段

2002年末,中国民航重组完成,联营取消,各航空公司结算中心自主结算,收入都归航空公司自己所有。各航空公司的票价管理及市场营销立即显得灵活和富有弹

性,可以在国家指导价的基础上,根据市场供求关系及市场变化情况来自主定价。至此,各航空公司的市场营销才开始逐渐走上轨道。航空公司通过建立自己的市场组织机构、建设营销队伍和网络、改进营销手段等方式,增强自身核心竞争力。

目前,国内航空公司基本上进入数据库营销阶段。所谓航空公司数据库营销,就是基于旅客数据库挖掘的关系营销,对常旅客会员数据库中大量的信息进行分析处理后,利用这些信息给民航运输产品以精确定位,从而有针对性地制定营销信息和策略以达到说服旅客购买航空公司产品的目的。常旅客会员数据库的建立和分析,可以帮助航空公司准确了解消费者的信息,确定航空公司的目标消费者群,同时使航空公司的营销工作具有针对性,提高营销效率,实现旅客利益和航空公司利益的双赢。

小　结

市场是指产品现实购买方与潜在购买方的需求总和。市场的构成包括人口、购买力、购买欲望三方面要素。在市场经济条件下,市场作为经济运行的中枢和集中体现,主要起到优化资源配置的作用。市场营销是一个认知、参与并且满足顾客需求,旨在达到企业最终盈利目的的管理过程。

市场营销观念是指企业在一定时期、一定生产经营技术和市场环境的条件下,进行全部市场营销活动的指导思想和根本准则。其核心是企业以什么为中心,如何正确处理社会、顾客和企业三者的关系,用什么来指导和开展营销活动。以此为标准,市场营销观念经历了生产观念、产品观念、推销观念、营销观念和社会营销观念五种观念的发展过程。

练习与实训

一、单项选择题

1. 夏季,"波司登"品牌羽绒服通过打折等促销措施而出现了淡季热销的局面。可见,该品牌厂家深刻领悟到羽绒服的需求属于(　　)。

　　A. 潜伏需求　　　　B. 充分需求　　　　C. 不规则需求　　　　D. 过量需求

2. 许多冰箱生产厂家近年来高举"环保""健康"等旗帜,纷纷推出无氟冰箱。它们所奉行的市场营销理念是(　　)。

　　A. 推销观念　　　　　　　　　　B. 生产观念

　　C. 营销观念　　　　　　　　　　D. 社会营销观念

3. 按马斯洛的需求理论,最高层次的需求是(　　)。

　　A. 生理需求　　　　　　　　　　B. 安全需求

　　C. 自我实现需求　　　　　　　　D. 社会需求

4. 在社会营销观念中,所强调的利益应是(　　)。

　　A. 企业利益　　　　　　　　　　B. 顾客利益

C. 社会利益 　　　　　　　　　　D. 企业、顾客与社会的整体利益

5. 以"顾客需要什么,我们就生产什么"作为其座右铭的企业是(　　)企业。

A. 生产导向型 　　　　　　　　　B. 推销导向型

C. 营销导向型 　　　　　　　　　D. 社会营销导向型

二、多项选择题

1. 传统的市场营销观念包括(　　)。

A. 生产观念 　　B. 产品观念

C. 推销观念 　　D. 营销观念 　　E. 社会营销观念

2. 在市场营销学中,市场由(　　)构成。

A. 地点 　　B. 人口

C. 购买数量 　　D. 购买力 　　E. 购买欲望

3. 市场营销学的研究对象是企业所实施的以(　　)为主要内容的营销活动过程。

A. 产品 　　　　B. 广告 　　　　C. 定价 　　　　D. 地点

E. 促销

三、思考题

(1) 什么叫市场?市场由哪些要素构成?

(2) 市场营销和民航市场营销的含义分别是什么?

(3) 简述现代市场营销观念和传统市场营销观念的区别。

四、单元实训项目

目的:理解社会营销观念的含义。

内容:假设你是一家小型民营航空公司的市场部经理,准备提交上海到济南新开辟航线的运营计划,根据社会营销观念,将采用什么市场策略?

要求:

(1) 查找资料,了解航空公司新开航线的条件。

(2) 分析要尽可能地切合实际。

五、课外实践

实践目的:了解市场营销在我国航空公司中的现状。

演练要求:

(1) 通过网络和图书馆,调查航空公司是否运用了市场营销理论。

(2) 通过网络和图书馆,调查航空公司运用了哪些市场营销手段。

(3) 通过网络和图书馆,调查我国航空公司整体市场营销水平。

演练指导:

(1) 将学生分组,每个小组需完成上述三项内容。

(2) 课外实践结束后,各组交流调查信息。

六、案例分析

南航品牌建设

2008 年是南方航空(简称南航)着力展开服务品牌建设的第一年,也是服务工作备受考验的一年。2008 年,南航系统实现了对高端旅客一对一的个性化服务,明珠会员的乘机比增长了 56%,"两舱"旅客中明珠会员所占比例较去年同比增长 47%;南航自助值机服务已覆盖国内 14 个城市,网上值机覆盖 28 个国内机场,自助值机用量比 2007 年增长了 3 倍,网上值机比 2007 年增长了 42%;在"客舱革命"活动中,南航成为国内首家在"两舱"推出 PMD 便携式娱乐设备和"空中酒窖"服务的航空公司,为"两舱"客人带来更为个性化的服务。南航着力打造高端、地面、空中、中转四个服务品牌,一批优质服务产品逐渐显现品牌效应。虽深受 2008 年初华南地区冰雪灾害的影响,但南航航班正常率依然维持国内领先水平,达到了 83.22%。在"正点奥运"行动期间,南航在北京、青岛、上海、沈阳、秦皇岛、香港等奥运举办城市的航班正常率达到了 93.4%,位列中国各航空公司之首。中国民航平均每 3 个旅客就有 1 个选择南航。2008 年,南航承运旅客 5824 万人次,客运量连续 30 年居国内各航空公司之首,成为客运量亚洲第一、世界第四的航空公司。继 2007 年,南航再度获得民航局"旅客话民航"年度服务最高奖——"用户满意优质奖"。一年来的持续努力,使公司赢得了越来越多的认可和赞誉。2008 年,南航被国际著名杂志《全球旅行者》评为"中国最佳航空公司"。2009 年,南航将围绕"'两舱'个性化,普通舱标准化",强化全员服务营销理念,以高端、地面、空中、中转四大服务品牌建设为核心,提升南航服务品牌影响力,打造一流航空公司服务品牌。

南航将在所有航班"两舱"推出"空中酒窖"服务;在 2 小时以上的国内航班"两舱"使用先进的便携式娱乐设备(PMD),提供 15 个频道的节目,丰富"两舱"娱乐节目;在部分国际远程航线上,启动机上互联网服务;按季度发布机上餐谱,同时在穗、深、京、沪往返航班上全面开通"两舱"网上订餐功能。营销人员、地面服务人员要即时了解"两舱"旅客的喜好并将其录入高端旅客服务系统,机组人员可根据系统提示为旅客提供个性化服务。

案例思考:

(1) 航空公司为什么要进行市场营销?

(2) 航空公司市场营销应树立怎样的核心理念?

第二章　市场营销的要素

注:营销环境风险因素是客观存在、不以人的意志为转移的,是所有航空公司都要面对的。但是,并不能因风险因素是客观、无法改变的,航空公司就要束手无策、坐以待毙。航空公司可以对这些营销环境风险进行管理,以发现营销机会,规避或降低风险损失。

第一节　市场营销要素之间关系

问题:

(1) 市场营销要素有哪些?

(2) 市场营销要素之间的关系该如何描述?

(3) 了解市场营销要素对于市场人员有什么作用?

市场营销要素,即市场营销涉及的因素。市场营销涉及的因素较多,对于诸多方面的因素及其关系,可以用一个简单易记的"营销三角模式"图来表示,如图2-1所示。

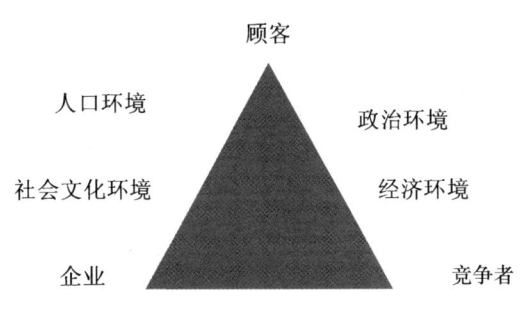

图2-1　"营销三角模式"图

图2-1列出了市场营销的关键要素。其中,企业—竞争者—顾客之间的三角关

系是恒定不变的,表示如果你能先于竞争对手找到使你与顾客之间的关系更加密切的途径,企业就会成功;反之,就会失败。而通过拉近与顾客之间的关系来满足高强度竞争环境中顾客的需求,是市场营销成败的关键。三角外面代表外部环境,技术、社会文化、经济环境等的变化对民航市场营销将产生影响,由于外部环境是不断变化的,市场营销要不断调整策略进行适应(以民航市场为例):

(1) 科技对航空业的影响体现在为其提供更大、更经济的飞机。

(2) 放松管制引发了一场革命,打破了一直处于稳定状态的航空结构体系。例如,"天空开放"环境使空运企业更容易进入市场参与日益激烈的竞争和降低成本。

(3) 社会经济的发展,例如,不断增加的收入和希望外出旅行的欲望已经为形成一个更为广阔和多样化的顾客市场奠定了基础。

航空公司的市场营销必须与这些因素保持一致,才有助于整个公司加深对顾客、企业和竞争者三者之间关系变化的理解。

该模式图的意义是:在市场营销中顾客是最关键的要素,企业和其竞争者要在时刻变化的环境中,看谁能更快一步接近顾客并获取顾客的认可。在学习和应用市场营销的过程中,"营销三角模式"图是一个十分有用的概念,它揭示了市场营销中各种因素及其关系,可以在企业经营中时刻提醒营销者各种力量之间的对比关系,帮助营销者认清自己的市场地位,确定销售计划,做好市场营销工作。

第二节　顾　　客

问题:

(1) 谁是真正的顾客?

(2) 顾客的需求是什么?

一、正确识别顾客

在市场营销中,谁是真正的顾客?只有抓住了真正的顾客,才能最大程度地节约营销成本、少走弯路,在市场竞争中胜出。

1. 对购买有影响的人群的分类

1) 使用者

使用者是指组织中将要使用产品或服务的成员。在许多场合中,使用者首先提出购买建议,并协助企业确定产品规格。在民航市场中,使用者一般指乘机的旅客。

2) 影响者

影响者是指影响购买决策的人,他们协助企业确定产品规格,并提供评价方案的情报信息,如技术人员。有些接待员和电话接线员都可以阻止推销员与用户或决策者接触,在一定程度上也属于影响者。在民航市场中,旅客周围的亲朋好友、同事等都属于影响者。

3）最终决策者

最终决策者是指一些有权决定产品需求和供应商的人,在重要的采购活动中,有时还涉及主管部门或上级部门,构成多层决策的状况。在民航市场中,决策者可能是旅客本人,也可能是其他人或组织。

4）购买者

购买者是指与供应商谈判、交易的那些人。有些大型企业可能会设有单独的采购部门。

以上四种人群,也可能由一人担任多种角色。在任何组织内,参与采购过程的人会随不同类别产品的大小及构成发生变化。显然,参与购买一台重要机器设备的决策人数肯定会比参与购买办公文具的人数要多。作为产品营销人只要知道如下内容:谁是主要决策的参与者,其影响决策的程度如何,他们对哪些决策具有影响力。只有摸清客户的这些情况,然后才能有针对性地采取促销措施。

参与购买的角色如图 2-2 所示。

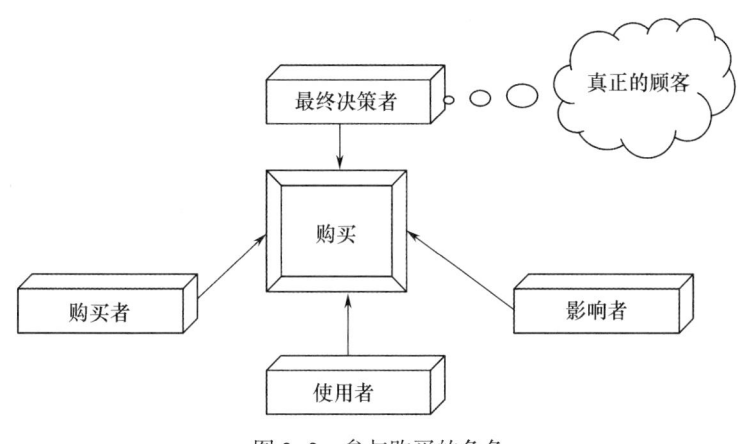

图 2-2 参与购买的角色

2. 民航市场营销中的真正的顾客

在民航市场营销活动中,不能正确区分"旅客"和"顾客"是航空公司市场营销中存在的最根本的、最普遍的一个错误,错误导致的结果就是航空公司营销成本的无谓增加及无法接近真正的顾客。到值机柜台办理乘机手续的旅客,其兴趣爱好可以通过调查问卷来获得,因此吸引了航空公司市场营销人员大量的目光。然而,这些人往往不是决策者,如团队旅客。而所谓的决策,至少应当包括几个方面:是否需要旅行?选择哪种方式旅行?选择什么舱位旅行?选择哪家航空公司旅行?

上述这几方面因素非常重要,市场营销人员应当给予特别的关注,尤其是要避免出现将每位乘机旅客都当成"顾客"的错误。正确认识和面对"顾客"是航空公司市场营销成功的基础,同时还要了解"顾客"有哪些及他们的"真实需求"是什么,只有做到了这一点,航空公司才能在营销活动中有的放矢。

3. 商务旅行市场中的顾客

商务旅行市场中的顾客一般有以下几类。

1）旅客本人

众所周知,在商务旅行市场中依然有很多旅客可以决定自己的旅行方式,能选择自己偏爱的航空公司。

2）秘书

在很多单位中,特别是领导层面的人员,如企业经理等,由于业务繁忙,常常会将安排旅行的事交给他的秘书,由秘书来确定购买机票具体事宜。

3）旅行代理商

商务旅行市场上另一个可能的顾客是旅行代理商。尽管商务人员有权选择他们自己喜好的航空公司,但或因为工作太忙,或认为旅行代理商更加专业,他们经常会将这一选择权交给旅行代理商。

4）差旅安排工作人员

商务旅行市场上还有一类顾客,就是企业中那些负责安排差旅的人。这些人专门负责与航空公司谈判机票价格、商定公司交易协议。按照这种安排,商务人员在旅行时不能自由选择航空公司,他们只能选乘规定范围内的一家或少数几家航空公司的航班。而作为回报,航空公司会向企业提供大幅的机票折扣。大型企业一般会设有一名专职的经理,负责整个公司的商务旅行。而在一家小公司,商务旅行的安排工作常常会由财务部门或采购部门负责。

正确认识和面对商务旅行市场上的顾客对于航空公司有着非常重要的意义,但这个问题也带来很多争议和困惑,因为人们常常无法确切地知道是谁做出了相关的决定。

4. 休闲旅行市场中的顾客

1）旅客本人

由旅客本人决定航班及出游计划,是最常见的顾客类型。

2）家庭中的特殊成员

大部分的度假旅行都是以家庭为单位的,了解每个家庭做出旅行决定的过程非常重要,航空公司可以据此制定广告宣传和市场推介的策略。

在家庭中,孩子们对父母的旅行决定有着非常大的影响。对于婴儿,父母会有意识地选择那些机上设施有利于照看婴儿的航空公司;对于大一些的孩子,旅客娱乐系统中的电子游戏可能会是一个非常重要的考虑因素;此外,虽然最终的旅游度假地是父母选择的,但也常常会考虑孩子们的愿望,一些旅游度假项目广告正好抓住了这一点。

在家庭中,是男方还是女方对度假决定更有影响力也是一个关键因素,这一点受到文化差异的影响。有些国家的女性在家庭生活中有主导地位,而在另一些国家则是男性有主导地位。

3）旅行代理商

在休闲旅行市场还存在其他形式的顾客,如旅行代理商,其重要性甚至要大于商务旅行市场上的旅行代理商。在商务旅行市场,旅客去哪里旅行是不需要与旅行代理商商量的;而在休闲旅行市场,对旅行度假地的选择至关重要,人们常常会采纳旅行代理商的建议。

要开拓休闲旅行市场,航空公司应当将大型旅行社的高级管理人员及产品经理作为自己重要的顾客,如果航空公司不能说服旅行社将自己经营的航线包含在旅行社的宣传资料内,并且帮助自己销售这些航班的座位,航空公司在这个市场上就无法取得成功。

二、正确了解顾客的需求

1. 民航商务旅行市场的顾客需求分析

在民航商务旅行市场中,顾客一般有以下几类需求。

1）航班密度与航班时刻

航班密度与航班时刻对商务旅客都十分重要。商务人员的行程一般都安排得很紧凑,旅行计划也会随时改变,能够提供高密度航班服务的航空公司此时将具有明显的优势。航班密度高能够保证商务旅客在会议开始前飞抵会场,在会议结束后马上返回;另外,航班密度高也方便商务旅客在旅程改变时进行改签。因此,在几乎所有的航线上航空公司的航班密度与市场占有率呈现正相关的关系。

除航班密度,航班时刻也是一个重要的考虑因素。如果航班都集中在周末或某一天的中午,航班密度再高对旅客也没有什么意义。在短程航线上,能够使商务旅客当天往返是一个最基本的要求。

2）航班正点率

航班正点对于商务旅客有着极其重要的意义,航班延误对这些人来讲意味着不便、失约甚至失去客户。一家航班正点率极低的航空公司永远不要期望在商务旅行市场上赢得较大的市场份额。

3）常旅客的实惠

商务旅客基本上都是常旅客,他们要求航空公司能够给予惠及他们自身的利益,如赠送免票、免费升舱、乘机贵宾服务等。航空公司通过满足这方面的需求,可以建立起忠诚度较高的常旅客群体。

4）机场地面服务

商务旅客一般来机场的时间比较晚,他们需要单独的值机柜台以避免和那些不急不忙的普通旅客一起排长队;他们还希望有快速的联检通道;他们希望有休息室以方便他们可以利用航班起飞前的时间休息或工作;最后他们还希望能够得到优质的行李服务,因为很多商务旅客根本不将行李交运而是随身携带,这就要求飞机上有较为宽大的行李架。当携带大件行李而必须交运时,商务旅客还希望在目的地机场能

够在最短时间内提取到行李。

5）空中服务

商务旅客对空中服务的要求是多方面的,如座椅的舒适程度是一项重要的评判指标;大部分商务旅客要求依据航班时刻的不同提供适当的餐饮服务,例如,在早晨起飞的航班上提供早餐,或者在旅客忙碌了一天后的回程航班上提供晚餐;空中乘务员的服务态度、仪容仪表也是一个重要的方面。

6）代理费的高低和机票操作的简便性

对于机票代理商这类顾客,在诸多因素中,最能吸引他们推荐旅客乘坐哪一家航空公司,很大程度上取决于航空公司给代理人的佣金,也就是代理费的高低。而机票操作的简便性会吸引代理商销售该公司的机票,因为这有利于提高他们的工作效率且不容易出错。

2. 民航休闲旅行市场的顾客需求

休闲旅客的需求与商务旅客的需求有很大的不同,主要有以下两方面。

1）机票价格低廉

休闲旅客最重要的一个需求是机票的价格要低廉。与商务旅客不同,人们休闲旅行的花费全部来自自己的腰包,故休闲旅行市场对于价格有较高的敏感性。

休闲旅行市场的需求高峰与商务旅行市场一般不同。休闲旅行市场的需求通常具有明显的季节性和时段性。同时,为了获得廉价的机票,休闲旅客在产品特性方面愿意做出某些牺牲,如座椅舒适度、机场地面服务及机上餐食等方面。

2）代理费的高低和机票操作的简便性

此类需求主要是机票代理商的,代理费的高低决定着他们会向顾客推荐哪家航空公司,而机票操作的简便性会吸引代理商销售该公司的机票,因为有利于提高他们的工作效率且不容易出错。

第三节　市场营销环境

问题：

（1）市场营销环境和市场营销的关系是怎样的？

（2）市场营销环境有几类？

所谓市场营销环境,是指影响企业市场营销活动的不可控制的各种外部因素的总和。也就是说,所有超出企业营销管理职能机构管理范围的各种不可控因素构成了企业的市场营销环境。市场营销环境虽然对企业来讲是不可控制的,但对企业营销管理能力、促进和发展企业与目标顾客之间成功交易却有重要影响。进行环境分析是企业参与市场竞争的基本要求,同时也是企业在复杂的环境中发现市场营销机会、制订市场营销计划的重要保证。市场营销环境包括人口环境、经济环境、政治法律环境、社会文化环境、科技环境和自然环境等。

一、人口环境

市场营销的人口环境是由人口总量、人口地理分布、年龄结构等因素构成的。人口环境的变化直接影响市场的发展,因为市场的需求方是由具有购买能力的顾客所构成的,这样的顾客越多,市场规模和容量也越大,企业营销的机会就越多。但由于人口年龄结构、地理分布、人口密度等的不同,消费结构、消费方式等均存在显著的差异,进而影响企业营销活动。所以,仅从量的角度来分析和认识人口环境是不够的,还必须从质的角度予以认识。

1. 人口总量

随着科学技术进步、生产力发展和人民生活条件的改善,世界人口平均寿命延长,死亡率下降,全球人口持续增长。据联合国估计,世界人口每年将以 8000 万~9000 万人的速度增长。同时,世界人口的增长呈现极端不平衡。发达国家的人口出生率普遍下降,有些国家人口甚至出现负增长。人口增长最快的是发展中国家,世界人口中的 80% 在发展中国家,而且人口增长最快的往往是那些经济落后、欠发达的国家。

人口的急剧增长对企业营销有重大意义。人口增长意味着市场需求的增长,如果人们有足够的购买力,则人口增长将带来市场的扩大。另一方面,如果人口的增长对各种资源的供应形成过大的压力,生产成本就会上升而利润则下降,发达国家人口出生率下降,则导致母婴类市场的萎缩,而旅游、娱乐、餐饮、休闲等市场则相应扩大。

2. 人口地理分布

人口的地理分布指人口在不同地区的密集程度。任何一个国家和地区的人口分布都是不均匀的,我国的人口主要集中分布在东南沿海一带,人口密度从东南向西北逐渐递减。

人口的地理分布一般代表了不同的消费习惯及需求特征。我国不同地区的食物结构就有很大的不同:如南方人以大米为主食,北方人以面粉为主食;江浙人喜甜,四川、湖南人喜辣。

人口的地理分布是一个动态概念,从全球范围看,人口流动有以下趋势。

1) 向阳光地带迁移

以美国为例,1981 年至 1990 年的 10 年间,西部人口增长了 17%,南部人口增长了 14%。企业认为,如果这样的趋势加剧的话,对御寒用品、取暖设备的需求将下降,而对制冷产品的需求则会上升。

2) 从农村向城市迁移

这一趋势已经持续了一个多世纪,这是由于城市生活具有交通方便、收入较高、文体活动丰富、易得到商品和服务等优势,对农村人口具有一定的吸引力。城市人口、农村人口对商品交换的依赖程度是不同的,城市人口所需商品几乎全部要到市场购买,而农村人口的一部分需求可以通过自给来解决。所以,在人口总量不变的条件

下,城市人口比重的增加,往往会加大市场需求量。

3)向城市郊区迁移

城市中心交通拥挤、空间小、污染重,郊区清新的空气、安静的生活环境对市民有一定的吸引力,加上交通日趋方便,导致城市人口流向郊区。近年来,我国一些大城市市中心百货商场等零售机构的销售额下降,而处在城郊结合部的一些商业机构的销售额剧增,这种状况证实了这一趋势。

3.年龄结构

人口年龄结构指一定时期的不同年龄构成。不同年龄层次的顾客因为生理特征、心理特征、人生经历、收入水平和经济负担状况的不同,他们的消费需要、兴趣爱好和消费模式也不同。

1)儿童阶段(0~6岁)

其需求主要是基本的生理需要,消费品主要是婴幼儿食品、尿布、童装、简单玩具等。儿童阶段消费不能算作能够进行独立购买决策的消费,其消费一般通过其亲属的消费行为得以反映。一般来讲,儿童阶段消费行为有三个特征:第一,从纯粹生理需要开始向具有社会内容的需要发展,其消费行为中逐渐加入了意识的成分。第二,从消费情绪极不稳定向稍有稳定性转变,即随着年龄的增长和对外界事物认识的提高,儿童控制自己情感的能力有所增强。第三,从模仿性消费开始向具有个性特点的消费过渡。

2)少年阶段(7~14岁)

少年阶段除生理需要,也具有一定的心理需要,消费品也有了显著变化。这一阶段的消费品主要有营养食品、新颖服装、较为复杂的玩具(如电子游戏机)、启迪性的文化娱乐产品、书籍等。少年阶段顾客,无论其生理还是心理特征,都处在急剧变化中。其具体特征是:第一,强烈渴望自己在消费过程中提高独立性和自觉性,渴望具有成人的消费决策地位和权利。但是,由于主客观条件的限制,他们还不能摆脱消费方面的依赖性。第二,购买行为趋向稳定,有意识的消费行为明显增多。第三,具有社会内容的消费明显增多,所受社会影响日益增强。

3)青年阶段(15~25岁)

这一阶段生理需要和心理需要各占一半,消费品主要为有时代感的服装、装饰品、饮料、学习用品、运动器械、书报杂志、影视娱乐等。其特征是:第一,追求新颖。代表潮流,敢于挑战传统观念。第二,在消费过程中追求独立、个性,自我意识强,喜欢独立自主地支配自己。第三,在消费过程中情感色彩浓厚。选购商品时感情影响大于理智,受商品的心理功能因素和商业推销宣传的影响较明显,容易出现冲动性购买行为。

4)成年阶段(26~60岁)

这一时期其心理需要更加旺盛,生理需要的差别化特征也日趋明显。第一,顾客个人消费行为一般是自主的、独立的,外在因素虽可以施加一定影响,但其影响作用

有限。第二,消费目的性明显。当消费价值观形成后,消费行为将具有一定的持续性。

5) 老年阶段(61岁以上)

这一阶段的消费特征是:第一,需要范围缩小,结构有所改变,由于精力、体力上的衰退,他们的活动范围变得狭窄,消费行为更加集中。第二,追求消费的方便和实用,强调舒适和安全,不追求华而不实的东西。第三,相信消费经验,对于不了解的商品不愿轻易购买和使用。国际上称60岁以上人口占总人口的10%,或者65岁以上人口占总人口的7%的国家和地区处于老龄化社会,我国目前已经进入老龄化社会。至2018年底,中国60岁及以上老年人口已达2.49亿,占总人口的17.9%。预计至本世纪中叶,中国60岁及以上老年人口接近5亿,将占总人口35%左右。人口老龄化已成为中国现阶段乃至21世纪的重要国情。《大健康产业蓝皮书:中国大健康产业发展报告(2018)》指出:"我国老年人的购买力持续增强,预计到2030年,老年人口总消费或将达到18万亿元。"这个巨大的潜在消费市场无疑是今后扩大内需的一个经久不衰的经济增长点。

然而,据中国老龄协会对20家商场的调查显示,专门向老年人提供的商品不足3%,即使在那些"老年商品专卖店"中,老年服装和用品不是颜色灰暗,就是规格不齐、款式过时。老年人的饮食、起居、医疗等领域也不尽如人意,不少领域甚至还是一片空白,这与目前发达国家红红火火的"银发浪潮"形成鲜明反差。

老年人对日常生活有特殊的需求,适合他们使用的餐具、量杯、假牙等日用品及容易消化的低糖、低脂类食品大受青睐;他们对可升降的卧床、床垫和药枕、浴盆、尿袋及助听器、按摩器、功能手杖、坐式淋浴器、自动血压仪等情有独钟;而紧急报警器、自动灭火器和防盗装置等都能给商家带来可观的利益。老年人关心的还有医疗和保健,于是老年病特效药和滋补品,有专长的护工、家政服务等大有市场。此外,适合老年人的老年公寓、老年教育、老年旅游、老年金融保险等,都有很好的前景。

4. 家庭单位及家庭规模

有些商品不是以个人为销售对象,而是以家庭为销售对象的,如电冰箱、洗衣机、电视机、微波炉、家具等。美国人口理事会的一项调查表明,进入20世纪90年代中期,世界普遍呈现家庭规模缩小的趋势,这意味着家庭单位数量在不断增加。调查还表明,越是经济发达的地区,家庭规模越小,如欧洲、北美国家和地区的家庭人口基本上维持在3人左右,亚非拉地区的发展中国家和地区每户家庭人口平均在5人左右。这一趋势一方面引起对家庭用品总需求的增加;另一方面,对产品的规格、结构的需求将不同于几世同堂大家庭对产品的要求,企业应对此做出积极的反应。

5. 性别

人口的性别构成与市场需求的关系非常密切,两性在生理与心理上的差异,决定了他们不同的消费内容和特点。一些产品有明显的性别属性,但随着社会的发展,男女性别角色也在悄然变化,市场需求也随之变化。市场上也出现了女性香烟、女性牛

仔服、女性领带及男性香水、男性化妆品等商品。

二、经济环境

一个国家或地区的经济环境是由经济制度、经济发展状况、经济发展趋势、社会购买力等因素构成的。从营销角度看,最主要的经济环境是社会购买力。社会购买力是指一定时期内社会各方面用于购买商品或劳务的货币支付能力。从一定意义上讲,社会购买力决定了市场规模的大小。因此,企业营销活动必然受到社会购买力的影响和制约。从经济学角度分析,社会购买力是一系列经济因素的函数。顾客收入、消费结构、居民储蓄、居民信贷、通货膨胀等因素都会直接或间接影响社会购买力。因而,企业应当密切注意由于社会购买力的增减变化所带来的机会和威胁。

1. 顾客收入的变化

顾客收入是指顾客个人从各种来源所得到的货币收入,如个人的工资、奖金、其他劳动收入、退休金、助学金、红利、馈赠、出租收入等。顾客的购买力来自顾客的收入,但顾客并不会把全部收入都用于购买商品和劳务,消费购买力只是消费收入的一部分。因此,企业在研究消费收入时必须区分个人可支配收入与个人可任意支配收入、货币收入与实际收入。

(1) 货币收入:指顾客在一定时期内以货币表示的收入量。

(2) 实际收入:指顾客在一定时期内的货币收入扣除物价变动因素后的实际购买力。

(3) 个人可支配收入:从个人总收入中扣除税金后的剩余部分。

(4) 个人可任意支配收入:指个人可支配收入减去用于维持个人与家庭生存不可缺少的费用(房租、水电费、燃气费、学费等)后剩余的部分。这部分收入是顾客需求变化中最活跃的因素,这部分收入越多,人们的消费水平就越高,企业营销机会就越多。

显然,个人可任意支配收入越多,非必需品消费(如奢侈品、旅游、文化娱乐、智力投资等)的支出就会增加。在现实生活中,货币收入和实际收入总是不一致的。货币收入只是一种名义收入,并不代表顾客可购买到实际商品的价值。受到物价水平等因素制约,有时货币收入增加而实际收入却可能下降。

由于经济发展的不均衡,在同一时期,不同地区、不同阶层顾客的收入有着明显的差异。例如,在我国经济发展较快的上海、广东等省市,顾客收入就明显高于中西部地区的甘肃、青海等省份。不同的消费收入引起了不同的消费需求,因而在研究顾客收入变化时,不仅要区别个人可支配收入与个人可任意支配收入、货币收入与实际收入,还应对不同地区、不同阶层的顾客的收入变化进行研究。通过分析比较,选择企业未来的目标市场,并针对市场上的消费特点,制定相应的营销措施。如表2-1所示为2018年全国主要省市居民人均可支配收入水平。

表 2-1　2018 年全国主要省市居民人均可支配收入水平

序　　号	省　　市	居民人均可支配收入/元
1	全国	28228
2	上海	64183
3	北京	62361
4	浙江	45840
5	天津	39506
6	江苏	38096
7	广东	35810
8	福建	32644
9	辽宁	29701
10	山东	29205
11	内蒙古	28376
12	重庆	26386
13	湖北	25815
14	湖南	25241
15	海南	24579
16	江西	24080
17	安徽	23984
18	河北	23446
19	吉林	22798
20	黑龙江	22726
21	陕西	22528
22	四川	22461
23	宁夏	22400
24	山西	21990
25	河南	21964
26	新疆	21500
27	广西	21485
28	青海	20757
29	云南	20084
30	贵州	18430
31	甘肃	17488
32	西藏	17286

2. 消费结构

消费结构又称消费构成,是指一定时期内人们对各类型商品的需求量和比例。国际上通常用恩格尔定律描述消费结构的变化。

恩格尔定律是由德国统计学家恩斯特·恩格尔（Ernst. Engel）在 1857 年调查研究英国、法国、德国、比利时等国家工人家庭收支预算时,发现的关于工人家庭收入变化与各方面支出变化之间的比例关系的规律。即随着家庭收入的增加,用于购买食品的支出占家庭收入的比例就会下降,用于住宅建筑和家务经营的支出(燃料、照明、冷藏等)占家庭收入的比重大体不变,用于其他方面的支出(服务、交通、娱乐、卫生保健、教育)占家庭收入的比重就会上升。许多国家的调查表明,恩格尔定律基本是正确的。实践中,人们把消费支出中用于购买食物的支出占全部消费支出的比值称为恩格尔系数,即

恩格尔系数＝(用于购买食物的支出/全部消费支出)×100%

由上式可知,如果需求函数中的其他因素不变,随着收入的提高,食物支出占收入的比重会不断减小。

按照恩格尔定律,食物支出占家庭总支出的比例是衡量一个国家、一个地区、一个城市、一个家庭的生活水平高低的标准。恩格尔系数越小表明生活越富裕,越大则表明生活水平越低。

联合国为了衡量世界各国的富裕程度,曾规定:恩格尔系数在 30% 以下者为最富裕,其人均国内生产总值一般在 8000 美元以上,如美、日、英、法、德等国家;恩格尔系数在 30%～40% 的为富裕,其人均国内生产总值一般在 5000～7000 美元,如意大利、西班牙等国家;恩格尔系数在 40%～50% 的为小康,如土耳其、毛里求斯等国家;恩格尔系数在 50%～60% 的为勉强度日;恩格尔系数在 60% 以上者为绝对贫困,其人均国内生产总值一般在 300 美元以下。我国 2017 年城乡居民的恩格尔系数分别为 28.6% 和 31.2%。虽然从比例上看,已达到富裕水平,但由于人均国民生产总值较低,所以,我国居民生活水平仍处于较低水平。图 2-3 表明,近年来我国人民生活水平逐年提高,恩格尔系数逐年下降,人民生活已逐步步入小康。当然,我国居民恩格尔系数与美国、加拿大、法国、日本等国相比,还存在一定差距,还需我们加倍努力。同时,我国城乡之间、地区之间、行业之间、不同阶层之间的经济发展和收入水平很不平衡。

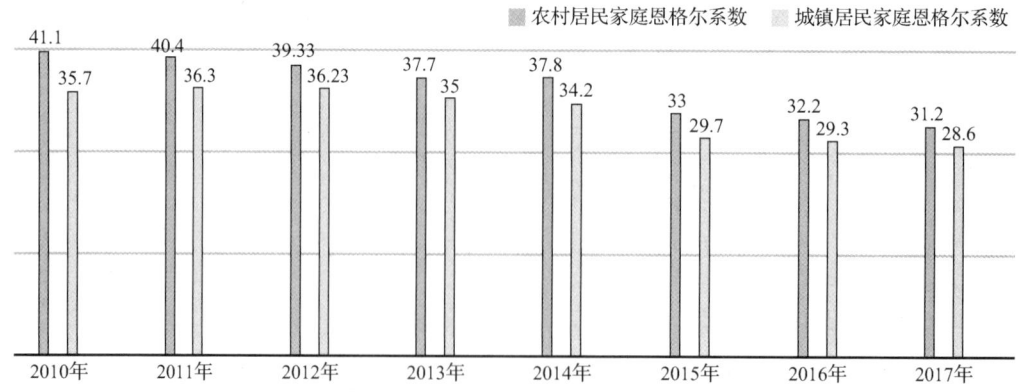

图 2-3　近年来中国城镇、农村居民家庭恩格尔系数(%)

3. 居民储蓄和信贷

居民储蓄与社会购买力密切相关。储蓄来源于居民的货币收入,在一定时期内,

当居民收入一定时,储蓄量越大,现实支出就越少,近期购买力就较弱,而潜在支出和远期购买力越大。我国居民历来就有储蓄的传统习惯,据统计,截至 2016 年年底,我国城乡居民储蓄存款余额达 35.2 万亿元。这说明我国潜在购买力巨大。营销企业必须密切关注居民储蓄的变化,及时调整产品结构,以满足未来市场的需要。与储蓄相反,信贷则是"未来收入的提前",它使顾客超越现有收入的限制去购买更多的商品。目前,我国的住房、轿车等大额商品一般是依靠消费信贷购买的。

4. 通货膨胀

通货膨胀是指流通中货币供应量超过商品流通对货币的客观需要量而引起的货币贬值和物价普遍上涨的经济现象。通货膨胀对经济和人民生活的影响很大。从经济方面来说,虽然在一定的条件下,通货膨胀引起需求扩大,从而有利于推动生产的扩大和就业率的增加,但通货膨胀如不加以控制,就会不可避免地逐渐趋于恶化。而急剧的通货膨胀,必然会引起顾客的大量抢购,企业也会努力增加存货、大量购买机器设备、追加借款,最终由经济过热导致被强制调整,从而造成产量下降和经济减速甚至衰退;在通货膨胀的情况下,对靠工资收入生活的人们来说,工资收入增长的速度跟不上物价上涨的速度,造成实际收入下降,从而降低人们的生活水平。因此,企业开展营销活动必须监测通货膨胀及其影响。

总之,经济环境是影响市场营销的一个重要因素,在实际工作中,为了简化经济环境对市场的影响评估工作,可以用 GDP 来量化经济环境。GDP 是英文"Gross Domestic Product"的缩写,译为"国内生产总值",指的是一国(或地区)一年以内在其境内生产出的全部最终产品和劳务的市场价值总和。GDP 和很多市场的增长呈正相关。如图 2-4 所示为世界各地区 GDP 和民航运输量增长的预测。

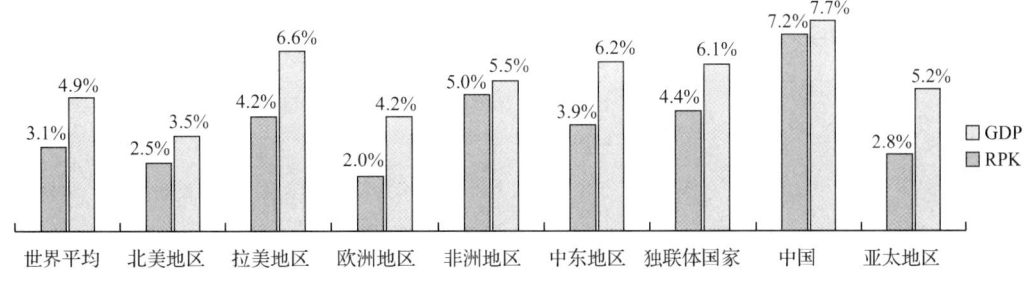

图 2-4　世界各地区 GDP 和民航运输量增长预测

三、政治法律环境

在任何社会制度下,企业的营销活动都必定要受到政治与法律环境的强制约束。这种环境是由影响社会上各种组织和个人行为的法律、政府机构、公众团体等所组成的。企业时时刻刻都能感受到这方面的影响,或者说,企业总是在一定的政治和法律环境下运行的。

国家政策包括外商税收优惠、出口退税等。

商业立法主要有三个目的：

(1) 保护公司免受不公平竞争；

(2) 保护消费者免受不正当商业行为的侵害；

(3) 保护社会利益免受不正当商业行为的损害。

公众团体,指如消费者协会、环保组织、动物保护组织等。

1. 政治体制

政治体制是指国家政权的组织形式及有关制度,包括国家结构、政治组织形式、政党体制及相关的制度体系。不同的国家结构(即是中央集权制还是复合制)、政治组织形式等,决定了不同的国家管理方式。中央集权制国家,各地方必须服从中央政府的领导,全国有统一的宪法、法规,各种贸易法规、商业政策较为统一,制定市场营销策略时较易把握。在复合制国家里,各种法规、政策琐碎、繁多,地方之间也有很大差异,具有较大的易变性和不可控性,这在一定程度上增加了营销的难度。

2. 法律法规

为了建立和维护一定的社会经济秩序、保护正常的社会竞争和保护顾客的权益,政府都会十分重视法律法规的发布和调整,而每项新的法律法规的颁布,或者原有法律法规的调整,都会影响企业的营销活动。在我国,以下与企业营销有关的主要法律法规如表2-2所示。

表2-2　与企业营销有关的主要法律法规、条

名　称	主要内容
中华人民共和国合同法	合同的订立和执行、变更与解除、当事人的责任与权利,以及纠纷的解决等
中华人民共和国价格管理条例	价格的制定和管理、价格管理职责、企业的价格权利与义务、价格监督检查等
中华人民共和国食品安全法	食品安全风险监测和评估、安全标准、生产经营、检验、监督管理等
中华人民共和国消费者权益保护法	消费者的权利、经营者的义务、国家对消费者合法权益的保护、消费者组织、争议的解决、法律责任等
关于禁止侵犯商业秘密行为的若干规定	商业秘密的定义、商业秘密内容、商业秘密认定和处罚等
中华人民共和国商标法	商标注册的申请、商标注册的审查和核准、商标使用的管理等
中华人民共和国专利法	保护发明创造专利权、发明创造的鼓励及推广等
中华人民共和国广告法	广告内容准则、广告行为规范、监督管理、法律责任等
中华人民共和国反不正当竞争法	不正当竞争行为、对涉嫌不正当竞争行为的调查、法律责任等
中华人民共和国产品质量法	产品质量的监督、生产者和销售者的产品质量责任和义务、损害赔偿等

续表

名　　称	主　要　内　容
中华人民共和国海关法	进出境运输工具、进出境货物和物品、海关事务担保、执法监督、关税、法律责任等
中华人民共和国公司法	有限责任公司的设立和组织机构、有限责任公司的股权转让、股份有限公司的设立和组织机构、股份有限公司的股份发行和转让、公司财务会计、公司合并、公司解散和清算等

3. 政府的方针政策

如果说法律法规是相对稳定的,那么政府的方针政策则有一定的可变性。出于宏观经济发展的需要,政府经常要制订年度计划、五年计划及更长期发展规划,为保证各类计划的完成,还得有一系列的产业结构政策、价格政策、财政—货币政策等,政府的方针政策会对企业营销产生直接或间接的重要影响。

4. 公众团体

为了维护社会成员的利益而组织起来的各种公众团体,旨在影响立法、政策和舆论。随着社会进步,这样的公众团体不仅会越来越多,而且在社会经济生活中的地位也会越来越重要。这些公众团体的活动也会对企业营销活动产生一定的压力和影响。

四、社会文化环境

社会文化是影响人们欲望与行为的重要因素。社会文化是指一个社会中人们的观念、信仰、行为规范、态度和风俗习惯的总和。人类在社会生活中,由于社会、自然、历史的原因形成了不同的社会文化,同时也产生了不同的消费需求、消费观念和消费特点。因此,企业营销活动必须认真研究目标市场的社会文化环境,并针对不同的社会文化环境制定不同的营销策略。

有人认为,在营销环境的诸多因素中,社会文化因素对市场营销的影响相对要小一些。其实,社会文化因素的影响在影响深度和广度上要超过其他因素。

社会文化环境包括影响社会基本价值观、观念、偏好和行为的制度和其他力量。

核心文化价值观念具有高度的持续性。

次文化价值观念随时间推移而发生变化。

1. 文化传统

文化传统是社会文化环境中一个重要组成部分,它是在长期的历史进程中逐步形成和发展起来的。它作为一个相对稳定的环境因素,对人们的消费心理和消费行为都有着不可低估的影响。例如,在我国每逢农历新年人们都要进行大扫除,除旧迎新,并大量购买过年用的各种商品;很多西方人每逢圣诞节就大量购买圣诞节用品

(如圣诞树)、互送圣诞卡等。在一定文化传统的影响下,人们会形成一定的风俗习惯,在饮食、服饰、居住、婚丧、节日、人际关系等方面,都表现出独特的心理特征、道德伦理、行为方式和生活习惯。了解目标市场顾客的禁忌、习俗、避讳、信仰、伦理等,是企业开展市场营销活动的重要前提。所以,营销人员必须分析、研究和了解目标市场的历史传统和风俗习惯,这也是市场定位和营销策略组合的基础。

2. 价值观

价值观是指生活在某一社会环境下的多数人对事物的普遍态度、看法或评价。一般而言,生活在相同的社会环境中,人们的价值观就相近;生活在不同的社会环境中,人们的价值观就不同。顾客对商品的需求和购买行为深受价值观的影响,对于有着不同价值观的消费群体,市场营销就应该采取不同的策略。如对于乐于变革、喜欢猎奇、富有冒险精神的顾客,应重点强调产品的新颖和奇特;而对一些注重传统、喜欢沿袭传统消费方式的顾客,企业在制定促销策略时最好把产品和目标市场的文化传统联系起来。

案例与启示:

过去,我国出口的黄杨木雕一向用料考究,精雕细刻,以传统的福禄寿星图案或古装仕女图行销亚洲一些国家和地区。后来出口到欧美一些国家时,发现欧美人对中国传统的制作原料、制作方法和图案不感兴趣,因为欧美人的价值观、审美观与亚洲人不同。因此,我国工艺品进出口总公司一改过去的传统做法,用一般杂木做简单的艺术雕刻,涂上欧美人喜爱的色彩,并加上适用于复活节、圣诞节、狂欢节的装饰品,很快在西方市场打开了销路。

3. 宗教信仰

宗教信仰对市场营销活动也有一定影响,特别是在一些信仰宗教的国家和地区,其影响更是不可低估的。据统计,截至 2015 年底,全世界共有基督教徒约 19 亿人,佛教徒约 5 亿人。每种宗教都有自己的教义,每个教徒都有自己的信仰和禁忌。市场营销活动必须尊重教徒的信仰,不能触犯其宗教禁忌。

4. 语言文字

语言文字是构成文化的要素之一,是人类进行交流的基本工具。不同国家、不同地区、不同民族往往都有自己独特的语言文字,即使是同一个国家或地区,其语言文字也不完全相同。所以,企业在进入一个新的市场时,必须考虑语言文字的运用。

案例与启示:

不同国家使用不同的语言文字,语言文字的转换是信息沟通的基本前提。国际广告的撰写与翻译涉及广告文案人员的多种语言功底。如果不了解词汇的多种含义和文化背景,随意将广告直译为另一种语言,往往会闹出笑话。美国百事可乐公司有句广告口号"come alive with Pepsi"翻译成德语却变成了"和百事一起从坟墓中复活"的意思,与原意"请喝百事可乐,令君生机勃勃"大相径庭。

例如,当初可口可乐进入中国市场时,先根据 Cocacola 的英文发音,直译成中文

为"口渴口蜡"。产品在中国市场销量很低,因为谁也不愿意"口渴时喝一口蜡"。在精通英文的中国专家帮助下,改译为"可口可乐",这种翻译译音准、意境佳,博得了人们的喜爱。另外,像日本的佳能(Canon)相机、德国的奔驰(Mercedes-Benz)轿车等都是非常巧妙的译法。

5. 社会组织制度

社会组织制度包括一个社会的制度、组织体系、政治结构等。在不同的制度和组织中,个人扮演了一定的角色,相应也有着不同的消费行为模式。这是因为不同的制度和组织结构决定了不同的政治环境、教育体系和社会组织的管理方式,而在这些条件制约下,顾客对产品的鉴别能力、接受能力也各不相同。

五、科技环境

科学技术是影响人类前途的重大力量,有人称它是"历史发展总过程的精华",是"最高意义的革命力量"。每种科学技术的新成果都会给社会生产和生活带来变化。营销人员应准确地把握科技的发展趋势,密切关注科技环境变化对市场营销的影响,并及时采取适当的对策。

科技的迅猛发展,给企业营销提出了新的要求,营销人员不仅要通晓科技发展趋势,而且要清楚科技进步给营销带来的影响。

(1)由于科学技术迅猛发展,一些旧行业受到冲击,新产品不断涌现,导致新的市场替代旧市场,如激光唱盘技术夺走了磁带市场,复印机伤害了复写纸行业等。营销人员要注意寻找新科技,寻找新的市场机会。

(2)越来越多的顾客更乐于进入互联网空间浏览自己需要的信息。同时,个性化需求变得越来越明显,人们可以从网络中搜寻他们感兴趣的任何东西。电子商务技术的发展,使新传播促销方式的出现成为可能。营销人员应认真研究沟通效率问题,降低促销成本,研究更新的促销组合方案。

20世纪90年代中期,航空公司开始尝试在互联网上开展营销活动。目前,几乎所有的航空公司都建立了自己的网站,用于向顾客发布航班时刻及其他一些产品信息。航空公司的网站还具有交互功能,旅客可以直接预订航班和购买机票。航空公司网站还为常旅客会员带来了方便,里程积分查询和积分在线兑换均可以在网上完成。在航空货运方面,客户在网上可以随时跟踪、查询他们发送的货物。

在这里强调两点:首先,航空公司近些年来对销售代理手续费问题越来越重视;其次,面对全球分销系统越来越高的收费,航空公司感到非常的无奈,尤其是那些在全球分销系统中不占有股份的航空公司,因为他们无法依靠投资回报来弥补高昂的订座费。

互联网的出现为缓解这些问题带来了希望,当旅客通过个人电脑直接向航空公司订票时,航空公司就可以节省下大笔的代理手续费和订座费。

(3)人们工作、生活方式的变化和科技进步,使分销策略发生巨大变化。由于生

活方式、购物行为变化,顾客可以直接对商品款式、价格、功能等提出要求,使部分商品的分销环节变得更短,一些生产企业必须加强直复营销。即使通过中间商进行分销的商品,也要求中间商提供方便、舒适的购物条件,各种超级市场、快餐店、便利店、大卖场等因此得到充分发展。另外,新技术的发展也引起物流的一系列革命,快速、低成本的物流方式和技术被越来越多的企业所接受。

可视电话会议对民航市场有着重大的、长期的负面影响,虽然它不会导致民航需求的整体下降,但是它将使商务旅行市场的需求增长放缓,而在过去,商务旅行市场需求的增长速度一直要高于国民生产总值的增长速度。

为了应对可视电话会议所带来的威胁,航空公司必须调整市场营销战略。航空公司向商务旅客提供的产品和服务应当更加方便、优质,占用工作时间更少,使得旅客愿意花时间以旅行方式参加各种会议。为此,航空公司在制订航班计划时,应尽量安排高密度的直达航班和方便的起飞时刻,以便旅客能够当天往返。

六、自然环境

从企业市场营销的角度看,自然环境主要是指影响企业市场营销活动的自然物质环境。自然环境是企业赖以生存的基本环境,自然环境的优劣不仅会影响企业的生产经营活动,还会影响一个国家或地区的经济结构和发展水平,以及经济环境和人口环境等均会受到连动影响。因此,企业必须密切关注自然环境的变化。

1. 人均自然资源不足

我国地大物博,资源丰富,许多金属和非金属矿产资源的绝对量名列世界前矛。但是由于我国人口约占世界人口的五分之一,近 14 亿的人口使人均占有量明显不足,资源短缺。以水资源为例,我国人均占有量只相当于世界人均占有量的四分之一,许多大中城市还被用水问题深深困扰。同样,由于资源的短缺,企业的生产经营也出现原材料供应不足、产品成本剧增的难题。针对这些情况,企业要努力完善产品设计,进行技术改造,尽力降低原材料和燃料动力等资源的消耗,减少浪费,提高资源的利用效率,用同样的资源生产出更多、更好、能满足人们生产和生活需要的产品。另外,企业还可以开发利用新的资源,研究和生产代用品,增加市场竞争力。

2. 自然环境污染

自然环境的污染问题日益严重,例如占世界人口总数 15% 的工业发达国家,其工业废物的排放量约占世界废物排放量的 70%。虽然我国属于发展中国家,但工业"三废"(废水、废气、废渣)对自然环境也造成了严重污染,给人们的生产、生活带来了极大的威胁。各国政府、人民群众、新闻舆论纷纷要求企业重视污染的危害性,面对压力,部分企业不得不采取措施控制或消除污染,从而增加了生产成本,加大了市场营销的难度。与此同时,却给生产控制污染设备的企业打开了市场,带来市场营销机会。

3. 自然资源的管理和干预加强

资源的短缺和环境污染势必引起政府对自然资源的干预。虽然这种干预很有

必要,但是同企业的经济效益往往又会产生矛盾。例如,为了治理淮河的污染,保证蚌埠市人民的生活用水,国务院要求淮河流域年产 5000 吨以下的小造纸厂全部关停。显然,其结果必然会引起该地区工业增长速度放慢。因此,一方面,政府要尽力做好工作,力求既保护管理好资源,又保证企业的经济增长;另一方面,企业要制定相应的市场营销策略,研究开发新的生产技术,既提高资源利用率,又能减少环境污染。

第四节　竞　争　者

问题:

(1) 民航企业有哪些竞争者?

(2) 当前民航业的竞争格局如何?

(3) 天空开放和航空联盟的实质是什么?

在通常情况下,某个企业不可能单独占有某一市场,而是有众多的竞争者在同一市场上进行同样的营销活动。企业的营销活动必将被一群竞争者所包围和影响,必须识别这些竞争者,并通过本企业的营销活动控制和挫败竞争对手,以在市场竞争中取得优势地位。从顾客需求的角度划分,企业的竞争者包括欲望竞争者、普通竞争者、产品形式竞争者和品牌竞争者。

欲望竞争者是指顾客同时想要满足的各种不能相互代替的欲望。例如,某顾客在某时期可能会同时对电冰箱、电视机、洗衣机、手机、电脑等产生需要。如果购买力一定,则这些产品之间就形成了一种竞争关系。

普通竞争者是指为满足顾客相同需要而提供不同类型的但可以相互代替的产品的竞争者。例如,自行车、摩托车、小轿车都可作为家庭交通工具,满足人们的出行需要。生产这三种产品的企业之间必定存在着一定的竞争关系。这种竞争者就是普通竞争者。

产品形式竞争者是指生产同种类型但不同规格、型号、款式的产品的竞争者。

品牌竞争者是指生产产品相同,规格、型号也相同,但产品的品牌不同的竞争者。

上述不同的竞争者,与企业形成了不同的竞争关系。

一、民航与其他交通行业的竞争

1. 高铁对民航业的影响

到 2020 年,我国将建成"四纵四横"网络总里程为 3 万千米的高铁客运专线。由于高铁在中短途线路上对民航的替代效应比较明显,而且运送的商务旅客数量可观,因此,中国的航空业已受到高铁的冲击。

和民航相比,高速铁路的主要竞争优势在于:价格低廉;车站接驳点比机场更靠近城市中心;中短途运输速度与航空相差不大,性价比较高。

国外资料显示,日本新干线开通后,日本航空公司停飞东京至大阪、名古屋等航线,东京至仙台航线也在两年后停飞。法国在1983年开通了TGV巴黎—里昂线,目前TGV占巴黎—里昂线客运市场的94%,而法国航空公司(Air France)仅占6%。有数据显示,在800千米内的运营里程内,高铁将分走民航市场20%~30%的客流;在1000千米~1200千米的运营里程内,高铁将分走15%~20%的民航客流。

高铁的发展也给航空公司带来了机遇,航空公司可以与高铁公司开展多方面合作。为了实现与高铁公司的合作,航空公司首先需要解决高铁车站与机场的衔接问题,一旦这个问题得到解决,高铁就可以为航空公司带来大批的旅客,而航空公司也可以利用解放出来的起降时刻开辟更多的远程航线。

2. 公路和水路运输

公路和水路运输与民航业的竞争相对于高铁来看,并没有那么直接与激烈。但是,长途客车与客轮仍然分流了航空市场,只是分流的比例相对来说非常小,不会对民航造成大的负面影响。

如图2-5所示为航空公司面临的竞争者示意图。

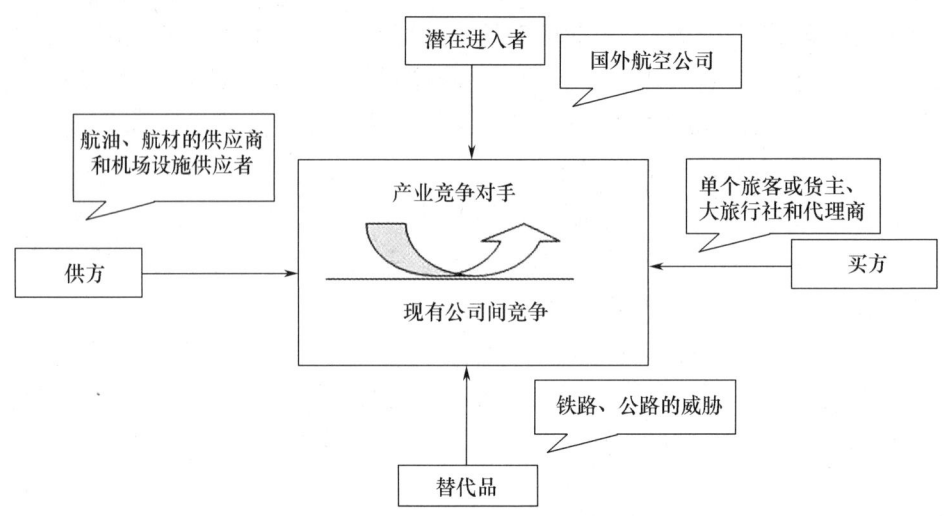

图2-5　航空公司面临的竞争者示意图

二、国内航空公司竞争格局

国内民航市场由三大国有航空公司和若干家民营航空公司组成。其中,三大国有航空公司,即中国国际航空股份有限公司、中国南方航空股份有限公司和中国东方航空股份有限公司,在国内市场占有绝对主导地位。2005年,民航业向民间资本开放以来,若干家民营航空公司迅速成立,进一步加剧了市场竞争激烈程度。如表2-3所示为中国国内各航空公司集团阵营情况。

表2-3 中国国内各航空公司集团阵营情况

中航阵营	国际航空、深圳航空、山东航空、国货航
东航阵营	东方航空、武汉航空、中货航、上海航空
南航阵营	南方航空、厦门航空、邮政航空、四川航空
海航阵营	海南航空、山西航空、新华航空、长安航空、金鹿公务机、扬子江快运
民营公司阵营	客运航空:奥凯、春秋、东星、吉祥、华夏、东北、鹰联;货运航空:东海、长城

(1) 网络布局。三大航空公司分别占有国内三大枢纽城市,即北京、上海和广州。各航空公司为了占领国内市场,除了建立自己的枢纽机场,还加紧了全国布局。随着国内航空公司竞争的加剧及高铁发展带来的冲击,国内各大航空公司开始逐步加大国际航线的开发力度。

(2) 加入联盟。2007年,南航和国航分别加入了天合联盟和星空联盟;2010年,东方航空签订了加入天合联盟的意向书;海南航空也启动了加入航空联盟的工作。通过加入联盟,来提升服务品质,增加通航城市,分享联盟带来的收入。

(3) 区域市场竞争加剧。近年来,国内民航业高速发展,带来了良好的市场机遇。各航空公司分别加快了营业部升级、区域新公司设立及收购与兼并,各航空公司急速扩张,使国内民航市场的竞争趋于白热化。

小知识

在航空公司竞争激烈的航线上,特别是在有廉价航空公司参与后的航线上,机票价格显著下降,最低降幅达1/3。

机票价格显著下降带来了旅客量更为明显的上升,价格每下降10%将带来20%的旅客增长。

在距离近似相等的航线上,如存在廉价航空公司,则竞争的费用大幅降低。

航空公司航线的进入,不会对已有的网络型航空公司带来冲击,相反,网络型航空公司的上座率会出现较为明显的上升。

航班数和座位数将由于参与竞争的航空公司数量增加而显著增加,航线原有的活力得到充分挖掘。

三、国际航空市场的竞争趋势

1. 天空开放的概念

天空开放源于1978年美国的"放松管制"。"放松管制"虽是美国国内的法规,但它却在不同程度上影响着世界各国的民航自由化进程。天空开放,是指一国向另一国或若干国开放航权,部分或全部放开航班、线路、运力、定价、经营者数量及通航点等限制。天空开放可以为旅客带来更多的便利,更多可直达的目的地,但对于一国的航空业来说并不一定是好事。航空业发展较好的国家会得到更多的份额,而航空业落后的国家将受到较大的冲击。

小知识

天空开放的要点（美国提出的条件）

通航地点、指定企业、运力、班次等不受限制；对航空业务权不限制；运价管理自由，包机管理自由，结汇自由；代码共享不限；可自办地面服务；使用和引入计算机订座系统不受歧视。

从商业航空诞生的那一天起，航空公司就一直受到政府的管制，几乎所有国家的政府对航空公司航线网络的建设、机队规模的大小及航班密度的高低等都会加以管制，更为普遍的是，政府会对航空公司之间的价格竞争进行干涉。

近些年来，各国政府对民航业的管制政策发生了巨大的改变，航空公司开始能够在一个更加宽松自由的经济环境中面对市场的机遇或挑战。虽然，我们离真正意义上的"不管制"还差得很远，但是世界各国航空市场的情况已经发生了翻天覆地的变化。航空公司未来将会面对一个怎样的管制环境，目前还是一个未知数，但有一点是可以肯定的，未来市场将会更加开放，航空公司应当适时地调整其战略，应对市场环境的变化。

2. 代码共享和航空联盟

代码共享（Code-sharing），是指一家航空公司的航班号（即代码）可以用在另一家航空公司的航班上。这对航空公司而言，不仅可以在不投入成本的情况下完善航线网络、扩大市场份额，而且越过了某些相对封闭的航空市场的壁垒。对于旅客而言，则可以享受到更加便捷、丰富的服务，如更多的航班和时刻选择，一体化的转机服务、优惠的环球票价、共享的休息厅及常旅客计划等。

正因为代码共享优化了航空公司的资源，并使旅客受益匪浅，故它于20世纪70年代在美国国内市场诞生后，几十年便已成为在全球民航业内最流行的合作方式。我国的三大骨干航空公司也已分别与三家主要的美国航空公司签署了代码共享协议，分别是中国国际航空有限责任公司与美国西北航空公司、中国东方航空有限责任公司与美利坚航空公司、中国南方航空有限责任公司与达美航空公司。

其中，国航与美国西北航空的代码共享开始得最早，始于1998年5月，合作的层次最深、领域最广。双方不仅连接了订座和离港系统，互通了常旅客项目，联合销售和促销，而且真正实现了"通程登机"和"无缝隙"服务，旅客在始发机场办理登机手续时即可一次拿到途中所有航班的登机牌，行李也可被直接运至目的地。双方的合作领域还将进一步扩大到培训、财务和人事管理等方面。

代码共享方式使中国的航空公司得以直接吸取国外先进航空公司在经营和管理上的经验，尽快融入日益全球化、自由化的民航业。

代码共享的主要类型

（1）辅助服务（区域性代码共享）：指国内航班和国际航班的衔接服务。

（2）门户港到门户港航班（具体点代码共享）：两家航空公司互相包租座位或联合航班，运送旅客。

（3）门户港到门户港以及门户港以远（战略代码共享）：国内提供客源，国际点到点的航班实际上由一家或两家航空公司运营。

航空联盟的概念源自更早以前就存在于民用航空业的代码共享与延远航线代理制度。航空联盟是指两个或两个以上的航空公司为共同提高相对于竞争对手的竞争优势，共享包括品牌资产和市场扩展能力在内的稀缺资源，从而提高服务质量，并最终达到提高利润的目的而组成的长期合作伙伴关系。

联盟成立的主要宗旨是借由各成员所串联而成的环球航空网络，给乘客提供一致的高品质服务及全球认可的识别标志，并加强每个联盟成员在本地及全球所提供的服务及发展统一的产品服务。联盟的主要合作方式包括扩大代码共享规模，常旅客计划（Frequent Flyer Program，FFP）的点数分享，航线分布网的串连与飞行时间表的协调，共享各地机场的服务柜台与贵宾室，以及共同执行形象提升活动。

目前，世界范围内主要有星空联盟、天合联盟、寰宇一家等联盟。其中，星空联盟是目前全球最大的航空联盟，共由28家国际航空公司组成。

3. 天空开放对中国民航市场的影响

天空开放是我国民航业面临的巨大挑战。它不仅为我国民航企业带来压力，更促使我们深入思考民航管理体制、政策、法规和运行机制这些深层次的问题。

天空开放在微观层面上是企业间的竞争，在宏观上是国与国的民族产业之间的竞争。中国民航的体制改革和法制化进程从来没有像现在这样紧迫，内部改革尚未全部完成，外部天空开放的浪潮又席卷而至，迫使我国的民航管理体系要尽快适应自由化的发展，在管理体制和政策法律制度建设方面跟上全球自由化的步伐，按国际通行规则办事，高效管理，为航空公司创造一个公平、有效的竞争环境，尽快提升自己的国际竞争力。

为了更好地适应新世纪民航发展的需要，中国民航在基本完成以市场化为改革方向的民航体制改革后，需要建立和完善运行体制，应对天空开放的挑战。在运行体制的构建与完善中，需要解决以下几个问题。

1）放松管制

目前，我国民航业在进入民航市场方面的壁垒还很高。除了技术壁垒、资金壁垒、规模经济壁垒，更主要的是行政壁垒。通过放宽市场准入，新进入的民航企业可对已有企业形成一定的进行技术改进的压力和降价的压力，从而促使整个行业以更低的价格、更好的服务满足顾客需求。

事实上，我国民航业尚未建立起按市场规律运作、有序竞争的体制。因此，在发展的进程中，应顺应世界民航自由化发展的趋势，制定有效的放松行政管制、放开票价、加快反垄断和反不公平竞争等政策，积极倡导市场化进程，同时转换职能，改变过去那种既当运动员又当裁判员的矛盾局面，由直接干预企业变为间接监管企业，以真正实现政企分开，推动民航企业的市场化发展。

以平衡机场格局为突破口，实现行业结构的战略调整。我国民航的高速发展基本上是依靠大规模投放运力和高标准建立民用机场及相关配套设施等外延手段来实现的，这种粗放经营导致的行业发展不平衡主要表现在以下 5 个方面。

（1）客运与货运发展不平衡。民航长期重客运、轻货运。

（2）通航与运输发展不平衡。民航一直重运输而轻通用航空的发展。

（3）东部与西部发展不平衡。民航发展有地区倾斜，东部发展快而西部发展慢。

（4）干线与支线发展不平衡。由于以往特别重视城市对式的干线航空而忽视支线航空的发展，导致我国支线航空发展严重滞后，不能为干线航空有效输送客源。目前，我国支线航空占全部航空的比重不足 10%，而世界平均水平在 20% 左右。

（5）机场发展不平衡。机场是国家综合交通运输体系中重要的基础设施，是民航发展的重要基础和前提。民航需求持续快速地增长，使我国民用机场面临良好的发展机遇，但也面临着如何解决机场发展不平衡的重大战略问题。

2）立足民航发展，构建投资多元化体系

中国民航的战略发展需要民营资本和外来资本的加入，如何立足民航发展，吸引外来资本，构建多元化投资体系，同时加强民营资本和外来资本进入后的管理，解决民航快速发展的资金需求问题，已成为一个十分重要的课题。我国民航应从全局的战略角度，制定有利于民航发展的融资政策，营造有序的市场竞争环境，实现民航投资主体的多元化，吸引更多的外来资本和国内社会资本参与中国民航的发展建设，以扩大民航规模，提高民航企业市场竞争力和管理水平，促进中国民航的可持续发展。

3）空中交通管制向空中交通管理系统转变

目前，我国空中交通对飞机流量实施管制，即机场终端区允许时，飞机才可以放行、滑行、起飞。至于空域能否通过，或者目的地机场能否着陆，考虑较少。这样容易导致飞机因跑道或者停机位繁忙而不能着陆，需要在空中等待；或飞机因空域繁忙不能通过，不得不调速或者绕飞。其结果必然造成航班延误。因此，飞机流量管制已不能完全适应我国民航的发展。以 2002 年为例，飞机流量管制已经成为飞机晚到、公司计划和天气之后造成航班不正常的第四个因素，全年管制 10891 架次，占不正常航班的 5.1%，造成了很大的经济损失，对飞行安全也造成较大威胁。

而飞机流量管理比飞机流量管制更注重系统管理，不仅要考虑机场终端区，而且要考虑空域、目的地机场，经过预测，在这些环节畅通时飞机才能被放行，否则在地面实施延误程序。由于飞机流量管理科技含量高、操作复杂，我国民航应根据国情和部分地区的实际情况，使飞机流量管理不断完善和提高，最终促进空中交通管制向空中交通管理系统转变。同时,加快系统化、自动化、网络化和信息化建设,提高空管系统综合保障能力、技术水平与服务质量,更好地保障飞行安全和航班正常。

由于空域条块分割,很多机场的飞行程序受到周边空域的限制,很难优化,限制了机场容量的进一步提高。同时,空域组织结构不尽合理,难以满足空域用户的需求。此外,我国目前空域的使用也极不均衡,飞行量主要集中在东部地区,东南沿海地区机场相对多,密度相对大,京广线以东地区的机场起降架次占全国的76%以上;而西部地区机场相对少,密度也相对小。

天空开放必定会对我国民航业发展产生深远影响,应当积极研究国外天空开放历程,总结经验,积极应对,尽快调整国内民航业发展战略,实现民航强国的梦想。

第五节 企 业

问题:

(1) 企业在市场营销中可以控制的因素有哪些?

(2) 市场营销组合的含义是什么?

企业作为市场营销的主体,要在复杂的市场营销环境中,比竞争者更快、更好地满足顾客的需求,赢得市场营销的胜利,必须处理好以下三个方面的问题。

一、市场营销组合及运用

企业的营销策略是企业对其内部与实现营销目标有关的各种可控因素的组合和运用。影响企业营销目标实现的因素是多方面的,包括产品的设计制造、产品包装、品牌选择、价格的制定与调整、中间商的选择、产品的储存和运输、广告宣传、人员销售、营业推广、公共关系等。这些营销活动可以各自进行,但相互之间又必然会产生影响。所以,许多企业在营销实践中认识到,必须围绕统一的营销目标对企业的各种营销策略进行有机组合,才能使营销活动取得成功,并降低营销的成本。最早提出营销策略组合概念的是尼尔·鲍顿(Neil Borden),他认为企业营销组合涉及产品、定价、品牌、渠道、人员销售、广告、营业推广、包装、展示、售后服务、物流、调研分析共12个因素。后又有一些营销学者对营销策略提出过不同的组合方式,如佛利(Albert. W. Frey)的二元组合:一为供应物因素,即同购买者关系较为密切的因素,如产品、包装、品牌、价格、服务等;二为方法与工具,即同企业关系较为密切的因素,如分销渠道、人员推销、广告、营业推广和公共关系等。拉扎和柯利(Lazer&Kelly)的三元组合:一为产品和服务的组合;二为分销渠道的组合;三为信息和促销手段的组合。

1960年,美国市场营销学家杰罗姆·麦卡锡将各种因素归结为四个主要方面的组合,即产品(Product)、价格(Price)、地点(Place)和促销(Promotion)。从而使企业的营销策略围绕这四方面形成了四种不同类型的策略组合。

(1) 产品策略(Product Strategy),主要是指企业以向目标市场提供各种适合顾客

需求的有形和无形产品的方式来实现其营销目标的策略,其中包括对与同产品有关的品种、规格、样式、质量、包装、特色、商标、品牌,以及各种服务措施等可控因素的组合和运用。

(2)定价策略(Pricing Strategy),主要是指企业按照市场规律制定价格和变动价格等方式来实现其营销目标的策略,其中包括对同定价有关的基本价格、折扣价格、津贴、付款期限、商业信用,以及各种定价方法和定价技巧等可控因素的组合和运用。

(3)分销策略(Placing Strategy),主要是指企业以合理地选择分销渠道和组织商品实体流通的方式来实现其营销目标的策略,其中包括对同分销有关的渠道覆盖面、商品流转环节、中间商、网点设置,以及储存运输等可控因素的组合和运用。

(4)促销策略(Promotioning Strategy),主要是指企业以利用各种信息传播手段刺激顾客购买欲望,促进产品销售的方式来实现其营销目标的策略,其中包括对同促销有关的广告、人员推销、营业推广、公共关系等可控因素的组合和运用。

这四种不同类型营销策略的组合,因其英语的第一个字母都为"P",所以通常也称为"4Ps"。麦卡锡的"4Ps"组合由于抽象适度、简明易记,很快得到广泛认同,成为全世界各种营销教科书认可的基本模式。

"4C"营销组合策略是1990年由美国营销专家劳特朋教授提出的,它以消费者需求为导向,重新设定了市场营销组合的四个基本要素,即消费者(Consumer)、成本(Cost)、便利(Convenience)和沟通(Communication)。它强调,企业应该首先把追求顾客满意放在第一位,其次是努力降低顾客的购买成本,然后要充分注意到顾客在购买过程中的便利性,最后还应以消费者为中心实施有效的营销沟通。

21世纪初,艾略特·艾登伯格提出"4R"营销理论。"4R"理论以关系营销为核心,重在建立顾客忠诚度。它阐述了四个全新的营销组合要素,即关联(Relativity)、反应(Reaction)、关系(Relation)和回报(Retribution)。"4R"理论首先强调企业与顾客在市场变化的动态中应建立长久的互动关系,以防止顾客流失,赢得长期而稳定的市场;其次,面对迅速变化的顾客需求,企业应学会倾听顾客的意见,及时寻找、发现和挖掘顾客的渴望与不满及可能发生的演变,同时建立快速反应机制以对市场变化迅速做出反应;企业与顾客之间应建立长期而稳定的朋友关系,从实现销售转变为实现对顾客的责任与承诺,以维持顾客再次购买的欲望和顾客忠诚度;企业应追求市场回报,并将市场回报当作企业进一步发展和保持市场关系的动力与源泉。

营销组合策略对企业的作用:

(1)可扬长避短,充分发挥企业的竞争优势,实现企业战略决策的要求;

(2)可加强企业的竞争能力和应变能力,使企业立于不败之地;

(3)可使企业内部各部门紧密配合,分工协作,成为协调的营销系统(整体营销),灵活、有效地适应营销环境的变化。

案例1:国航合肥营业部市场营销组合策略

通过对安徽航空市场环境进行分析,国航合肥营业部在安徽民航市场上具有不

小的优势与机会,虽存在一定的劣势和威胁,但是总的来说优势多于劣势,机会大于威胁。合肥营业部积极主动地采取适当措施,扬长避短,争取将各种不利因素降到最低,并采用了以下营销组合策略。

1. 多样化的产品策略

根据营业部对目标客户市场的确定,营业部主要面对的消费群市场可大致细分为商务旅客市场和休闲旅客市场。根据这两个细分市场的不同特征有区别地投放产品,在得到市场效应认同的同时,提高公司收益。

面对头等/公务舱旅客,通过与当地机场合作,推出头等/公务舱精品服务和 VIP 尊贵服务产品。在旅客乘坐飞机的各个环节,如办理值机、过安检、候机等过程享受优先办理、专属通道、专人服务等尊贵礼遇,这将给公司创造较好的经济效益和社会效益。

针对年轻白领阶层,重点宣传国航网上查询、订票和电子客票业务,既顺应了消费潮流,又有助于拓展直销渠道。针对惜时如金的商务旅客,在某些航线上安排早发晚归的航班时刻,满足目标顾客当天往返的需要。针对经常旅行的普通民众,积极发展其成为国航的常旅客会员,加入"知音俱乐部",让旅客充分感受到贴心的服务。

2. 差异化的定价策略

根据旅客性质、购票时间、季节等因素,实行假日与普通日的区别制定折扣定价与差别定价同时投放的策略。通过差异化的定价策略将收益最大化,同时避免了片面追求收益,不考虑市场接受度的做法。针对不同的情况,适当推出一定的特价产品,在考虑价格时,必须认真分析顾客和竞争对手的反应,同时还应该对供应商及政府的可能反应做出预测。

当某块细分市场中的价格突然发生变化时,必须能够迅速做出反应,并及时了解变化的原因和发展趋势,要有能够应对突发情况的能力。对竞争对手的政策调整,也应该能提前预测、实时反应、控制发展、掌握主动,还要尽量预防竞争对手将合理的促销行为转化为极端的价格战。

3. 扁平化的分销渠道策略

随着电子时代的到来,网络成了新的分销渠道。通过网上销售,可以为公司减少机票印刷成本和人工成本,而且资金周转更快,由于减少了产品推销的中间环节,电子商务在一定程度上可以使目标客户以较低的价格直接获取所需产品、服务等,这实际等于客户能享受成本降低后带来的效果。电子商务销售借助网络的传播,覆盖面更广,销售渠道更加直接,大大提高了企业的运营效率,是一种很好的营销服务方式。

营业部不断拓展电子商务市场,全力提高电子商务销售在营业部总销售业绩中的份额。同时,与本地大型企业、政府机关等企/事业单位签订电子商务大客户协议,让这一模式的营销更为直接、深入,力求降低间接分销渠道对营业部销售的制约。

4. 目标化的促销策略

促销策略主要包括人员促销和非人员促销两类。营业部常用的策略有广告促销、人员促销等,将多种促销手段进行组合、搭配。

案例2:"娃哈哈"的市场营销组合策略

1. 产品策略

"娃哈哈"的经营者有强烈的产品更新意识和商标意识。他们认为,任何一种产品,无论它的销售多么成功都有自己的生命周期。一个企业要获得持久的生命力,必须不断调整产品,或者使产品更新换代。基于这样的认识,在娃哈哈营养口服液仍然畅销之时,他们断定该产品已进入成熟期,于是开发出"娃哈哈"果奶、"娃哈哈"营养八宝粥和"娃哈哈"冰糖营养燕窝粥,以及计划推出的有药理功能的"娃哈哈"清凉露、"娃哈哈"平安感冒液,还有新一代营养品——"娃哈哈"儿童健身液。新产品的不断推出,使企业生机勃勃。

2. 价格策略

"娃哈哈"坚持低价策略,薄利多销,扩大市场覆盖面,多销才能形成规模优势,才能有效降低成本,使消费者受益、企业受益。

3. 促销策略

"娃哈哈"主要通过广告促销,针对儿童普遍厌食这一现象,广告语定为"喝了娃哈哈,吃饭就是香。"再加上"妈妈,我要喝娃哈哈!"这一富有煽动性的广告词,起到了非常好的促销作用。

"娃哈哈"为体现对儿童真诚的爱心,在一些城市向小学生赠送黄色太阳帽,使小学生在过马路时的安全系数得到提高。当然也因为黄色太阳帽醒目,"娃哈哈"三个字印在帽子上也就有了很好的宣传效果。

4. 销售渠道策略

"娃哈哈"精心罗织销售网,在每个省都派出了自己的销售人员,使一个个销售点组成了一张覆盖全国的销售网,从而使产品得以迅速走进千家万户。他们还在美国的四个城市设立了办事处。把销售网点撒向世界是他们描绘的宏图。

二、市场营销管理

市场营销管理是一个过程,包括为了实现企业目标而做出的各项营销工作,如市场营销分析、市场营销计划、市场营销执行与控制等。市场营销管理将贯穿于企业市场营销的始终。当一个企业与任何市场发生联系时,这个企业便产生了市场营销管理的问题。市场营销管理的任务就是为促进企业目标的实现而把人、财、物等资源科学地组织到满足顾客需求上。

在市场经济条件下,企业必须十分重视市场营销管理。市场营销管理工作的好坏不仅影响着现代企业为参与市场竞争所制定的各项营销战略战术的实施,而且还关系到企业如何在激烈的市场竞争中求得生存与发展。

三、市场营销战略

市场营销战略(Marketing Strategy),是指企业为实现其经营目标,对一定时期内

市场营销发展的总体设想和规划,以及为实现这样的规划制定所应采取的重大行动措施,包括目标市场选择、市场定位、市场拓展战略等。

营销战略的选择必须从企业实际的市场地位和竞争实力出发。因为在一个市场上,企业通常会处于不同的市场地位,如领导者、挑战者、追随者和补缺者等。企业只有从实际的市场地位出发去选择相应的营销战略,才可能取得成功。

小 结

在市场营销中,那些购买的决策者才是航空公司真正的"顾客"。影响购买的人群有以下四类:使用者、影响者、决策者和购买者。要正确区分航空公司中的商务旅客和休闲旅客,以及他们的不同需求。

所谓市场营销环境,是指影响企业市场营销活动的不可控制的各种外部因素的总和。也就是说,所有超出企业营销管理职能机构管理范围的各种不可控因素构成了企业的市场营销环境。进行环境分析是企业参与市场竞争的基本要求,同时也是企业在复杂的环境中发现市场营销机会、制订市场营销计划的重要保证。市场营销环境包括人口环境、经济环境、自然环境、科技环境、政治法律环境和社会文化环境等。

其他交通行业(如铁路、公路、水路等)在一定范围内与民航竞争激烈。2005年,民航业向民间资本开放,民用航空公司不断成立,进一步加剧了市场竞争激烈程度。天空开放是我国民航业面临的巨大挑战。它不仅为我国民航企业带来压力,更促使我们深入思考民航管理体制、政策、法规和运行机制这些深层次的战略问题。

企业的营销策略是企业对其内部与实现营销目标有关的各种可控因素的组合和运用,包括产品(Product)策略、价格(Price)策略、地点(Place)策略和促销(Promotion)策略。产品策略(Product Strategy),主要是指企业以向目标市场提供各种适合顾客需求的有形和无形产品的方式来实现其营销目标的策略。定价策略(Pricing Strategy),主要是指企业按照市场规律制定价格和变动价格等方式来实现其营销目标的策略。分销策略(Placing Strategy),主要是指企业以合理地选择分销渠道和组织商品实体流通的方式来实现其营销目标的策略。促销策略(Promotioning Strategy),主要是指企业以利用各种信息传播手段刺激顾客购买欲望,促进产品销售的方式来实现其营销目标的策略。

练习与实训

一、单项选择题

1. 影响消费需求变化的最活跃的因素是(　　　　)。

A. 个人可支配收入　　　　　　　B. 个人可任意支配收入

C. 个人收入　　　　　　　　　　D. 人均国内生产总值

2. (　　　　)主要指一个国家或地区的民族特征、价值观念、生活方式、风俗习惯、宗教

信仰、伦理道德、教育水平、语言文字等的总和。

   A. 社会文化   B. 政治法律   C. 科学技术   D. 自然资源

3. 影响汽车、住房及奢侈品等商品销售的主要因素是(　　　)。

   A. 个人可支配收入   B. 个人可任意支配收入

   C. 居民储蓄和信贷   D. 顾客支出模式

4. 认识与分析营销环境的目的是(　　　)。

   A. 防患于未然   B. 寻求企业发展空间

   C. 增强企业适应能力   D. 发现机会和识别威胁

5. 一个国家或地区的恩格尔系数越小,说明该国家或地区的生活水平(　　　)。

   A. 越稳定   B. 越低   C. 越高   D. 比较波动

二、多项选择题

1. 分析营销环境的目的是(　　　)。

   A. 扩大销售   B. 对抗竞争

   C. 寻求营销机会   D. 避免环境威胁   E. 树立企业形象

2. 社会购买力受到(　　　)等因素的影响。

   A. 顾客收入   B. 币值

   C. 居民储蓄   D. 居民信贷   E. 顾客支出模式

3. 宏观环境包括(　　　)。

   A. 人口环境   B. 政治法律环境

   C. 经济环境   D. 自然环境   E. 科技环境

三、思考题

1. 什么是市场营销环境? 它包括哪些内容?

2. 航空公司的市场营销活动面临哪些竞争者?

四、单元实训项目

目的:应用营销三角模型。

内容:结合实际,分析海南航空公司的顾客、所处的宏观环境和行业竞争情况。

要求:通过网络和图书馆搜集相关信息。

五、课外实践

实践目的:理解宏观环境对企业生产经营的影响。

演练要求:调查一家优秀国外航空公司,比较这家优秀国外航空公司在中国与其在本国生产经营方面的差异,试图说明产生这些差异的原因。

演练指导:

1. 将学生分组,每个小组需完成上述内容。

2. 可以通过该公司网站来搜集相关资料。

3. 课外实践结束后,各组交流调查到的信息。

六、案例分析

海航市场营销策略

1. 海航的市场环境

海南航空业务包括国内航空客货运输业务、周边国家和地区公务包机飞行业务、航空器维修和服务、航空旅游、航空食品等,先后建立了海口、三亚、北京、西安、太原、乌鲁木齐、广州、兰州、大连共 9 个航空营运基地。1995 年,海南航空开始探讨、发展以支线为主的"毛细血管战略",形成了适用于中短程干线飞行,短程支线飞行,公务、商务包机飞行的航线布局。1995 年,海南航空引进公务机,并在北京设立了公务客机飞行基地,首开中国公务包机飞行先例。1999 年,海南航空获准经营由海南省始发至东南亚及周边国家和地区的定期和不定期航空客货运输业务。海南航空拥有的国内支线客机群,开通了海口、三亚、湛江、北海、桂林、南宁、珠海等城市之间的短程航班。

2. 高科技营销策略

面对当前的市场环境,海航通过技术升级,使旅客能在网上完成电子客票订票、变更日期、退票等业务,不仅节省了旅客的时间,同时也节省了航空公司的成本。

针对散客、学生、教师等选择出行条件比较宽松的群体,海航在全国推出"旅行管家"不定期机票,分为 2 折机票和 3 折机票两种,乘客的出行时间需交给海航提前安排,或旅客根据海航的座位情况来选择,一旦有座位,海航将通知旅客成行。购买"旅行管家"产品的旅客,需提前 7~15 天选定行程、支付票款,海航将根据座位情况,提前指定旅客乘坐的航班;其中,选购 3 折不定期机票的旅客,还可以自行选择出行日期和航班;被指定航班的则不能自行随意变更航段、时间及退票。为了降低旅客购票的风险,海航表示如因市场原因、旅客的选择原因行程未能得到安排,可在有效期内给乘客免费退款。

中国工商银行、海南航空与万事达卡国际组织联合发布国内首张符合国际标准的 MasterCard 品牌航空联名信用卡——牡丹海航信用卡。该卡片一卡双币、全球通用,不仅拥有普通牡丹国际信用卡的所有功能,还可享受海航常旅客计划的各种奖励与优质服务,参加 MasterCard 国际组织推出的各种境内、外促销活动。

3. 结论

海航通过技术升级,进一步满足了旅客的需求,拓展了市场份额,开通国内近五百条航线,辐射北京、上海、乌鲁木齐、西安、宁波、重庆、成都、海口等大中旅游城市。

案例思考:

(1) 影响航空公司市场营销的宏观环境有哪些?

(2) 海航在本案例中是怎样改善其营销环境的?

第二篇　民航市场营销主要岗位实务

市场营销组合是企业对可以控制的市场营销因素进行组合利用的体现,也是企业在市场营销活动中的具体操作部分。民航企业特别是航空公司市场部门设有和市场营销组合因素相对应的工作岗位,本篇主要介绍这些岗位所需要掌握的知识和技能。

第三章　产品设计和维护类岗位知识与技能

名人格言

我们认为,每一个品牌都是一个产品,但不是所有的产品都是品牌。

——大卫·奥格威

注:民航产品是一类特殊的消费品,其核心的使用价值是完成旅客空间位移的基本需求,其附加价值是旅客在这个过程中的心理需求。航空公司一方面需要针对顾客的基本需求规划出合理的产品,更重要的是要针对旅客的心理需求来形成旅客对产品的忠诚度。

▌导入案例▐

海尔空调的价格策略

海尔空调一直坚持高附加值的产品定价,在空调行业利润普遍大幅下滑的今日,海尔空调的平均单价仍在3000元左右,而众多的二三线品牌空调平均单价在1500~2500元徘徊;海尔只要稍微调低价格,消费者就会争相采购。海尔空调的价格策略令同行感到震惊。

海尔空调的价格策略从来都不是单纯的卖产品的策略,而是依附于企业品牌形象和尽善尽美的服务之上的价格策略,这种价格策略赢得了消费者的心,也赢得了同行的尊重与敬佩,更赢得了市场!

海尔空调把服务做到了尽善尽美的程度。在科技日益发达、技术日益进步的今天,产品质量已经不是消费者追逐的唯一重点,因为各个企业的产品质量、技术都相

差不远。此时,服务成为决定企业在市场竞争中成败与否的关键因素。海尔无疑是其中的佼佼者:海尔坚持提供24小时免费电话咨询、24小时内上门服务;所有服务人员经过严格培训,统一着装、统一用语、统一规范制度,让消费者真正感受到"上帝"的待遇。海尔并不只是口头说说而已,更重要的是,它能始终如一地坚持下来。

第一节　民航产品的概念与分类

问题:

(1) 什么是产品?

(2) 民航产品的核心层是什么?

(3) 什么是产品组合?

一、民航产品的概念

1. 产品的整体概念

狭义的产品是指具有某种特定物质形状和用途的物品,是看得见、摸得着的东西。市场营销学认为,广义的产品是指人们通过购买而获得的能够满足某种需求和欲望的物品的总和。它既包括具有物质形态的实体产品,又包括非物质形态的利益,这就是产品的整体概念。产品整体由三个层次构成:第一层次是产品核心层,即顾客购买产品所追求的基本效用和利益,如买电冰箱是为了冷冻和保鲜食物,买药是为了治病等。产品核心是指产品的使用价值。第二层次是产品形式层,即产品的实体与外形,如产品的构成材料、外观、品质、设计、花色、样式、品牌与包装等。第三层次是产品延伸层,指基本的产品实体效能以外的附加利益,如送货上门、售后服务、质量保证等。

在市场营销中,产品的整体概念如图3-1所示。

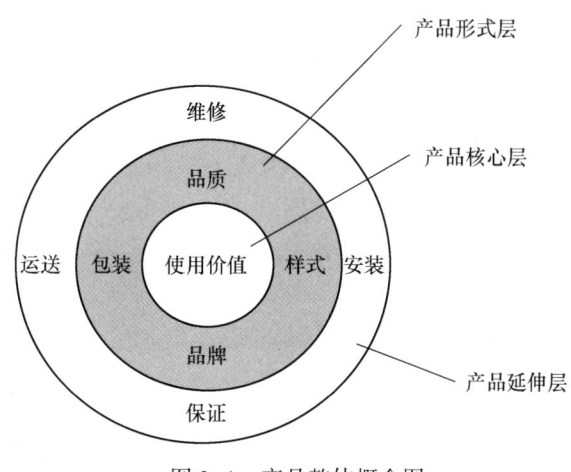

图 3-1　产品整体概念图

2. 民航产品的含义及特征

民航产品不是有形的,它是一种顾客认为有用的服务,是旅客或货物的位置移动,这种位置移动是在航空飞机的作用下完成的。

民航产品的三个层次具有自身独特的内容。

(1) 核心层,指旅客和货物的位移。不同的航线形成了不同的位移,构成了不同的民航基本产品系列。

(2) 形式层,指机上服务、机场服务等和核心层密切相关的服务。各种形式层构成了不同的服务产品系列。

(3) 延伸层,如送票服务、退改签服务、常旅客积分等。

3. 民航产品的组合要素

所谓的产品组合,也称产品的结构,是指一个企业生产或经营的全部产品线、产品项目的组合方式。其中,产品线是指密切相关的一组产品。它们的基本特征是:使用功能相同,消费上具有连带性,有相同的顾客群,有相同的销售渠道,属于同一价格范围。产品项目是指每一条产品线上不同的产品品种。要研究产品组合,可从产品组合的三个要素入手,即广度、深度和关联性。

(1) 产品组合的广度

产品组合的广度,是指一个企业所拥有的产品线的数目。航空公司有多少条航线,即有多少条不同的产品线。

(2) 产品组合的深度

产品组合的深度是指企业产品组合中各产品线各自包含的产品项目的数量。每条产品线中所包含的项目越多,产品组合越深。如三亚—广州航线有早班、中班、晚班、头等舱、高端经济舱等不同产品,其品种数量就是这条产品线的深度。

(3) 产品组合的关联性

产品组合的关联性即企业所有产品线之间的相关程度。如某家用电器厂除经营洗衣机外,还经营电冰箱、空调机、微波炉等多条产品线,因每条产品线都与电有关,这一产品组合就有较强的一致性,说明该产品组合关联紧密。但是,该厂还生产清凉饮料,那么这种产品组合的关联性就显得松散了。民航产品线关联性一般都比较密切。

产品组合的广度、深度和关联性的不同构成了不同的产品组合,企业的产品组合就是由这三个要素来描述的。如表3-1所示为某企业的产品组合情况。该企业的产品组合共有20个产品项目,分属于5条产品线,其产品组合密切相关,广度为5,平均深度为4。

表 3-1　某企业产品组合情况

产品广度	沐浴液	洗面奶	香皂	洗衣粉	杀虫剂
产品深度	留春牌 蜜蜂牌 宝宝乐牌	维康牌 舒而丽牌 洁美牌 馥磬牌	白塔牌 月季牌 玫瑰牌 美而康牌 玉泉牌 洁友牌	清泉牌 爱意牌 玉叶牌 三勤牌	速灭牌 利夏牌 三敌牌

二、民航产品的特征与分类

1. 民航产品的特征

民航产品属于交通运输类产品,与其他有形产品相比,具有以下两个特征。

(1) 不能储存。民航产品不像其他消费品那样能储存起来,以适应需求的波动。如果飞机起飞时还有空余座位,那么这些座位本应给航空公司带来的收益将永远消失。这一点和酒店的客房住宿类产品有类似之处。

(2) 顾客对民航产品的需求是一种派生的需求,而大部分旅客使用民航作为达到其他目的的手段,例如,执行公务、旅游或探亲访友。

2. 民航产品的分类

民航产品从产品的层次上,可以分为航线类产品和服务类产品。

(1) 航线类产品。着眼于产品核心层,不同的航线构成了不同的产品,可以满足旅客不同的位移需求,如三亚—广州、三亚—北京航线等。一个航空公司需要有多条航线,形成该公司的基本产品,才能确保航空公司在市场上的主要竞争力并获取一定的市场份额。

(2) 服务类产品。着眼于产品形式层和延伸层,根据不同的服务类型和等级来确定不同的产品,如头等舱产品、特价产品、机票加酒店产品等。此类产品比较丰富,是航空公司和民航客货销售代理人能在很大程度上自行掌控和加以运用的产品。

第二节　民航产品设计和开发

问题:

(1) 设计航线类产品时需要考虑哪些因素?

(2) 航线网络主要有哪几种类型?

(3) 设计服务类产品的思路是什么?需要考虑哪些因素?

(4) 服务类产品规定如何编写?

作为民航企业,需要不断推出新产品。民航产品设计和开发的出发点和原则是满足顾客的需求,不符合顾客需求的产品将不被市场所接受。因此,民航企业要设计

和开发出满足顾客需要的产品,且与竞争者产品相比具有一定竞争力,才能在市场上取得成功。

在设计产品时,企业应考虑以下因素,即顾客需求及喜好、市场特征、当前具有竞争力的产品、对未来竞争性产品的设想等,以期使企业在以下方面不断改善,即顾客满意度、市场份额、竞争地位、收入、利润等。

一、民航新产品开发的意义

1. 创新产品是应付市场竞争的有力手段

当今社会发展日新月异,市场竞争日益激烈,顾客需求变化迅速,作为企业,只有不断发展新产品,才能生存和发展。在如此残酷的竞争环境下,任何企业都不得不用创新产品来取代销售额下降的老产品,来确保企业的生存和发展。

在许多西方国家,传统的家庭结构发生了改变,离婚率上升及单亲家庭数量增加已经成为一个趋势,但很多度假的宣传手册仍然以传统家庭照片作为封面。而实际情况是,很多单身人士或单亲家庭已经成为重要的市场来源,这些人的特殊需求也应当反映在促销计划及产品设计中。

2. 满足顾客需求

社会经济发展和生活水平的提高,为市场创造了巨大的潜在需求,要求企业发展新产品来满足。

中国的民航业近年得到飞速发展,且增长速度不断保持高位,使旅客对民航的需求越来越大、越来越多样化。市场上总是存在着未被满足的需求,企业只有不断推出新产品,才能满足旅客的需求。

当前,人类的平均寿命正在稳步增长,尤其在欧洲和北美地区,一方面是由于婴儿出生率降低,另一方面是因为医疗条件持续改善。人口老龄化对航空公司市场营销有着明显且微妙的影响。很显然,由于行动不便的旅客越来越多,航空公司的产品势必需要做出相应的调整,机场候机楼的服务水平需要有所加强。老年人对商品的特殊需求,也为企业提供了商机。为了适应人口老龄化所带来的各种微妙变化,旅游业必须要适时调整它的促销策略。在很多宣传旅游度假的广告中,大量出现的都是欢乐活泼的年轻人形象。这样的广告宣传会暗示旅游度假只适合于年轻人,将很多老年人拒之门外。

3. 新产品可以分散企业风险

经常推出新产品,扩大产品线,可以分散原有产品的市场风险。民航市场尤其如此。少数航线的市场疲软对拥有多条航线的航空公司的经营不会有重大影响,而航线少的公司则不然,甚至其中一两条航线的萎缩对其都是致命的打击。

二、航线类产品的设计与开发

航线决定了民航产品的核心层,是各种产品设计的基础,同时也是航空公司的基

本产品。在民航业,拥有多少条航线特别是优质航线,在某种意义上代表了航空公司的核心竞争力,相当于一个工厂所拥有的技术水平和能力。

1. 单条航线的开辟

一条新航线的开辟,就是航空公司一个新产品投放向市场,需要考虑诸多因素,并进行可行性分析。一般来说,需要考虑以下几个方面。

1)航线经营权及时刻、航路及高度等资源的取得

(1)航线经营权。根据民航局〔2018〕1号《中国民航国内航线航班评审规则》文件要求,国内航线经营权管理规定要点如下:

① 分类管理:将国内航线分为核准、登记两类。核准航线是指涉及北京、上海、广州机场(以下简称"北上广")之间及北上广连接部分国内繁忙机场的客运航线,其他客运、货运航线为登记航线。对核准航线实施核准管理,对登记航线实施登记管理。

② 分级管理:国内航线由民航局和民航地区管理局两级管理。核准航线及其他涉及北上广的跨地区管理局航线由民航局管理,其余航线由地区管理局管理。

③ 航空公司申请航线航班的主要条件:第一,客运航空公司应符合航班计划执行率考核要求。第二,为保证市场有序竞争,民航局根据市场需求及资源保障情况,对核准航线设置最大航班量,在某条核准航线已安排航班计划未达到最大航班量时,符合下列附加条件的航空公司可申请该航线经营许可:北上广三大城市之间的航线,以航线两端中任一点为主基地或通航点数达到20个,且"五率"(公司原因飞行事故征候万时率、公司原因航班不正常率、定期航班计划执行率、旅客投诉率、政府性基金缴纳率)积分排名在行业中位数以上的公司。其他核准航线,以核准航线两端中任一端为主基地或通航点数达到15个,且"五率"积分排名在行业中位数以上的公司。

(2)航班时刻资源。在取得航线经营权后,对于繁忙机场,还需要协调航班时刻,在有合适的航班时刻资源后,才能执行航班。

(3)航路和高度资源。航路和高度也需要审批。此类资源一般需要民航空管局、空军航行处批准。

2)航线效益测算

航班的收入成本预测一定程度上反映了顾客需求的高低和竞争的激烈程度,如果收益低于成本水平,开辟航线的条件就不成熟。

3)航班时刻选择

一般来说,航班有早、中、晚三个航班时刻,要视航线的客源主要是商务旅客还是旅游旅客而定,商务旅客为主的航班尽量安排在中班和早班,旅游航线可以安排在晚班。同时也要考虑竞争公司的时刻情况。

4)航班密度选择

根据客流量及航班搭配情况安排合理的航班密度,避免航班过多或过少导致客座率过低或不充分满足旅客需求。

5）执行机型选择

机型的选择要考虑航空公司的机型可利用性、旅客需求特征、航线长短等因素。一般来说,长航线、国际航线考虑大机型,如 B767、A330、A300、A747 等;短航线、国内航线考虑使用相对较小的机型,国内目前一般是 B737 系列和 A320、A319 等;支线一般选用支线飞机,如多尼尔、新舟等。

6）前后航班衔接和飞机利用率

由于每一架飞机都对其飞机利用率有所要求,需要考虑前后航班的衔接问题。

7）地面保障能力情况

主要指机场地面机务、机场设备、签派等对航班的保障能力,以确保飞机和旅客能在规定的时间内得到必需的服务和保障。

2. 航线网络设计

1）航线网络的概念

航空公司全部航线连接起来就形成了航线网络。航线网络也可以称为航线结构或者航空公司的产品结构。航空公司的航班计划、运行控制、收益管理等都是围绕着现有的航线网络进行的,航线网络结构的合理与否对航空公司的效益将产生深远的影响,同时也是影响航空公司竞争力的主要因素。如图 3-2 所示为云南省内航线网络示意图。

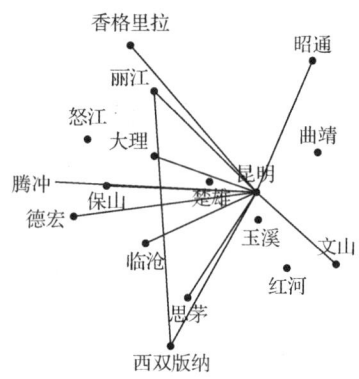

图 3-2　云南省内航线网络示意图

2）航线网络常见类型

民航航线网络根据网络中的航线结构形式主要可分为城市对式航线网络和枢纽辐射式航线网络。

（1）城市对式航线网络。城市对式航线网络又称为点对点航线网络。这种航线网络中的航线为直飞航线,旅客不需要经过第三个机场进行中转。

小知识

甩辫子航线:两个城市对式航线上增加经停点或在城市对式航线上延伸到另一个城市。

环形航线:由于客货需求的单向性所产生的航线。

（2）枢纽辐射式航线网络。枢纽辐射式航线网络又可称为枢纽航线网络、中枢辐射式航线网络或轮辐式航线网络，是指含有枢纽机场和非枢纽机场的航线网络模式。根据枢纽数目是一个还是多个，枢纽网络又可分为单枢纽航线网络和多枢纽航线网络。枢纽航线网络已成为发达国家目前主要采用的航空运营网络模式。世界上旅客吞吐量排名前20位的机场都是枢纽机场，世界排名前20位的航空公司均建立起了自己的枢纽航线网络系统。

这种模式在枢纽与枢纽之间提供高频率的航班服务，利用这种模式运营的航空公司能够从辐射站向中心枢纽输送旅客，同时能够从中心枢纽向各个辐射站分流旅客。因此，枢纽辐射式航线网络的主要优点是能够通过这样一种运输系统得到令人更加满意的服务，同时这个运输系统能够为旅客提供到各个城市更多的高频率的航班服务。

在图3-3中，A点是这种航线网络的中心枢纽，B点、C点、D点及E点均为来回程。一家航空公司直接为其中的四个城市对提供航班服务。这四个城市对分别是AB、AC、AD、AE。然而，这个航空公司可以在这个航线网络中新增加6个经停一点的城市对。航空公司可以调整AB、AC、AD、AE的航班运营模式将A点作为中转枢纽。这样就可以形成6个新的城市对，即BE、BC、BD、CD、CE、DE。如果A点发展成中转枢纽，那么这个航空公司就能够迅速扩大它的航线网络，随之而来的结果就是运输量的迅速增长。在运营中，可以视情况在途中更换飞机，也可以同机中转；可以在中转前后使用统一的航班号，也可以使用不同的航班号。

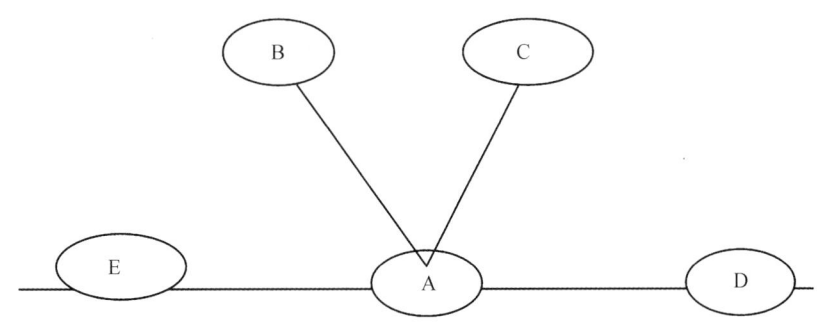

图3-3　中转枢纽示意图

3）航线网络设计思路和原则

航线网络的设计涉及航空公司的经营战略层面，对航空公司的生存和发展至关重要。当前，航线网络的设计思路和原则一般是：以枢纽机场为中心，加强飞机过夜基地建设，在考虑市场竞争、战略发展、飞机运力的基础上，根据自身情况构建自己的航线网络。

航线网络构建一般主要涉及两个关键问题。

（1）飞机过夜基地建设。航空公司的飞机一般并不都停在总部所在地机场，而是分散停放在不同的过夜基地。过夜基地也是航班始发点，相当于航空公司在各个地方的根据地。从市场角度来看，过夜基地的多少和大小标志着该航空公司市场的

辐射范围、大小及竞争能力。

（2）枢纽基地的建设。枢纽基地，即具有枢纽作用和意义的机场过夜基地，从市场意义上来说，是航空公司的总部或重要分部。航空公司真正意义上的航线网络，应该至少拥有一个枢纽基地。从地理位置和航班实际运营情况来看，国内全国性的枢纽机场有北京、西安、上海等城市，而乌鲁木齐、昆明等机场具有明显的省内枢纽机场的特征，航空公司需要充分利用枢纽机场的优势，安排运力和布局航线网络。

目前，国内已形成国航以北京为枢纽，东航以上海为枢纽，南航以广州为枢纽，海航以西安、北京等为枢纽的竞争格局。

总的来说，顾客的需求是多样化的，航空公司要取得市场营销的成功，必须拥有足够的航线，同时构建合理的航线网络并予以利用，形成不同的航线产品系列，才能满足大部分顾客的出行需求，从而取得一定的市场份额。如利用不同的航程组合，就可以设计出多种航程组合产品。

资料：深航的三亚无缝出港航班

联程航班是近年来深航在民航客运市场上成功推出的一项新业务。它以深圳机场为中转站，以深航的航线资源为载体，"联程"那些航线少、航班量小的中小城市机场，使中小城市的旅客在深圳机场无缝转接到其他机场。如北海没有直达天津的航班，旅客必须到异地登机或转机，乘坐深航的联程航班后，就可以一票到底，不出深圳机场快速转机至天津，这就是所谓的无缝转接。

作为一个航空公司，航线就是命根子，没有新航线等于没有发展前景。20世纪90年代以来，中国有许多中小城市为了发展地方经济纷纷建起了机场，但是三大航空公司往往不屑于进军这些中小城市的市场，这些机场一直以来都处于"吃不饱"的状态。深航于是乘机抓住了这一市场空缺，全力展开联程航班服务。

联程航班给中小城市提供了极大的空运便利，为当地经济腾飞注入了"润滑剂"，深航目前已经建立了湛江、北海、海口、三亚、南宁等联程航班外站。有关数据表明，深航联程航班落户北海、海口、南宁等机场后，基本上都使当地机场的航线数量翻了几番。

4）航班编排

航班编排，即具体航班计划的制定，是航线和航线网络的具体执行表现。从大的方面来看，分为夏秋与冬春两季航班计划。夏秋计划为每年三月份最后一个星期日至十月份最后一个星期六；冬春计划为每年十月份最后一个星期日至第二年三月份最后一个星期六。之所以要分为这两个航季，主要是因为这两个时间段市场情况有较大的不同。除此之外，黄金周、旅游淡旺季时也要对航班计划进行微调。除考虑市场因素外，航班编排还要考虑飞机利用率等因素。

小知识

　　航班计划是规定正班飞行的航线、机型、班次和班期时刻的计划。

　　正班飞行：按照对外公布的班期时刻表进行的航班飞行，占民航飞行总量的90%。

如表 3-2 所示为某航空公司以飞机过夜基地为单位,对每架飞机进行航班编排所制定的春运航班计划。

表 3-2 某航空公司过夜基地春运航班计划

日期	星期	飞机	机型	航班性质	航班号	航站 1	起飞 1	落地 1	航站 2
2016-01-29	星期五	1	76A	正	7803	北京	0900	1150	广州
2016-01-29	星期五	1	76A	正	7804	广州	1250	1530	北京
2016-01-29	星期五	1	76A	正	7111	北京	1620	1930	昆明
2016-01-29	星期五	1	76A	正	7112	昆明	2020	2330	北京
2016-01-29	星期五	1 架							
2016-01-29	星期五	2	76A	正	7181	海口	0800	1130	北京
2016-01-29	星期五	2	76A	正	7182	北京	1230	1600	海口
2016-01-29	星期五	2	76A	G		海口	1700	1800	广州
2016-01-29	星期五	2	76A	G		广州	1900	2250	北京
2016-01-29	星期五	2 架							
2016-01-29	星期五	3	76A	正	7165	北京	0855	1150	昆明
2016-01-29	星期五	3	76A	正	7166	昆明	1255	1600	北京
2016-01-29	星期五	3	76A	G		北京	1700	2000	昆明
2016-01-29	星期五	3	76A	G		昆明	2050	2220	海口

三、服务类产品的设计与开发

在民航产品中,位移的服务是最主要的,也是不可更改的,而形式层、延伸层的不同的服务可以以各种不同的形式出现,使得民航产品呈现多样化。可以说,此类服务是航空公司根据旅客不同需求设计产品中运用得最频繁的部分,也是体现航空公司特色和市场定位的主要方面。

服务类产品,即利用服务等级的不同,根据不同旅客的需求,设计出不同的产品。在同样航线条件下,航空公司在产品上的竞争更多表现为此类产品的竞争。

1. 服务类产品设计思路和原则

在设计时,一般要调查民航服务链上的具体情况,包括本公司和竞争公司的服务,从中发现旅客的未被满足的需求和新出现的需求,考虑旅客分类并进行有效市场细分,结合公司拥有的资源等具体情况,有针对性地设计产品,这样的产品才能得到旅客的接受并在竞争中胜出。

在某些情况下,也可以采取模仿策略,即在竞争公司推出一款有竞争力的产品后,进行模仿,以争取在短时间内以较低的成本应对竞争产品。

2. 服务类产品设计的可利用因素

1) 民航旅客服务链中的因素

民航的各种服务构成了对旅客的服务链。从旅客购票开始,一直到旅客离开机场,

虽然在这个过程中提供服务的单位不同,但基本以航空公司为主,与代理人提供的各项服务构成了整个民航旅客服务链,如图3-4所示。在这个过程中,航空公司可以根据旅客的不同需求,对服务链的各个环节加以设计和运用,就可以形成不同的民航产品系列。

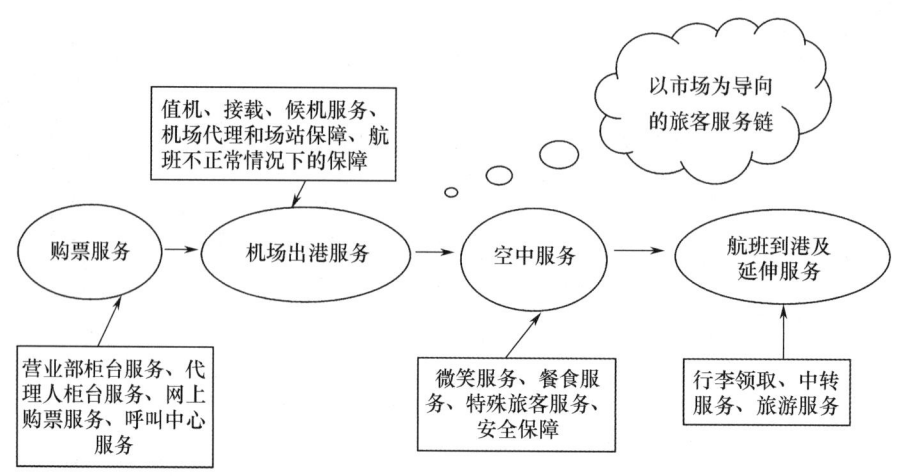

图 3-4 民航旅客服务链

(1)购票服务。旅客购票主要来自两个渠道:一是航空公司售票部门;二是机票代理人。航空公司和售票网点都应该给旅客提供尽可能方便的购票方式,售票员服务态度、服务水平应能让旅客满意。航空公司可以提供送票、网上订票等不同服务,以体现航空公司产品特色。

(2)机场出港服务。机场出港服务包括机场送机、值机、行李、安检、候机、登机等服务,这些业务大部分由机场来进行代理。因此,机场要和航空公司签订地面服务代理协议,航空公司授权机场代理此类服务,并付费给机场。在这个环节,航空公司可以向机场方面提出服务的要求和标准,由机场具体执行。在某些机场,如航空公司的主基地机场,此类业务由航空公司自行处理。

案例:海航北京 T1 航站楼服务

根据中国民航局的统一部署,从 2008 年 6 月 27 日起,首都机场 1 号航站楼将由海航集团独立运营,海航将利用 1 号航站楼的特点推出一系列独具特色的服务。

海航高度重视独立运营 T1 航站楼所带来的绝佳机遇,积极按照中国民航局要求,在首都地区充分展示其优质服务,打造特色服务品牌。海航与机场紧密配合,在国内率先推出"20 分钟接载,楼内中转仅需 60 分钟,首件行李提取仅需 15 分钟"等便捷服务,为每一位旅客节约宝贵时间。这些服务将使 T1 航站楼成为首都机场最高效、最快捷的航站楼之一。

(3)空中服务。空中服务主要包括以下两个方面。

①机型和客舱布局。这是决定民航产品品质的硬件部分,可以根据不同的需求安排不同的机型和客舱。相同的机型有不同的座位布局,差异主要表现在三个方面,

即座位间距离、座位宽度和走道空间。经济舱座位一般间距:81 厘米~83 厘米,头等舱间距:102 厘米~107 厘米,A330 可躺式间距:140 厘米~152 厘米。不同的座位布局体现出座位和机舱的舒适度的不同,从而满足不同的顾客需求。

② 餐食、空乘服务。各航空公司根据自身的市场定位,有不同做法。如大部分航空公司都提供餐食,但也有一部分航空公司不提供。

案例:深航长距座椅

2001 年,深圳航空公司宣布推出"永久性舒适经济舱",以进一步提升其服务质量和档次。经济舱的舒适来源于加大 3 英寸空间。为实现这一服务承诺,深航把所有飞机的客舱座椅都由原来的 146 座左右拆减至 130 座,从而使座位间距平均增大 3 英寸(7.62 厘米),让旅客能自由伸展双腿,进出座位也更方便自如。

(4) 航班到港及延伸服务。此类服务主要有行李提取、旅客中转、旅客接送、酒店预订、旅游预订等服务。航空公司或代理人可以提供有特色的到港及延伸服务,在这方面,可根据旅客的不同需求设计出各种不同的产品。

2) 机票使用条件因素

这是航空公司常用的产品设计因素,主要包括人为设置票价条件限制:如根据退改签条件不一样、购票时间不一样、乘机旅客特征不一样而对乘坐一架飞机不同座位的旅客提供不同的票价,从而形成不同的产品系列。此类产品可以在不需要航空公司花费大量成本的情况下,设计出满足不同旅客需求的产品。

3. 服务类产品规定的编写

设计服务类产品需要编写产品规定,此规定的作用是使一线机票销售人员明确产品的各种要求、限定条件等,如果规定不清楚或模糊不清,将导致销售出现混乱,并给航空公司造成损失。服务类产品规定一般有以下几方面内容。

(1) 简述部分。这部分说明此产品的目的、针对对象、主要内容、代码、定义等。

(2) 适用条件部分。即指产品适用的航班、旅客、旅行类型、航班日期、出票日期、价格、适用票证、出票地点。

(3) 出票和客票填开部分。这部分说明订座、出票舱位、客票填开(包括票价栏、签注栏、PNR 备注的填写规定)、出票单位的约定等。

(4) 签改退规定。即对该类产品机票的签转、改签和退票的规定。

(5) 其他的一些规定。

资料:《关于下发××航空环渤海套票产品票务操作规定的通知》

为提高我公司在旅客心中的亲和度,特推出以天津为中心的环渤海套票产品。具体票务操作规定如下。

一、产品定义

环渤海区域 4 个城市之间任意航段票价相同,均为 366 元,4 段起购,行程自由组合、单程、往返均适用。除第一段航程时间确认外,后段旅程时间任意选择,本套票产品价格中不包含税费(产品代码定义为:BHTP)。

二、适用条件

（一）适用航班

本产品仅限在××航空航班销售，适用航段仅包括天津⇌大连、天津⇌青岛、天津⇌烟台、天津⇌威海。

（二）适用旅客类型

儿童按成人收取，婴儿和无成人陪伴儿童不适用。

（三）适用航程类型

至少4段航程起购，行程自由组合，单程、往返均适用。

（四）适用航班日期

2009年6月8日至2009年9月30日（第一段航程的出票日期）。套票最后一段航程的有效乘机截止时间为2009年12月31日。其中，十一黄金周（2009年9月27日至10月9日）期间不适用，即在此期间不得申请订座。

（五）适用票证

826本票、826电子客票。

三、出票和客票填开

（一）订座

第一航段必须确定RR票，其他航段允许OPEN票，但其余航段需在乘机前一天拨打950718订妥座位，并证实。订座时，需提供套票的票号。航线管理员以开放舱位的形式让950718人员确认座位。

（二）出票舱位

P舱。

（三）客票填开

（1）票价栏填写套票航程总票价（不含税费），需备注客票最后一段有效乘机日期。

（2）"签注"栏。打印"不得签转/起飞后变更收取该航段客票全价20%的手续费"。

（3）PNR备注。SSR CKIN GS BHT PHK1/PN。

（四）出票单位

凡持有826本票、826电子客票的售票处均可以出票。

四、签转、变更及退票

1. 自愿变更及退票

（1）变更。除第一航段不得自愿变更外，其余的航段订妥座位后，在航班起飞前24（含）小时免费变更航班、日期，24小时之内至航班起飞前，收取该航段客票全价（即Y舱价格，以下同）10%的手续费，起飞后变更收取该航段客票全价20%的手续费。

（2）退票。客票完全未使用时，第一航段起飞前退票，收取套票票款总额20%的手续费；第一航段起飞后退票，收取套票票款总额30%的手续费；客票已部分使用退

票时,按套票票款总额扣除已使用航段的相应舱位票款后的40%收取手续费。

2. 非自愿变更及退票

非自愿变更及退票按照《××航空国内不正常航班票务处理规定》执行。

3. 签转

因航班不正常等造成的签转按照《××航空国内不正常航班票务处理规定执行》。

五、其他

(1) 本产品不得与××航空其他航空产品组合使用,不得享受其他优惠。

(2) 本产品不适用于××航空特殊旅客。

(3) 发生航班不正常情况时,按《××航空国内不正常航班票务处理规定》执行。

××航空公司

第三节 民航服务类产品的常见类型

问题:

(1) 主要的民航服务类产品有哪些?

(2) 常见产品设计利用了哪些因素?满足了哪些需求?

根据产品的特性,可以将民航服务类产品分为头等舱产品、商务舱产品、多航段组合产品、特价舱位产品、特殊旅客产品、同区航段任意更改产品、特殊时期主题活动产品、购票送礼产品、航空延伸产品等,各航空公司都有自已对应的具体产品。

一、国内主要航空公司重点产品竞争力分析

国内主要航空公司重点产品竞争力分析如表3-3所示。

表3-3 国内主要航空公司重点产品竞争力分析

公司	产品	特点	受众	定价
国航	紫金、紫宸	以国际航线收益为主的国航,通过舱位布局的改造提升了国际头等舱、公务舱利用率和服务能力	境内外国际旅客	根据国际航线的不同来定价
	超级经济舱	不同航线分类购票升舱,细分了服务性升舱的收益手段	常旅客、机构客户	北京—虹桥、北京—广州、北京—深圳三条商务航线免费,其余航线按照110%经济舱全价购买
	商旅卡	利用金融衍生手段,联合行业外伙伴提供奖励的方式,强化储值性销售手段	大众旅客	1 万~30 万

（续表）

公司	产品	特点	受众	定价
南航	高端经济舱	引进国际通用的经济舱前排座椅布局的方式,在多等级销售的竞争局面下增强了全价票销售的固定收益	大众旅客优先预订有效	广州、深圳至北京、上海首先应用,价格保持经济舱全价不变
	纵横中国	突出了南航国内航线网络的南北纵横的特点	大众旅客	多航段优惠定价
	真情关爱	针对特殊旅客的优惠产品	老人、教师、学生等	提前购票4折左右
深航	尊鹏体验季	经济舱全价升舱,享受对等服务	大众旅客	经济舱全价
	城市快线	深航和国航合并后联手建立的深圳—北京快线产品,具有市场垄断作用	深圳、北京往来旅客	6折(含)以上
	尊鹏俱乐部十周年系列活动	利用会员俱乐部平台打造多样、灵活的互动性营销产品,并且与"低碳生活"结合,充分利用事件营销和自身资源特色	会员	里程制
东航	世博会	东航和上航合并后的事件营销产品,其投入对市场的影响和把控能力直接关乎收益水平和竞争实力的再次塑造	世博会期间旅客	不区分价格
	畅行e卡	与金融伙伴合作的衍生产品	大众旅客	2000元~10万元

二、部分航空公司产品实例及分析

1. 头等舱、商务舱产品

头等舱、商务舱产品如表3-4所示。

表3-4　头等舱、商务舱产品

国航	南航	东航	海航	深航
紫金头等舱、紫宸公务舱	快乐高尔夫、FC舱高尔夫套餐(全国20个城市)	8折、全价头等舱体验(西安、北京出港部分航线)	超值头等舱/商务舱	尊鹏头等舱体验(凭券)、MBA考试8折升舱

紫金头等舱、紫宸公务舱

紫金头等舱座椅是一个由隔板环绕而成的私密、舒适的独立包间。座椅集办公、交流、娱乐、休息于一体,有平躺、斜靠、起飞三个挡位;可伸展至180度,形成一张长190厘米、宽70厘米完全平放的空中睡床。

紫宸公务舱座椅仰角最大可达 170 度,座椅长 190 厘米、宽 54 厘米。在紫金头等舱、紫宸公务舱的舱内配有多制式电源插座,方便笔记本电脑的使用;安装了动态灯光系统,可根据需要对灯光颜色、亮度进行调节,变化出日出、日落、夜晚、黎明等数种色彩不同场景;装备了具有数字音频、视频点播功能的娱乐系统,每位旅客座椅前有一个 15 英寸液晶显示器,并有定期更新的 DVD 影片、CD 音乐及多种电子游戏供旅客选择。

为更好地服务紫金头等舱、紫宸公务舱旅客,国航在中转服务、机场引导服务、机上餐食、酒品配备、行李提取、里程奖励等方面推出了系列创新服务。凡购买国航北京/上海始发/到达的紫金头等舱、紫宸公务舱的旅客,可免费享受北京首都国际机场/上海浦东国际机场与市区间的豪华公务车接送服务。凡购买国航北京或上海中转联程的紫金头等舱旅客可享受五星级酒店服务,紫宸公务舱旅客可享受四星级酒店服务。凡购买国航紫金头等舱、紫宸公务舱的旅客(含中转旅客)在北京首都国际机场/上海浦东国际机场办理完乘机手续后,以同行人员(1 人或多人)为单位,国航安排专人引导旅客通过联检通道;旅客办理完联检手续后,工作人员引导旅客到休息室候机;航班开始登机时,工作人员引导旅客到登机口登机,或派专用摆渡车送旅客至所乘飞机处登机。北京始发航班上配有 18 种精选佳肴,包括“全聚德”烤鸭、甜羹、烤麸、盖浇饭等特色中餐,还有鱼子酱、哈根达斯冰激凌、各种芝士和蛋糕等供选择。旅客可以在国航网站看到详细的介绍,在航班起飞前一天 16:00 以前,可通过国航直属售票处或致电国航销售服务热线 4008-100-999 预订空中餐食。

产品分析:

(1) 该产品的目标顾客是什么人?

(2) 该产品设计利用的因素是什么?

(3) 该产品满足的需求是什么?

2. 多航段组合产品

多航段组合产品如表 3-5 所示。

表 3-5 多航段组合产品

南航	东航	海航	深航
纵横中国	往返程票价之和 140% 以上优惠 1 折,以下优惠 0.5 折	中转联程、来回程	天下行(4 段起购,深圳至 6 个区域各段按照特价收费)

产品:“南航行—纵横中国”

一、“南航行—纵横中国”产品的订座及销售操作

(一) 订妥南航国内中转联程各航段的座位(舱位范围:Y/T/K/H/M/G/S/L/Q/E),订座状态必须均为 HK、DK 或 RR。

(二) 输入指令“PAT:A”,此时系统给出优惠运价,并同时生成该 PNR 的 FN、

FC、FP、EI 项,但经过分离的 PNR,指令将无法给出优惠运价。

(三) 将光标移至相应优惠运价后再输入指令(如"SFC:01"),即可将 FN、FC、FP、EI 项输入 PNR 中(注意:不得手工填改 FN、FC、FP 项,否则视为差错票,将按南航财务相关规定处罚)。

(四) 适用客票:以上操作同时适用于南航所有票证,包括本票(纸票和电子客票)、网上电子客票和 BSP 电子客票。

(五) 销售渠道:适用南航所有销售渠道,包括直属售票处、合办售票处和代理人。

二、"南航行—纵横中国"产品运价使用条件

(一) 航班适用条件

1. 本产品仅限散客使用。各段航程必须订南航国内航班(含国际航班国内段,包机包销航班与代码共享航班 CZ1XXX、CZ4XXX、CZ5XXX、CZ7XXX、CZ9XXX 除外),且必须至少含一个停留时间不超过 24 小时的转机点。

2. 两段来回程(A-B-A,例如:CAN-PEK-CAN)、两段缺口程(A-B//C-A,例如:CAN-PEK//TSN-CAN),三段(A-B-A-C、A-B-C-B,例如:CAN-PEK-CAN-HAK)中含来回程的航班组合排除在外。

3. 航段组合中,散客明折明扣价最大段和次大段的订座舱位均为 Y 时不适用。

(出票时,"PAT:A"指令自动检查上述使用条件,不必人工检查。)

(二) 提前订座/出票:必须在 Y/T/K/H/M/G/S/L/Q/E 范围内订座,使用连续客票;不允许填开 OPEN 票;随订随售,仅限散客使用。

(三) 客票的签注:客票"签注"栏注明"不得签转"。

(四) 儿童/婴儿折扣:儿童与成人同价;婴儿不适用此销售价格,按舱位为 Y 时公布票价的 10% 计收票款。

(五) 客票使用要求:必须按照客票所列明的航程,从始发地点开始顺序使用,不允许跳程使用。

(如客票前段航程未被使用,而旅客在航程中的转机点开始旅行,该客票运输无效,南航不予接受。)

三、"南航行—纵横中国"产品客票的退票与变更

(一) 自愿退票

1. 客票全部未使用时,对客票任意航段提出退票,必须按整张客票退票处理。客票第一段航班起飞前按票面金额的 10% 收取退票费,客票第一段航班起飞后按票面金额的 20% 收取退票费。

2. 客票已部分使用,对客票剩余航程的任意航段提出退票,均按剩余所有航程客票退票处理。扣除已使用航段票面订座舱位对应的公布折扣票价,剩余票款扣取退票费后,余款退还旅客。退票费计算方法如下:未使用客票(航段)的第一段航班起飞前,按剩余票款金额的 10% 收取退票费;未使用客票(航段)的第一段航班起飞后,按剩余票款金额的 20% 收取退票费。

3. 如客票被跳程使用(客票前段航程未被使用,而旅客在航程中的转机点开始旅行),该客票运输无效,按自愿退票处理。

4. 如已自愿变更过航班、日期的客票,应将旅客退票时间距航班规定离站时间,以及各次自愿变更航班的时间距其所变更的航班规定离站时间加以比较,按其中最短的一次(变更手续费费率最高的一次)作为收费标准。

5. 非自愿退票:由始发地或经停地值机部门注明退票原因和已使用航段并签字和加盖值机业务章后,旅客回原出票地退票,退款金额为未使用航段的实际金额。

(二) 签转

不得签转。

(三) 自愿变更

1. 在乘机人、航程、日期、订座舱位不变的情况下,允许免费变更。

2. 旅客提出变更乘机人、航程、日期、订座舱位,均按自愿退票办理;并按旅客要求重新填开新的客票(如果新开客票符合"南航行—纵横中国"产品的限制条件,仍可享受"南航行—纵横中国"产品优惠)。

3. 如客票被跳程使用(客票前段航程未被使用,而旅客在航程中的转机点开始旅行),该客票运输无效,南航不予接受任何变更请求,按自愿退票处理。

(四) 非自愿变更

旅客因上段航班延误,造成后续航班未衔接上,则用后续航班空余座位优先候补。

(五) 其他规定

按最新版南航《旅客、行李国内运输总条件》执行。

3. 特价舱位产品

特价舱位产品如表3-6所示。

表3-6 特价舱位产品

国航	南航	东航	海航	深航
新春之旅(温情航线、春运特价)	南航行(亲情速递,提前45、15、5 天购票)1.5 折起网站特价专区	一月份3 折特价(上海⇌北京、重庆⇌上海)	百姓乐	提前购票(提前30、15、7 天),2.5、3、3.0、1.5 折起网站特价专区

"百姓乐"产品

"百姓乐"票是指航空公司根据提前购票的日期要求发布的相应特殊折扣优惠的机票。

一、适用时间

从2009 年10 月10 日起。

二、适用航线

适合海航(HU/CN)国内自营干线航班(包机、支线、代码共享航班除外)。

三、产品内容

(1) 适用旅客:散客。

(2) 出票日期:文件下发之日起。

(3) 适用销售方式:网站见舱销售。

(4) 销售价格:航班起飞前4周(即第29天(含)及以外),1.9折;航班起飞前3周(即第22天(含)及以外),2.9折;航班起飞前2周(即第15天(含至21天(含))),3.9折。以上价格明折明扣,票款尾数四舍五入到十位,不含机场建设费及燃油附加费。

四、退改签规定

(1) 签转:任何时候均不得签转。

(2) 变更。

① 航班变更需在航班规定离站时间前提出,在航班有同等舱位条件下,可以免费变更一次,必须符合该价格提前购票的时限要求;没有同等舱位或不符合提前购票时限要求时,可以办理升舱补差手续,但必须升至E舱(含)以上舱位,不得升舱到特价舱位。

② 航班离站后,不得变更,客票作废,只能退还未使用航段的机场建设费和燃油附加费。

(3) 退票。

① 不得自愿退票;如发生退票,一律只退机场建设费和燃油附加费。

② 航班不正常时,可在海航直属售票处办理退票手续。

(4) 发生不正常航班时,签转、变更按照琼航运〔2005〕702号《国内不正常航班处置预案》、HUGN2008-080号业务通告《国内不正常航班票务处理规定》执行。

五、注意事项

(1) 本产品不得与海航其他航空产品组合享受票价双重优惠。

(2) 金鹿卡旅客参加本活动按普通旅客操作,不享受折中折优惠。

(3) 本产品不适用于限载的特殊旅客。

产品分析:

(1) 该产品的目标顾客是什么人?

(2) 该产品设计利用的因素是什么?

(3) 该产品满足的需求是什么?

4. 特殊旅客产品

特殊旅客产品如表3-7所示。

表 3-7　特殊旅客产品

国航	南航	东航	海航	深航
合家欢乐香港游(家庭)	真情关爱(老人优惠),教师折扣、学生折扣(提前购票优惠)	夕阳无限好(55 岁以上购票 3 折起)	阳光老人	MBA 考生 8 折升舱

关于下发"阳光老人"产品操作方案的通知

为丰富我司产品链、提高销售收入,营销中心产品室经过大量的市场调研推出了"阳光老人"产品,经市场部研究决定,现予以下发。

一、航班时间

航班出发日期从 2007 年 2 月 22 日起至 4 月 16 日止,返回日期从 3 月 7 日至 4 月 30 日止。

二、产品适用对象

来海南过冬的老人。

三、适用航线

北京、上海、西安、杭州、南京、太原、贵阳、郑州、大同、重庆、长沙、武汉、呼和浩特、大连、沈阳、厦门、宁波、温州、乌市、济南、徐州、兰州、南昌往返海口和三亚的 HU 自营航班(包机除外)。

四、购票地点

海航直属或合办售票处、海航签约 BSP 代理人、海航或海航授权的电子商务网站。

五、订座舱位和出票

(1) J 舱订座及出票。由航线收益中心根据航班销售情况制定 J 舱的价格和座位数量。

(2) 该产品的价格由航线收益中心根据航班历史数据以及一条航线的航班密度制定,航班在三班/天(含)以上的参照同期团队政策价格。两班/天(含)以下的高于同期团队价格低于同期散客价格(以自游人政策价格作为参考)。

例:南昌 - 海口航线,每天一班,同期团队政策为 1000 元/人往返,散客为 1200 元/人往返,该产品的政策可以制定为 1100 元/人往返。

(3) 收益中心制定该产品价格之后必须通知各相关营业部,由营业部将该产品的价格通知给营业部所管辖的代理人(各指定销售点)。

(4) 旅客在购票时,必须确定返程时间,往返程必须一起购买,往返程、缺口程必须在同一 PNR 下订座出票,订座舱位必须相同。往返程必须间隔两周以上。

(5) 代理人、直属售票处售票人员在订座时必须输入该产品的代码"SUNO",输入格式:SSRCKINHUSUNOHK1。

(6) 售票人员在"签注"栏打印"不得自愿签转,老人游"。

（7）票价按照座位开放情况明折明扣填开。

（8）客票其他各项的填开规定与正常客票相同。

六、机票签转

不得自愿签转。

七、自愿退票

（1）该产品不可单程退票。

（2）在航班起飞前（以始发航班为准）退票收取50%退票费，航班起飞后不得退票。

八、变更

（1）在有效期内，在同等舱位有剩余座位的情况下，可以免费往后变更一次。如同等舱位有剩余座位，可变更为当时开放的同等舱位；如同等舱位无剩余座位，可办理升舱手续，补齐明折明扣的散客差价，不收取退票费。

（2）旅客需要变更成行日期时，需持客票前往海航直属或合办售票处，由柜台人员根据航班舱位开放情况予以变更。

九、产品配套的地接及住宿

（1）旅客可以自愿联系在海南的住宿，或者联系旅行社予以安排。

（2）海航及海航授权的电子商务网站、海航直属或合办售票处提供海南幸运国旅的联系方式，旅客自愿联系由幸运国旅予以安排。

十、代理费

3%。

十一、解释权

本产品最终解释权归我司市场销售部产品管理室。

产品分析：

（1）该产品的目标顾客是什么人？

（2）该产品设计利用的因素是什么？

（3）该产品满足的需求是什么？

5. 同区航段任意更改产品

同区航段任意更改产品如表3-8所示。

表3-8　同区航段任意更改产品

国航	南航	东航	海航	深航
—	一票通（华东、广深6折起、新疆8折起、海南5折起变更航段）	—	海岛一票通	—

"海岛一票通"产品

为了支持海南旅游岛建设，增强我司航班的市场竞争力并且争取机会市场，从市

场需求出发,现将现行"海岛一票通"产品升级,将海南区域两个营业部(海口、三亚)视为一个整体销售地区,视以上两个城市为同一个航班的起讫点,符合条件的旅客可以灵活变更,方便旅客自由安排行程。

一、适用时间

适用航班日期从 2010 年 3 月 29 日起至 2010 年 12 月 31 日止。

二、适用航线

海口、三亚中任意一个城市的进出港 HU/CN 国内自营航班(包机及代码共享航班除外)。

三、产品内容

1. 其他适用条件

(1) 适用订座舱位:F/C/P/D/Y/B/H/K/L/M/Q/X/U/E 舱。

(2) 适用旅客:

① 订座在上述舱位的各类散客。

② 购票时,享受过折扣点数下浮,但是改变舱位的旅客在变更后不再享受该类点数下浮的优惠(如旅客购票时享受 X 舱 webonly 优惠,此时可以享受一票通产品,若变更至新航段 K 舱时,在新航段中,即便 K 舱也开放了 webonly 优惠也不得享受,即旅客需补齐最初购票时票面价格和新航段 K 舱之间的差价)。

③ 持已经备注"YCP"或"YPON"的来回程和中转联程客票的旅客不享受该产品。

④ 金鹿卡折中折客票暂不享受该产品。

(3) 适用旅行类型:单程、来回程、缺口程。

(4) 变更条件:

① 必须在航班接载前提出变更申请。

② 旅客购买国内各地进出海口、三亚 E 舱以上舱位的机票,可在海口、三亚两地进行免手续费更改换乘;如新航段即时开放舱位低于或等于原票舱位,则变更新航段同等级舱位,如有票款差额则补差;如新航段即时开放舱位高于原票舱位,则升舱补差;差额收取原则:多不退少补。

例 1:广州—三亚 L 舱申请变更成广州—海口(即时开放舱位为 L 舱),因广州—三亚 L 舱价格高于广州—海口 L 舱,则可以直接变更。

例 2:广州—三亚 L 舱申请变更成广州—海口(即时开放舱位为 K 舱),因广州—三亚 L 舱(600 元)价格高于广州—海口 K 舱(560 元),则可以直接变更。

例 3:广州—海口 L 舱(530 元)申请变更成广州—三亚(即时开放舱位 L 舱(600 元)),因广州—三亚 L 舱价格高于广州—海口 L 舱,则需补差变更,补差 70 元(600-530=70 元)。

例 4:广州—海口 K 舱(560 元)申请变更成广州—三亚(即时开放舱位为 M 舱(560 元)),因舱位牵涉不同签转政策,旅客需变更成广州—三亚 K 舱(640 元),则需

补差变更,补差80元(640-560=80元);如旅客不愿补差,需向旅客讲明舱位不同造成的退改签等政策差异。

购买A340C舱的旅客,如变更航段遇到机型原因导致没有C舱可变更,则旅客可以选择加20%YB票价升至F舱,或按现行票务规定,退票后重新购票。

P舱和D舱变更,如新航段开放P舱或D舱,则按照上述原则变更,如新航段不开放P舱和D舱,则变更Y舱或补差升舱,变更前需向旅客说明并征得其同意。

金鹏积分累积按最终成行时客票舱位对应规则累积。

(5)适用出票日期:2010年3月16日起至2010年12月31日止。

(6)适用票证:海航本票、电子客票及BSP客票。

(7)航段变更地点:海航直属售票处、合办售票处或机场柜台。

2. 客票换开操作办法

(1)旅客需凭有效身份证和原有票证方可到上述换票地点进行更改,如已打印电子客票行程单,需携带行程单一同前往;如已打印电子客票行程单却未曾携带,售票员可通过DETR指令调取旧票信息打印以为证明。

(2)售票员提出编码核实状态(1. OPEN FOR USE,2. 舱位为F-E舱),如核实无误后则按后续操作。

(3)售票员在订座系统中查询所需更改的航班开放舱位,建立一个新的编码。

(4)"票价"栏:打印实收票价。

(5)售票员EI:备注"CYPT及原客票号码"。

(6)售票员将原记录编码取消,并且将原编码更改为REFOUND状态,收回原有票证开据退款单,将原票做全退处理。

(7)售票员将原票证收回后,再次打印新的票证即可。

(8)售票员记录新票号,连同回收的原票证或打印的原客票信息,一同附至退款单后交财务。

3. 财务结算

计财部收入结算分部按各售票处提供的客票原票证(或票证信息)、换开航段后新票证票号进行结算。

四、退改签规定

(1)签转:航段变更后,不得自愿签转。

(2)变更:一票通产品航段不限变更次数,其余按现行规定执行。

(3)退票。

① 航段未发生变更时,旅客要求退票,按相对应的舱位等级规定办理。

② 航段发生变更时,旅客要求退票,应先退还旅客舱位间差价,再按其对应的舱位管理规定办理。

(4)发生不正常航班时,签转、变更、退票按照琼航运〔2005〕702号《国内不正常航班处置预案》,HUGN2008-080号业务通告《国内不正常航班票务处理规定》执行。

五、注意事项

(1) 销售时,应清楚、准确、完整地向旅客说明有关的限制条件、退票规定等。

(2) 退款单"备注"栏需标注:一票通换开全退。

(3) 本产品不得与海航其他航空产品组合使用,不得享受双重优惠。

产品分析:

(1) 该产品的目标顾客是什么人?

(2) 该产品设计利用的因素是什么?

(3) 该产品满足的需求是什么?

6. 特殊时期主题活动产品

特殊时期主题活动产品如表3-9所示。

表3-9　特殊时期主题活动产品

国航	南航	东航	海航	深航
冬季九寨自由行(成都、北京航线)	—	—	乘海航、游古都	—

7. 购票送礼产品

购票送礼产品如表3-10所示。

表3-10　购票送礼产品

国航	南航	东航	海航	深航
送航班延误及行李延误险、网站购票获照片冲印券	网站购票抽奖钻戒	—	—	—

8. 航空延伸产品

航空延伸产品如表3-11所示。

表3-11　航空延伸产品

国航	南航	东航	海航	深航
国际公务舱地面接送	网站预订酒店、度假	—	国际头等舱/公务舱地面接送	—

国际头等舱/公务舱地面接送

首都机场国际头等舱/公务舱旅客车接送,是为了进一步提高我司国际航班头等舱/公务舱服务品质,吸引更多高端旅客选乘我司国际航班而推出的向北京进出港头等舱/公务舱旅客提供的市区往返机场专车接送服务。

一、适用时间

2008年6月9日(含)起。

备注:新的续约协议正在报批审核之中,目前仍可正常执行。最新情况请以

950718 预订答复和最新通知为准。

二、适用航线

所有北京进出港的 HU 自营国际航班的有价头等舱、公务舱(F/R/C/D/J/I 舱)。

三、产品内容

乘坐海航北京-国际航班享受免费送机服务,乘坐海航国际-北京航班享受免费接机服务,乘坐海航北京⇌国际往返程航班的旅客可享受免费接、送服务(车辆使用奥迪 A6),以及候机楼内引导服务。具体服务流程如下:

国际进港	国际出港
服务员到廊桥口举牌迎接客人	司机到客人指定地点接客人
指引客人自行办理联检手续	服务员到候机楼约定入口迎接客人
引领客人自行提取行李	引领客人自行办理值机手续
引领客人到停车场,服务员与客人礼貌话别	指引客人自行通过联检通道
司机送客人到酒店或其他目的地	引导客人至海航休息室候机

注:送机在 2 号航站楼,具体停靠地点为"国际出发 6 号门",机场候机楼内的引导服务由机场要客部礼宾员提供

1. 受理时间

航班起飞前 30 天至航班起飞前 4 小时。

2. 受理单位

(1) 有海航国际客票销售资格的代理人(国内、国外);

(2) 海航直属售票处;

(3) 海航呼叫中心;

(4) 海航地面服务单位(贵宾室、值机)。

3. 预订流程

(1) 只有已出票的旅客才能享受该服务内容。

(2) 凡是符合预订该服务条件的旅客,各受理单位应主动向旅客进行推介。

(3) 对于需要该服务的旅客,各受理单位需要代旅客填写《海航接送服务预订单》(具体见下方附件)。

(4) 各受理单位应及时将《海航接送服务预订单》发邮件或传真至海航呼叫中心,海航呼叫中心的邮件地址为 950718INTL@hnair.com;传真号码为 0086-898-66739255。

(5) 呼叫中心在收到各受理单位的服务预订信息 1 小时内,应向受理单位确认服务已受理;对于未在 1 小时内收到海航呼叫中心确认的单位,应电话跟进海航呼叫中心是否收到相关信息,具体联系电话为 950718-4(国际拨打电话 0086-898-950718-4)。

(6) 海航呼叫中心根据《海航接送服务预订单》相关信息统一向首都机场接送合作单位进行服务确认,呼叫中心应在收到预订单的 3 个小时内完成服务的确认。

(7) 海航呼叫中心在订妥接送服务后,应在预定旅客的 PNR 中进行标注,标注格式为:OSI HU PEK PICKUP,并向接受该服务预订的旅客直接发送确认短信或电子邮

件,主要信息包括旅客姓名、航班信息、车牌号、接送时间、接送地点、司机联系方式。

四、退改签规定

同我司多等级舱位管理规定。

五、注意事项

(1) 对于 PNR 中有接送服务预订标识的旅客,如航班发生变动(自愿或非自愿时)或出现不正常,客票预订单位应及时通知呼叫中心更改相应服务。

(2) 附《海航接送服务预订单》。

海航接送服务预订单				
编号:(海航呼叫中心填写)				
至:海南航空股份有限公司		自:		
		电话:		
		传真:		
〈内容〉:				
接机□送机□　　航班号:				
请确认以下预订:				
用车日期	上车时间	上车地点	乘客姓名	人数
路线				
如两人以上或有特殊要求需填写				
PNR		旅客联系电话		旅客邮件地址
〈内容〉:				
其他内容:				
预订人:	预订时间:　　年　月　日			
请收到传真后尽快确认,并签字回传(以下由海航工作人员填写)				
车型	司机姓名	司机电话		车号
引导服务部门:	预订号:	联系电话:		
确认人:	确认时间:			

产品分析:

(1) 该产品的目标顾客是什么人?

(2) 该产品设计利用的因素是什么?

(3) 该产品满足的需求是什么?

第四节　民航产品质量控制

问题:

(1) 民航产品质量控制的前提是什么?

(2) 航空公司进行产品质量控制的主要手段有哪些?

质量控制是市场营销产品规划中的一个基本组成部分,任何一家航空公司都如此。没有质量控制,航空公司就无法意识到产品的缺陷,也就无从进行改进。

一、服务标准

质量控制的前提是具有标准,航空公司要确保产品质量,就必须确立服务标准并予以执行。作为一个服务性行业,当一个航空公司达到很高的、优质的标准化服务水平,其品牌就会自然形成,从而形成核心竞争力,确保航空公司在市场上取得竞争胜利。

1. 民航产品核心层的服务标准

民航产品核心层即位移。航班不正常导致旅客或货物不能按时实现位移,直接影响到民航产品核心层的实现,严重影响产品质量,也是当前中国民航业中普遍存在的问题,航班是否正常,其标准由交通运输部〔2016〕56 号《航班正常管理规定》文件要求如下:

(1)航班延误:是指航班实际到港挡轮挡时间晚于计划到港时间超过 15 分钟的情况。

(2)航班出港延误:是指航班实际出港撤轮挡时间晚于计划出港时间超过 15 分钟的情况。

(3)机上延误:是指航班飞机关舱门后至起飞前或者降落后至开舱门前,旅客在航空器内等待超过机场规定的地面滑行时间的情况。

2. 民航产品形式层及延伸层服务标准

此类标准由各航空公司根据具体情况制定,但国际上一些著名的航空公司,如新加坡航空公司、德国汉莎航空公司等服务标准很自然地成为其他航空公司的服务标杆。除此之外,国际上一些专业评估机构,如英国的 Skytrax 公司等,就将航空公司服务标准分为若干个星级,然后根据航空公司达到的具体服务水平进行评级,实现了服务标准的量化。

资料:某航空公司值机岗位服务标准(节选)

1. 办理乘机手续时限

(1) 两百个座位(含两百)以上的客机,在离站前 120 分钟开始办理乘机手续,在离站前 30 分钟停止办理乘机手续。

(2) 一百(含一百)至两百个座位的客机,在离站前 90 分钟开始办理乘机手续,

在离站前30分钟停止办理乘机手续。

（3）九十个座位以下的客机，在离站前60分钟开始办理乘机手续，离站前30分钟停止办理乘机手续。

（4）各地停止办理乘机手续的时间以机场对外公布的接载时间为准。

（5）如遇航班延误四小时以内的，值机员仍按原定值机时间办理乘机手续；如遇航班延误四小时以上的，值机员按延误后的时间安排上岗。

（6）航班不正常时，以广播的方式通知旅客延误原因、延误后起飞时间和致歉辞。

（7）航班不正常时，商务调度应根据《不正常航班处置预案》的规定，为旅客安排食宿，并根据公司票务规定和旅客的要求，为旅客办理机票的签转、变更和退票手续。

2. 旅客乘机证件查验

（1）办理乘机手续时应查验运输凭证上的旅客姓名是否与本人及其有效身份证件一致。

（2）旅客有效的身份证件指民航公安部门规定的有效乘机证件，包括居民身份证、有效护照、军官证、警官证、士兵证、文职干部或离退休干部证明以及16岁以下未成年人的学生证、户口簿等。

二、旅客投诉及服务质量督察

旅客作为航空公司的顾客，所投诉的内容可能涉及民航产品服务链各个环节，是顾客对民航产品服务质量不满意的表现，也是航空公司认识自身产品和提高服务质量的一个机会。

现在，航空公司都越来越重视对旅客投诉的处理，一般都设有专门处理投诉的部门或机构，如服务质量督察室等，在管理上实行首问责任制等制度。

首问责任制主要内容：

（1）第一个受理顾客业务咨询、查询及投诉的单位或人员为第一责任人，如不能当即为顾客解决或不属于本职范围内的，应做好相关记录（如事件简要、联系人、联系方式等），不得以任何借口推诿、搪塞或拖延处理时间。

（2）第一责任人进行初步调查，并将顾客的所有信息传递给与顾客需求有直接关系的相关责任单位或责任人，此为直接责任人。直接责任人经调查或请示上级主管单位后，回复顾客并反馈给第一责任人，经第一责任人确认后，此环节方可结束。

（3）直接责任人回复顾客后，如未能与顾客达成共识，同时顾客表示将投诉公司的，直接责任人应在1个工作日内反馈至服务质量督察部门备案处理。

第五节　产品生命周期

问题：

（1）什么是产品生命周期？

（2）如何使用波士顿矩阵分析图？

一、产品生命周期的概念

所谓产品生命周期，是指产品从进入市场开始，直到最终退出市场为止所经历的市场生命循环过程。

一种产品进入市场后，它的销售量和利润都会随时间推移而改变，呈现一个由少到多、再由多到少的过程，就如同人的生命一样，由诞生、成长到成熟，最终走向衰亡。产品只有经过研究开发、试销，然后进入市场，它的市场生命周期才算开始。产品退出市场，则标志着其生命周期的结束。

> **小知识**
>
> 产品生命周期观念，是指一个产品的销售历史就像人的生命周期，要经历出生、成长、成熟、老化、死亡等阶段。它不是产品的使用寿命，通常以销量和利润来衡量。

二、产品生命周期阶段

典型的产品生命周期一般可分为四个阶段，即投入期、成长期、成熟期和衰退期。各个阶段的产品销售额和利润额呈现 S 形曲线，如图 3-5 所示。

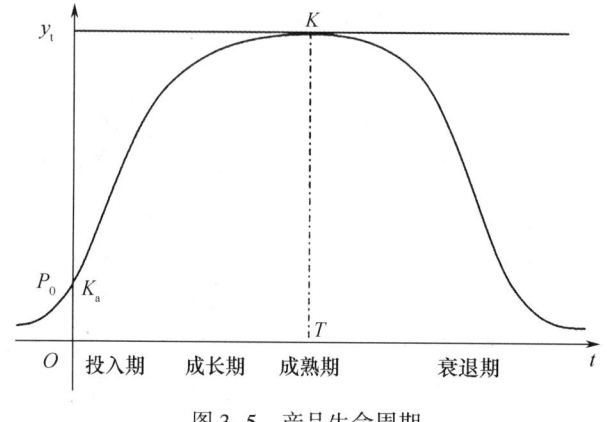

图 3-5　产品生命周期

1. 投入期

新产品投入市场，便进入投入期。此时，顾客对产品还不了解，只有少数追求新奇的顾客可能会购买，销量很低。为了扩展销路，企业需要大量的促销费用来对产品进行宣传。在这一阶段，由于技术方面的原因，产品不能大批量生产，因而成本高，销售额增长缓慢，企业不但得不到利润，反而可能出现亏损；而且产品也有待进一步完善。如新开航线、新开发的服务类产品在相当长一段时间内都处于投入期，特别是国际航线，投入期相对国内航线会更长。

2. 成长期

在成长期,顾客对产品逐渐熟悉起来,大量的新顾客开始购买产品,市场逐步扩大。产品大批量生产,生产成本相对降低,企业的销售额迅速上升,利润也迅速增长。竞争者看到有利可图,纷纷进入市场参与竞争,使同类产品供给量增加,价格随之下降,企业利润增长速度逐步减慢,最后达到生命周期利润的最高点。如新开的航线进入成长期后,平均客座率会明显提高并逐渐稳定。

3. 成熟期

市场需求趋向饱和,潜在顾客变得很少,销售额增长缓慢直至转而下降,标志着产品进入了成熟期。在这一阶段,竞争逐渐加剧,产品售价降低,促销费用增加,企业利润下降。如部分航线直飞航空公司不断增加,导致在该航线上竞争日趋激烈,收益水平开始下降。

4. 衰退期

随着科学技术的发展,新产品或新的代用品出现,这使得顾客的消费习惯发生改变,转向其他产品,从而使原来产品的销售额和利润迅速下降。于是,产品就进入了衰退期。如一些航空公司开始减少某些航线航班数量乃至取消航线,某些服务类产品退出市场等。

三、产品生命周期和产品组合的优化

由于市场需求和竞争态势的变化,民航产品组合中的每个产品必然会在变化的市场环境下发生分化,一部分产品获得较快的成长,一部分产品继续取得较高的利润,也有一部分产品趋于衰退。为此,企业需要经常分析民航产品组合中各个品种的销售成长现状及发展趋势,以做出开发新产品、改进产品或淘汰衰退产品的决策,适时调整产品组合,力求形成动态的最佳民航产品组合。

对民航产品组合进行评价的方法有若干种,这里只介绍比较简便和常用的波士顿矩阵法,如图 3-6 所示。波士顿矩阵法由波士顿咨询公司(BCG)首创。

波士顿矩阵分析图以市场占有率为横坐标,以市场增长率为纵坐标,每一坐标从低到高分成两部分,形成四个象限,每一象限中可放入不同的产品,然后分别进行评价。

第一类是问题类。这类产品线具有高的市场增长率和低的市场占有率,需要投入大量资金,以提高其市场占有率,但有较大风险,需慎重选择。

第二类是明星类。这类产品线市场占有率和市场增长率都很高,具有一定的竞争优势。但是,由于市场增长率高,竞争激烈,为了保持优势需要许多资金,故而不能带来丰厚的利润。

第三类是金牛类(现金牛类)。这类产品线有低的市场增长率和高的市场占有率,收入多,利润大,是航空公司和代理人盈利的源泉。

第四类是瘦狗类。这类产品线的市场增长率和市场占有率都很低,在竞争中处

于劣势,是没有发展前途的,应将其逐步淘汰。

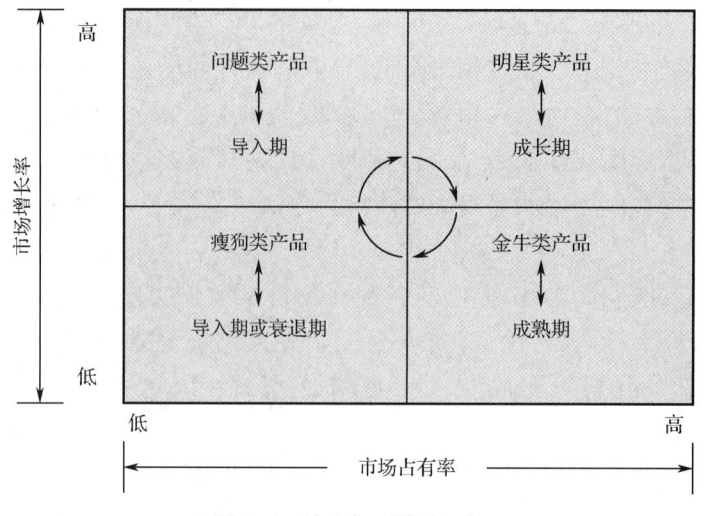

图 3-6 波士顿矩阵分析图

对民航产品线进行如上的分类评价之后,就可以确定产品线组合是否健康了。如果问题类和瘦狗类产品线较多,而明星类和金牛类产品线较少,则应对不合理的组合进行调整:那些很有发展前途的问题类产品线应予以发展,努力提高市场占有率,增强竞争能力,使其尽快成为明星类产品线;金牛类产品线要尽量维持市场份额,以继续提供大量的资金收入;处境不佳、竞争力小的金牛类产品线和一些问题类、瘦狗类产品线应采取收缩策略,尽量减小投资,争取短期内获得较多的收益;没有发展前途又不能盈利的瘦狗类和问题类产品线应放弃,以便把资金转移到更有利的的产品线上。如三亚出港航线,市场年增长率平均在15%以上,某航空公司的全年市场占有率只有16%,这时可以考虑增加投入运力,以占领市场获得更高利润回报。

▍ 小 结 ▍

整体产品由三个层次构成:第一个层次是产品核心层,即顾客购买产品所追求的基本效用和利益;第二个层次是产品形式层,即产品的实体与外形;第三个层次是产品延伸层,即产品实体基本效能以外的附加利益。民航产品不是有形的产品,只是一种顾客认为有用的服务,是旅客或货物的位置移动,这种位置移动是在航空公司飞机的作用下完成的。民航产品从产品的层次上来分,可以分为航线类产品和服务类产品。

民航产品设计和开发的出发点和原则是满足顾客的需求,不符合顾客需求的产品将不被市场所接受。因此,民航企业要设计和开发出能够满足顾客需要的产品,与竞争者产品相比具有一定竞争力,才能在市场上取得成功。

质量控制的前提是具有标准,航空公司要确保产品质量,就必须确立服务标准并予以执行。作为一个服务性行业,当一个航空公司服务达到很高的、优质的标准化服

务水平,航空公司的品牌就会自然形成,从而形成核心竞争力,确保航空公司在市场营销上取得竞争胜利。

所谓产品生命周期,是指产品从进入市场开始,直到最终退出市场为止所经历的市场生命循环过程。由于市场需求和竞争形势变化,民航产品组合中的每个产品必然会在变化的市场环境下发生分化,一部分产品获得较快的成长,一部分产品继续取得较高的利润,也有一部分趋于衰退。为此,企业需要经常分析民航产品组合中各个品种的销售成长现状及发展趋势,以做出开发新产品、改进产品和淘汰衰退产品的决策,适时调整产品组合,力求达到动态的最佳民航产品组合。

练习与实训

一、单项选择题

1. 开辟一条新航线,( )是首先要考虑的因素。
A. 航班收益　　　　B. 航线经营权　　　　C. 航班时刻　　　　D. 航班密度
2. 在服务类产品规定中,需要规定产品适用条件,以下哪项不是( )。
A. 航班日期　　　　B. 退票规定　　　　C. 出票日期　　　　D. 适用票证

二、多项选择题

1. 以下选项影响民航产品设计的因素有( )。
A. 航线经营权　　　　B. 机场服务　　　　C. 票价限制条件　　　　D. 机上餐食
2. 民航产品一般按层次分为哪两类( )。
A. 航线类产品　　　　B. 豪华类产品　　　　C. 服务类产品　　　　D. 高价产品
3. 航线网络一般有哪几种类型( )。
A. 点对点　　　　B. 枢纽型　　　　C. 不规则型　　　　D. 三角型
4. 设计航线类产品时需要考虑的因素有( )。
A. 收益　　　　B. 时刻　　　　C. 密度　　　　D. 机型

三、思考题

1. 什么是整体产品?民航产品分为哪几类?
2. 民航产品服务链中包含哪些链条?
3. 产品生命周期由哪些阶段构成?每个阶段的特点是什么?

四、单元实训项目

目的:理解产品生命周期和产品组合的优化。
要求:举例说明企业在不同情况下应用的产品组合策略。

五、课外实践

实践目的:学会判断产品所处的生命周期,并制定相应的对策。

演练要求:

1. 广泛收集比较熟悉的一个航空公司的相关产品的销售资料。

2. 根据所收集的资料,结合该航空公司内外环境,判断这些产品分别处于生命周期的哪个阶段。

演练指导:

1. 将学生分组,每个小组需完成上述两项内容。

2. 资料可以通过图书馆、互联网或到企业收集。

六、案例分析

南航"酒"产品

中国南方航空股份有限责任公司(简称"南航")深圳分公司率先在航行时间在1小时30分以上航班的头等舱推出"空中酒窖"服务。此次提供的是南航新引进的法国红、白葡萄酒,旅客在机上将品尝到来自法国波尔多和勃艮第等葡萄酒原产地的美酒。这是南航为全面提升空中服务推出的一项品牌服务。

为更好地配合此项服务的开展,南航深圳分公司还专门对提供此项服务的空乘人员进行了培训,并编写了标准手册,规范侍酒服务,使旅客在机上除了能品尝到知名的法国葡萄酒,还能从空中乘务员的服务中了解到更多的葡萄酒常识。

据介绍,目前南航航班上配备的三款葡萄酒分别为布豪德庄园干红葡萄酒、贝罗依庄园干红葡萄酒和夏布利干白葡萄酒。这三款酒都是法国各法定产区的葡萄酒,并在酒庄或产区内装瓶进口。特别值得一提的是,布豪德庄园干红葡萄酒的年产量仅为8000瓶,其中的5000瓶被南航订购,其珍贵可想而知。

南航深圳分公司客舱服务部对乘务长和头等舱乘务员进行了葡萄酒文化、侍酒服务、葡萄酒鉴赏知识的培训。通过培训,乘务员增强了对葡萄酒的认识,能更好地向旅客推介葡萄酒,打造南航"空中酒窖"特色服务。

品酒并不仅仅是品手中的一杯酒,服务人员恰到好处的介绍、熟练的开酒动作、木瓶塞拔出时悦耳的一响、高脚杯中迷人的酒红、一道美味的牛扒,这一切都是构成良好品酒体验不可或缺的部分。而以往的葡萄酒服务更注重服务结果,较忽略服务过程。所以,南航深圳分公司在服务程序上进行了改进,将"介绍—开酒—试酒—倒酒"这一整套程序展示在旅客面前,而不仅仅是送上一杯葡萄酒。

特别值得一提的是,南航深圳分公司对用具也可谓做到了精益求精。木制的酒架、新款开瓶器、切箔器、抽真空设备、酒塞、倒酒器一应俱全,真正使旅客在品酒的过程中得到完美的享受。

案例思考:

(1) 产品进入成熟期后,存在哪些常见的营销策略?

(2) 利用产品生命周期理论来评价该产品。

第四章 价格和销售控制类岗位知识与技能

没有降价两分钱抵消不了的品牌忠诚。

——菲利普·科特勒

注：航空公司只有在航班管理中让平均票价和客座率达到一种均衡状态,才能使其收益最大化。

导入案例

多样化的机票价格

从三亚飞往北京的航班可以为乘客提供多种不同的票价。这是这条航线上的航空公司激烈竞争的结果。票价包括：①头等舱价格是 5780 元；②标准经济舱价格是 2310 元；③3 折特价是 700 元；④团队价格是 1000 元；⑤经济舱价格是 4 折~9 折……

问题：

(1) 航空公司为什么要制定这么多不同的价格？

(2) 它们是依据什么制定这些价格的？

第一节 定价理论

问题：

(1) 定价理论有哪些？

(2) 常见的定价技巧有哪些？

定价是市场营销组合中最灵活的要素,企业定价的目标是促进销售、获取利润,这要求企业既要考虑成本,又要考虑顾客的接受能力,因此定价具有买卖双方双向决策的特征。

一、产品定价的理论依据

产品定价的理论依据是价值规律理论,即产品的价值由社会必要劳动时间决定,

实行等价交换。一般来说,价值是价格的基础,价格是价值的货币表现,价值应等同于价格。但实际上价格总是以价值为中心上下波动的,价格的波动受产品生产者、顾客、产品竞争者的影响,其中:

（1）产品生产者:希望以较高的价格来获取最大利润。

（2）顾客:希望以较低的价格获取高价值的产品。

（3）产品竞争者:经常通过降价来抢夺市场份额。

一般来说,决定价格下限的是生产成本,决定价格上限的是产品的市场需求。

二、常用定价方法

1. 成本导向定价法

价格的构成是以价值作为基础的,只有以价值作为基础而制定的价格,才是具有科学依据的定价。但要精确地计算价值是很困难的,目前需要借助成本指标,将其作为定价的主要依据,近似地反映价值。成本是可以计算的。成本主要由两部分构成,即固定成本和变动成本。固定成本是指企业不受业务量变化影响而保持不变的成本。变动成本是指那些成本的总发生额在相关范围内随着业务量的变动而按线性变动的成本,在一定期间内它们的总发生额随着业务量的增减而按比例变动,但单位产品的耗费则保持不变。

航空公司固定成本项目主要有飞机购置费、租赁费等,变动成本项目主要有航油费、起降费、飞行小时费等。

成本导向定价法又可以分为以下三种方法。

1）成本加成定价法

成本加成定价法是应用比较普遍的一种方法,是以单位产品成本加上一定的百分比加成,即为该商品的出售价格。其计算公式为

$$单位产品价格 = 单位产品成本 \times (1 + 加成率)$$

式中,加成率为预期利润与产品总成本的百分比。

例:某企业生产一台风扇的平均变动成本为 100 元,固定成本为 75 元,利润加成率为 40%,则这台风扇的售价是多少?

解:单位产品价格 = 单位产品成本 × (1 + 加成率)

     = (100 + 75) 元 × (1 + 40%)

     = 245 元

成本加成定价法的目的是盈利,并确定一定水平的利润率。这种方法的优点是:

（1）简单易行,大大简化企业定价程序。

（2）若多家企业成本和加成率接近,则会避免按需求定价所引起的激烈竞争。

（3）企业以本求利,顾客会认为定价公平合理。

其缺点是:按照习惯比例加成定价,忽视了竞争状况与需求的弹性,难以确保企业实现利润最大化。

2）损益平衡定价法

损益平衡定价法是指在分析企业未来的生产数量、成本、价格及收益之间关系的基础上,合理确定产品销售价格的定价方法。损益平衡点又称保本点,是盈利为零时的经营点。损益平衡点所对应的价格为损益平衡价格。其计算公式为

$$损益平衡价格=固定成本/损益平衡销售量+单位变动成本$$

损益平衡价格虽无盈利可言,但在市场不景气时,却可给经营者一个最低价位的提示。损益平衡定价法的出发点是保本,也就是确保收入不低于总成本。

例:某企业生产风扇,单位变动成本为 100 元,全部固定成本为 50000 元,预计市场销量为 1000 台,企业如何定价才能确保不致亏损?

解:损益平衡价格=固定成本/损益平衡销售量+单位变动成本

　　　　　　　=（50000/1000+100）元

　　　　　　　=150 元

即在销量为 1000 台时,企业定价至少为 150 元,才不至于亏损。

这种方法的优点是企业可以在较大的范围内灵活掌握价格水平,并且运用较为简便。但是,运用这种定价法时,企业生产的产品应以能全部销售出去为前提条件。因此,企业应力求在保本点以上定价或通过扩大销售来盈利。

3）边际贡献定价法

边际贡献定价法是指在变动成本的基础上,加上预期边际贡献来计算价格的定价方法,所以也称变动成本定价法。边际贡献是指产品价格减去变动成本的余额,其计算公式为

$$单位产品边际贡献=单位产品价格-单位变动成本$$

例:某家具生产企业每年固定成本为 10 万元,当年由于市场变化,产品无法按原价出售,而且一时又无法生产其他产品。这时,有一个客户订购 10000 把椅子,最高报价为 50 元一把。如果每把椅子的变动成本为 42 元,按上述损益平衡定价法可知,企业至少要以（100000/10000+42）=52 元的价格出售才正好保本,按 50 元销售将损失 2×10000=20000 元。但企业如果不生产,10 万元固定成本的损失就不可避免。如果生产,看起来损失了 2 万元,实际上是补偿了 10 万元固定成本中的 8 万元,比不生产少赔 8 万元。因此,在这种情况下加工椅子比不加工好。

边际贡献定价法,能确保企业销售收入能够维持企业运转。价格水平不低于变动成本是企业对价格的接受底限,有利于维护买卖双方良好的关系,扩大产品销售,提高竞争能力。特别是企业产品滞销积压时以变动成本为基础定价,有利于提高企业竞争力。对于航空公司来说,一个航班能否执行,取决于该航班的收入能否覆盖变动成本,如果有边际贡献,这个航班在收益上就可以执行。

以上成本导向定价法的意义在于明确企业的成本,通过明确平均最低价,努力实现盈利。

2. 需求导向定价法

需求导向定价法,即按需求差别定价,指同一质量、功能、规格的商品,可以根据顾

客的不同需求采用不同的价格,其前提是市场要能细分,且各细分市场的需求差异较为明显。总的来说,成本导向定价可视为一物一价,而需求导向定价可视为一人一价。

1)需求导向定价的几种形式

(1)以不同顾客为基础的差别定价,如工业用水、民用水按不同价格收费。

(2)以不同产品样式为基础的差别定价,如同等质量的产品,样式新的可定高价,样式旧的可定低价。

(3)以不同地理位置为基础的差别定价,如啤酒在星级饭店的售价就比街边杂货店的售价高。

(4)以不同时间为基础的差别定价,如长途话费在不同时间可以制定不同的价格,航空公司根据订票时间的不同制定不同的票价。

航空公司定价大量采取需求导向定价,民航市场需求多样化且可以细分,航空公司根据旅客不同需求,提供不同服务,实行不同运价,而使航空公司的收益最大化。

2)需求的价格弹性

需求是影响企业定价最主要的因素。经济学上把商品的需求量对该商品价格变化的敏感程度称为需求价格弹性。测定需求的价格弹性就是计算需求的价格系数(E),即需求量对价格变化的敏感程度。

$$需求的价格系数(E)=需求量变化的百分比/价格变化的百分比$$

(1)当 $E=1$ 时,表示需求量与价格等比例变化,叫作单元弹性需求。在这种情况下,销售量虽然减少,但价格的提高使总收入保持不变。

(2)当 $E>1$ 时,表示需求量变化的百分比大于价格变化的百分比,叫作富有弹性或需求弹性大。在这种情况下,价格的变化会引起需求量大幅度变化。

(3)当 $E<1$ 时,表示需求量变化的百分比小于价格变化的百分比,叫作缺乏弹性或需求弹性小。在这种情况下,价格的变化不会引起需求量较大幅度变化。

影响需求价格弹性的因素主要有:①商品与生活关系的密切程度。凡是与生活关系密切的商品,需求的价格弹性就小;反之,则弹性就越大。②商品本身的独特性和知名度。越是独具特色和知名度高的产品,需求的价格弹性越小;反之,弹性越大。③替代品和竞争品的种类及效果。凡替代品和竞争品少并且效果也不好的产品,价格弹性小;反之,则弹性大。不同产品需求的价格弹性不同,因此企业在定价时对需求价格弹性大的商品可用降价来刺激需求;对需求价格弹性小的商品,当市场需求强劲时,则可适当提高价格以增加收益。

在现实生活中,需求的价格弹性主要是缺乏弹性和富有弹性。那么,企业在定价时就应采取与之相应的高价或低价策略。

案例:价格弹性大的航线的特价投放

三亚-广州航线属于对价格比较敏感的航线,某航班价格在 4 折(320 元)时,销售速度缓慢,一天只能销售 10 个座位;但在特价 3 折(240 元)时,一天能销售 30 个座位,显然这条航线的价格弹性为(30/10)/(240/320)=4。因此,此条航线就属于富有

弹性航线,可在适当时间采取降价的策略刺激需求。

3. 竞争导向定价法

竞争导向定价法是指以市场上竞争对手的价格为依据,随市场竞争状况的变化来确定和调整价格的定价法。这种方法具有在价格上排斥对手、扩大市场占有率的优点。

与竞争者相比,定价分为高于竞争者定价、等于竞争者定价、低于竞争者定价三个价格层次。

(1)高于竞争者定价适合在本企业产品存在明显优势,产品需求弹性小时采用。

(2)等于竞争者定价适合在市场竞争激烈,产品不存在差异的情况下采用。

(3)低于竞争者定价适合在具备较强的资金实力,能应付竞相降价的后果且需求弹性较大时采用。

总的来说,航空公司的定价方法主要是需求导向定价法,在制定出不同产品价格系列后,按照市场需求的不同,推出不同的产品价格。

调价策略

调高价格:涨价要注意涨价时机、涨价幅度,并注意与消费者沟通。

降低价格:间接降价,是通过赠品、送货上门等措施降低实际价格的。

三、常见的定价技巧

除了以上几种基本的定价方法,在定价时还经常根据顾客的心理等因素采用一些定价技巧,主要有以下几种。

1. 尾数定价

利用顾客在数字认识上的某种心理制定的尾数价格,使顾客认为商品价格较低廉、商家定价认真及售价接近成本等。

2. 整数定价

整数定价与尾数定价相反,即以整数而非尾数定价,是指企业把原本应该定价为非整数的商品价格改定为高于这个非整数价格的整数,一般以"0"作为尾数。这种凑整的策略实质上是利用了顾客按质论价的心理、自尊心理与炫耀心理。一般来说,整数定价策略适用于那些名牌优质商品。

3. 声望定价

声望定价属于心理定价的一种,有些名牌商品或著名企业,故意把商品价格定成高价,称为声望定价。质量不易鉴别的商品最适合采用此法,因为顾客有崇尚名牌的心理,往往以价格来判断质量。

4. 招徕定价

招徕定价又称特价商品定价,是一种有意将少数商品降价以招徕顾客的定价方式。

5. 折扣与折让定价

折扣与折让定价是指企业根据产品的销售对象、成交数量、交货时间、付款条件等因素的不同,给予不同价格折扣的一种定价技巧。其实质是减价策略。这一定价技巧经常与促销配合使用,能在短时间内显著提高销量。

第二节 民航客运价格体系及价格发布

问题:

(1)民航和其他运输方式相比,客运价格体系有什么不同?

(2)民航客运价格是如何发布的?

民航客运价格体系实行统一公布运价下的多等级舱位、多种产品价格体系。在国内民航市场上,航空公司经历了机票不允许随便打折到按市场来定价的过程。今天,负责航空公司运价的工作人员需要对竞争对手的产品价格变化做出快速反应,同时还要决定何时在市场上引领价格的变动。以下主要介绍国内航空客运价格体系的组成。

航空公司国内客运价格主要分成两大类:第一类,普通运价(Normal Fare),即民航局批准的正常公布运价和公布折扣运价;第二类,特殊运价(Special Fare),主要是特价、中转联程、团队、服务类产品价格等,航空公司需要视市场情况制定具体特殊运价并按流程审批后,对外发布。

一、普通运价

1. 正常公布运价

国内航线客运公布运价按照政府规定执行,在考虑成本和利润水平的基础上,规定一条航线的正常运价。根据民航局民航发〔2017〕145号文件规定,航空运输企业制定国内运价,包括制定、调整实行市场调节价的国内运价,以及按照政府规定制定、调整实行政府指导价的国内运价。实行市场调节价的国内运价,由航空运输企业根据生产经营成本、市场供求和竞争状况,按照规定自主制定实际执行的运价种类、水平和适用条件。实行政府指导价的经济舱旅客运价,由航空运输企业以按照政府规定办法确定的具体基准价为基础,在上浮不超过政府规定最高幅度、下浮幅度不限的范围内,按照规定确定实际执行的运价种类、水平和适用条件。实行政府指导价的经济舱旅客运价的基准价最高水平按照下列公式计算,具体基准价由航空运输企业在不超过最高水平的范围内确定。

普通航线经济舱旅客运价的基准价最高水平=log(150,航线距离×0.6)×航线距离×1.1
高原、高高原航线经济舱旅客运价的基准价最高水平=log(150,航线距离×0.6)×航线距离×1.3
正常公布运价=基准运价×1.25

2. 公布折扣运价

公布折扣运价,即以正常公布运价为基数乘以一定的折扣后的运价,折扣一般最

高为150%,最低为40%,即从头等舱价格到4折价格。

3. 普通运价制定流程

航空公司每开通一条航线前,需要确定该航线的普通运价,即公布运价。一般程序是:航空公司运价管理员在收到新开航线通知单及航距数据后,拟文报市场部主管领导同意,报民航局财务司价格处审批,审批结束后将运价对外公布并录入销售系统。

资料:《关于下发大连⇌满洲里国内航线公布运价的通知》

根据中国民用航空局、国家发展改革委员会下发的民航发〔2017〕145号文件规定,我司现制定大连⇌满洲里国内航线直达公布运价,具体如下:

一、航线运价。

序　号	航　　线	航　　段	航距/千米	正常运价/元·人$^{-1}$
1	大连⇌满洲里	DLC⇌NZH	1547	1550

二、执行日期。

1. 航班日期:自2019年7月15日起。

2. 出票日期:自2019年7月9日起。

三、以上票价单位为人民币(元)。

请各营业部通知代理人在能够使用"FD"指令查询新开航线运价前,使用"NFD"指令(格式为"NFD:城市对/日期/HU")在民航订座终端上查询新开航线销售价格,在此期间,如指令"PAT:A"无法自动批出燃油附加费、民航发展基金,请手工修改对应的燃油附加费、民航发展基金进行销售。

特此通知。

附:各舱位对应折扣票价

××公司市场部

2019年7月8日

各舱位对应折扣票价

单位:元

序号	航线	航线	C舱 300	W舱 100	Y舱 100	B舱 92	H舱 84	K舱 76	L舱 68	M舱 60	X舱 54	V舱 48	N舱 42
1	大连⇌满洲里	DLC⇌NZH	4650	1550	1550	1430	1300	1180	1050	930	840	740	650

二、特殊运价

特殊运价,是指带有一定限制条件的折扣运价。特殊运价种类繁多,结构复杂,应用也最为灵活。由于其价格比普通运价低很多,因此对旅客非常有吸引力。此类价格由航空公司按照市场情况定期或不定期制定,就是俗称"销售政策"的制定。

1. 特价

特价是指4折以下(不含)的价格,主要供销售淡季使用,以起到促销的作用。特

价没有固定的价格水平,由航空公司根据市场和竞争情况实时制定和调整。

1)制定特价销售政策的一般流程和要求

各地营业部根据市场情况制定特价政策→报市场收益部门审核→特价政策发布。

销售经理或航线管理员要根据市场需求、竞争情况,决定是否有必要制定特价政策。特价政策的推出一般基于以下几种情况:第一,新开航线单向航班促销;第二,时间较长的淡季,如三亚地区每年的6月份和9月份;第三,特殊原因下和竞争公司进行对抗,以谋求谈判筹码。

2)主要航空公司经济舱特价舱位

海航:T舱。

南航:N舱、R舱。

国航:T舱。

东航:G舱。

2. 中转联程价格

中转联程是指旅客经停一点,乘坐两个或两个以上不同航班号航班到达目的地。制定中转联程运价能够充分利用航线网络的优势和资源,提高客座率,满足旅客的多种出行需求,由航空公司根据市场和竞争情况实时制定和调整。

1)中转联程销售政策的制定流程

一般流程:各地营业部根据市场情况制定中转联程政策→报市场收益部门审核→中转联程价格发布。

2)主要航空公司中转联程舱位

海航:不固定。

南航:不固定。

国航:T舱。

东航:H舱。

3)中转联程价格制定原则

(1)中转联程价格原则上不能高于直飞价格。

(2)中转联程价格由于不能经常调整,要考虑竞争公司中转价格水平。如果中转时间没有竞争公司好,在价格上一般要低一些,如过夜中转、中转停留时间4小时以上等。

(3)注意分析去年同期中转旅客数量,根据不同客流情况尽可能制定不同的中转价格,使之和市场需求更加吻合。

3. 团队价格

从旅客组织模式上,可分为散客和团队旅客。团队一般由10人以上构成,由旅行社组织,在一些旅游航线上,团队旅客所占比例可高达90%。团队价格相对比较复杂,类型较多,由航空公司根据市场和竞争情况实时制定和调整。团队价格销售政策的制定流程一般是:航线管理员根据历史数据和市场情况制定政策→市场收益部门

领导审批→团队价格发布。

1）团队价格政策的几种类型

按航程可分为:往返程团队、缺口程团队、中转联程团队、单程团队政策。

按销售政策制定时间可分为:月度/销售季团队政策、临时性团队政策、一团一议政策。

按团队来回搭配时间可分为:常规团、非常规团政策。

2）各主要航空公司团队舱位设置

海航:G 舱。

南航:不固定。

国航:不固定。

东航:不固定。

4. 服务类产品价格

航空公司产品部门在制定产品时都有明确规定该产品的价格,是民航价格体系中的一个组成部分。

三、运价发布

航空公司制定好运价,尤其是特价、中转联程价格等特殊运价,需要向旅客、销售代理人公布价格并在销售系统中实现查阅和出票。因此,运价发布是否快捷、方便和准确直接影响航班销售。

以前,航空公司调整运价的频率尚不很频繁,随着计算机技术的进步和发展,特别是在市场要求运价调整频繁的推动下,运价发布、传播手段有了飞速的进步。目前,很多航空公司使用了中国航信运价发布系统,也称 EasyFare 系统,该系统支持国际、国内、公布、私有运价发布,并支持符合国际运价标准的运价规则,能够满足航空公司高效、及时、准确的发布需求,并覆盖分销、直销、线上、线下等多种发布渠道。

运价发布后,普通价格在 CRS 等销售系统中,可以使用指令"FD:航线对/承运人"进行查询,如使用指令"FD:SYXCAN/HU"可以查出海南航空公司三亚—广州航线从头等舱到4折的价格及航距数据。特价、中转联程价格等特殊价格,可以使用指令"NFD:城市对/承运人"进行查询。要自动生成和显示价格,可以使用指令 PAT。

第三节　航班收益管理

问题:

(1) 什么是收益管理?

(2) 如何才能使收益最大化?

(3) 航空公司收益管理的主要工作内容是什么?

一、航班收益管理的概念及意义

航班收益管理,是指航空公司为了确保航班销售收入最大化而采取的定价策略和措施,投入每一天的每一个航班的现实操作。在收益管理过程中,航空公司必须确定以什么价格销售多少个座位,同时,航空公司还必须确定接受什么样的旅客,或者因收益太低而拒绝什么样的旅客,其实质是对价格和座位的管理。因此,所谓航班收益管理是指在合适的时间将合适的座位(产品)以合适的价格出售给合适的旅客,以实现航空公司的收益最大化。

收益管理是航空公司市场营销的核心部分,在当前航空公司产品同质化越来越严重的形势下,收益管理的好坏对航空公司的市场份额、利润、竞争力起着举足轻重的作用,因此收益管理工作在各航空公司市场部门都受到极大的重视。

二、成功扩大收益的条件

航班收益受两个因素影响,即航班均价和客座率,可能导致收益管理失败的两个主要原因如下:

(1)均价最大化而客座率低;

(2)客座率最大化而均价低。

例如,一个航班卖 100 个座位,均价 4 折(500 元),总收入为 50000 元;而竞争公司卖 90 个座位,均价 5 折(625 元),总收入为 56250 元。

如图 4-1 所示,收益管理的目标就是提高客座率,优化价格组合,使航空公司能够从每一个航班获得可能范围内的最大收益。

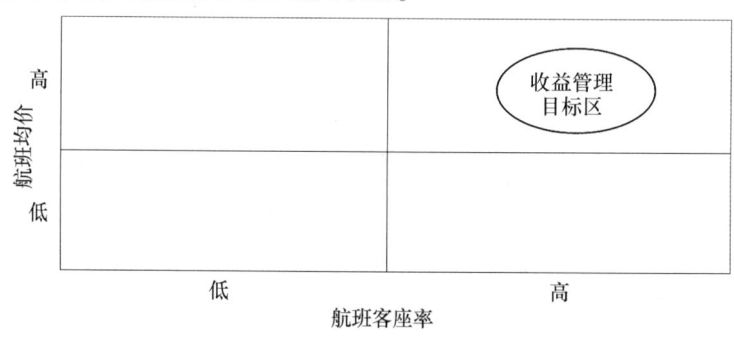

图 4-1 收益管理的目标

一般来说,高收益顾客比低收益顾客订票时间晚,这就是收益管理存在失败风险的根源所在。如果早期售出了太多的座位以增加客座率,则会由于低收益顾客过多,就达不到收益管理的目标;另一方面,如将过多的座位预留到很晚的时候,那么就可能造成整体客座率太低,也达不到收益管理的目标。近年来,收益管理的改进主要集中在如何避免这种进退两难的尴尬上,航空公司需要从以下三方面解决这个问题,提高航班收益水平。

1. 更多可选择的订座等级

在最近的 20 年里,大多数航空公司的订座系统中可选择订座等级的数量都有了很大程度的增加,这使航空公司能够通过收益管理进一步准确地细分票价类型。

其中的潜在要求是对特定细分市场的需求能够区别对待,使相关航空公司更加清楚每个细分市场的特征,以及如何对每个细分市场进行管理。

2. 收益管理系统灵活性的增加

现在的收益管理系统比以前的系统更加灵活,这使座位控制员能够在分配座位时有更多因素可供参考,并不断改进此项工作以适应需求的不断变化,即收益管理工作的快速反应能力。

20 年前,没有一套有效的工具能够协助航空公司实现航班收益管理过程,现在的情况已经大不一样,现代化的订座系统可以将每个航班上的座位分为若干个舱位等级,并使这些舱位等级和航空公司的产品一一对应。航空公司决定每个舱位等级可以分配多少个座位、什么时候这些座位可以销售,所有这些都要根据当时的市场需求情况来确定。

3. 更好的预测需求的方法

现在,航空公司与以往相比更加重视对市场的预测,许多航空公司大力投资建立预测模型,即建立分析需求发生的变化及其变化原因的系统,并利用这种分析结果对未来做出预测。

收益预测模型如图 4-2 所示。

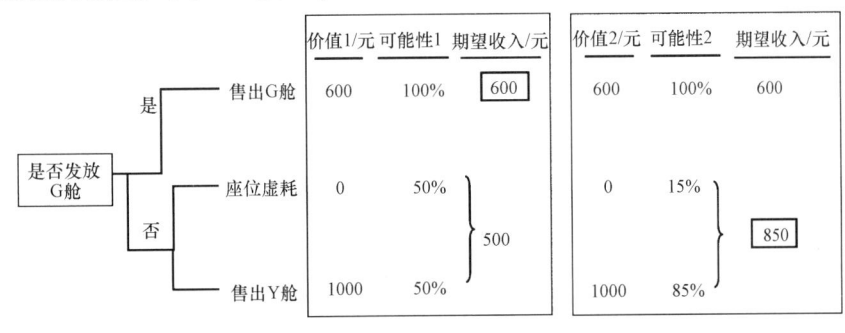

图 4-2　收益预测模型

三、收益管理工作主要内容

一般来说,国内航空公司的收益管理工作由两类岗位人员负责:①航空公司市场部总部设有收益管理中心,其航线管理员负责在总部对航班收益进行总体控制;②航空公司在各地设立的营业部,其销售经理等负责了解当地市场,协助总部航线管理员做好收益管理和控制工作。其工作内容主要有以下几项。

1. 制定销售预案

销售预案是航线管理员进行航班收益管理的前提,一般在销售季度或销售月份前 45~60 天制定;销售预案的主要功能涵盖了数据收集、分析、预测判断等主要收益

职能,是收益工作开展的前期要求。

销售预案包括整体市场销售预案、区域市场销售预案、航线销售预案、特殊微观季节销售预案等。

主要内容有:

(1) 还原历史同期销售情况,主要包括历史客流、历史舱位、历史销售进度、历史团队信息等;预测本期客流情况,包括客流拐点、客座率等。

(2) 根据历史信息,结合目前实际销售情况,制定未来整个季度(月份)的航班销售策略,如本期开舱计划、航班最低折扣、团队计划量、提前销售量等。

资料:销售预案实例分析

20XX 年 7~8 月 SZX-NGB 航班销售预案

(1) 预案分析

航段	航班号	日期	客流性质	2008年布局	2009年布局	布局增长	2008 年同期航线情况		2008 年同期我司航班收入指标			2009 年航班预期指标	
							客流	客座率	客座率	平均折扣率	小时收入/元	散客最低折扣	团队量
SZX-NGB	HU7139	7月3日~7月31日	平向偏旺	648	503	-22%	452	69%	81%	63%	46443	52%	0
SZX-NGB	HU7139	7月28日~8月8日	平向	599	503	-16%	365	60%	68%	54%	34824	40%	0
SZX-NGB	HU7139	8月9日~8月28日	平向偏旺	584	503	-14%	405	68%	76%	55%	40374	52%	0

SZX-NGB:参考 2007、2008 两年数据。

(1) 客流分析:整个 7 月份客流偏旺,日均客流量在 450 人左右,7 月底 8 月初客流最差,日均客流量在 365 人左右,8 月 9 日后客流上行,日均客流量在 405 人左右。每日航班量预计 4 班(其中南航为甩飞),平均每日布局数在 550 左右,根据今年宏观经济等因素预测,客流增长比例在 5%左右。

整体航线客座率预测:7 月份为 80%~85%,7 月底 8 月初为 70%~75%,8 月在 80%左右。

(2) DOW 分析:该航班由于我司时刻占优势,DOW 不明显,相对来说,周二、四、六较差(周六最差),周一、日、三、五较好。

(3) 开舱计划:15 天外自由销售,15 天内 6 折起销售,4~7 天 7.6 折销售,3 天内 8.4 折销售,当天全价销售。

(4) 提前销售:月底和月初远期要卖 40~50 人的目标,其他日期段销售 20~30 人;N 舱提前 15 天 4 折,15 天内按协议内容执行。

(2) DOW 分析

月份	DOW	城市	布局	布局比率	布局上比	实乘	实乘比率	实乘上比	客座率	客座率上比	班次	天数	日均客流
7、8月	日	SZX-NGB	5203	15%	0%	3598	15%	0%	69%	0%	32	8	450
7、8月	一	SZX-NGB	5083	14%	98%	3413	14%	95%	67%	97%	31	8	427

续表

月份	DOW	城市	布局	布局比率	布局上比	实乘	实乘比率	实乘上比	客座率	客座率上比	班次	天数	日均客流
7、8月	二	SZX-NGB	4964	14%	98%	3294	14%	97%	66%	99%	31	8	412
7、8月	三	SZX-NGB	5074	14%	102%	3582	15%	109%	71%	106%	31	8	448
7、8月	四	SZX-NGB	5392	15%	106%	3584	15%	100%	66%	94%	34	9	398
7、8月	五	SZX-NGB	4679	13%	87%	3172	13%	89%	68%	102%	29	8	397
7、8月	六	SZX-NGB	5044	14%	108%	3151	13%	99%	62%	92%	31	8	394

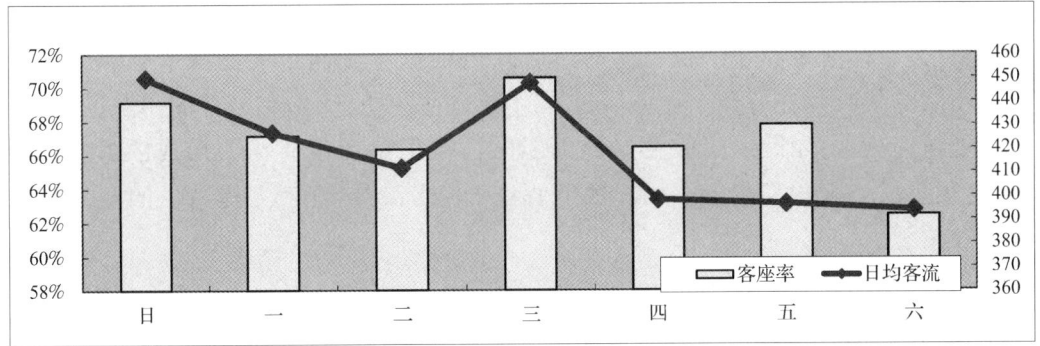

原则:通过制定销售预案,充分了解所负责的航线的销售情况并做好计划,重点在于最低舱位、团队位、各舱位开放数量等关键指标的设定。

技巧:依托对历史数据的分析及收益预测系统、对微观市场的判断等来制定。

2. 实时调整航班舱位

销售是一个动态的过程,各种信息都在不断变化,航线管理员要根据销售预案,结合实际的市场实时情况,在不同时段对不同的舱位进行监控,决定在航班起飞前几天内重点销售哪个舱位,也就是收益管理要求的在合适的时间销售合适的舱位,合理控制舱位的开放,以确保航班收益最大化。

一般来说,起飞前3~7天的重点在团队销售,主要关注点在对团队位的判断和超订上;0~3天内重点在散客销售监控上,必须增加舱位调整次数。当发现某个低舱位销量加快时,应马上锁低舱位进行高舱位销售。一般依据以下两个方面调整舱位。

1) 根据销售进度调整

通过查询旅客成长表,把握航班销售进度与历史同期销售进度进行对比,对销售速度快、销售舱位低的航班,应采取提高散客舱位、压缩团队位等形式控制销售节奏。对销售速度慢的航班,应立即主动出击,采取降低舱位等措施,以争取提高航班销售速度。

原则:销售速度不能太快,也不能太慢。

技巧:参照往年销售进度数据。

2）参照竞争公司进行调整

根据本公司航班和竞争公司航班的时刻间隔、舱位的开放程度及销售情况进行舱位调整。总的来说，和外航航班时刻相隔越近，在开放航班舱位时，就越应注意外航航班舱位开放情况。另外，不但要检查其公开的舱位开放情况，还要注意在外航已经锁定折扣舱位时，还应检查外航是否有 HK 状态的折扣散拼团队票，不要被表象迷惑，来确定是否继续开放折扣舱位。

原则：与竞争公司航班舱位不能有过大差距。

技巧：注意竞争公司的隐蔽销售。

3. 团队的接收

对于大部分航线尤其是旅游航线，顺利和合理接收团队是能够销售高舱位的保证，也是整体航班收益的保证。航线管理员根据预先制定的团队价格和团队位进行团队的接收。在有几个团队需求同时提交时，一般优先有名单的团队，非常规团队视情况处理；团队的接收要避免因团队占位但最后没有出票形成的虚耗。目前，有很多航空公司都实行了网上团队提交、审批和出票，大大提高了团队接收的效率和收益。

原则：有名单、常规团队优先接收。

技巧：实行网上团队审批、出票能大大提高团队接收效率。

4. 清理航班虚耗

在航班各个舱位进行开放销售时，出于方便销售的考虑，允许销售者对某个舱位进行占位，这就不可避免地出现航班舱位资源存在虚占并虚耗的问题，这不仅影响航线管理员对航班真实情况的判断，而且会延误销售时机，而航线管理员从航班收益最大化出发，需要坚决避免座位虚耗的问题，以减少不必要的收益损失。在实际操作中，一般有如下处理程序。

占座的处理：当某个舱位销售完毕后，要根据航班销售情况，检查 HK 状态订座记录，决定是否马上根据多舱位订座规定将其取消掉，还是继续保留其至出票日期由代理人出票或自己取消。

恶意虚订的处理：要定时通过 RC 指令检查订座是否匹配，防止因恶意占座或无意占座情况的出现，而影响航班销售。

原则：对客座率较高的航班进行重点监控。

技巧：检查运行指令。

5. 航班超售

由于各种原因，有部分旅客有可能在没有通知航空公司或办理退票的情况下，而没有到机场乘机，从而使航空公司白白损失一些座位的收入，为了减少这种情况的出现，在国际上，航空公司一般采取航班超售的方式，即订座的数量可以适当地大于航班实际可利用座位数，以避免出现空座位的情况。超售是收益管理中实现航班收益最大化的一项手段。

由于超售存在着风险,即所有的旅客都到机场乘机,这时航空公司需要对被拒绝登机旅客(Deny Boarding)进行赔偿和相关安排,因此航线管理员必须对要超售的航班的 NOSHOW 旅客(即未在机场出现的旅客)的数量和概率有了解,同时要了解该航班平时的 GOSHOW 人数(即到机场买票或候补乘机人数),再准确测算,避免不必要的超售并控制超售数量,将超售风险减到最小。

原则:在航班满座时考虑超售。

技巧:在了解历史 Deny Boarding、NOSHOW、GOSHOW 等旅客人数的情况下做出合理决策。

6. 价格联盟

价格联盟,指为了稳定并提高航班销售价格,争取市场销售的主动性,与竞争公司积极协商,通过价格联盟的方式共同稳定价格水平,避免价格战,提高航班收益,达到共赢的目的。价格联盟谈判是航空公司各地营业部和航线管理员日常工作的重要内容之一。

价格战是价格联盟的反面,企业往往会先进行价格战而后形成价格联盟。航空公司在其本地市场一般都具有较强的市场优势地位,能够左右市场价格的上涨和下降,而那些小公司则只能被动地跟在大公司的后面,见机行事。

价格联盟的谈判原则:

(1)知己知彼,应该明了各自航班的具体销售情况。

(2)航班时刻等资源不占优势时,特别是小公司,应力求在谈判时争取到大公司的让步。

(3)制定价格坚守底限时,要考虑市场需求水平和状态,避免协议价格脱离实际,不能执行。

(4)执行中保持沟通,避免不遵守协议随意开舱销售情况出现,航班销售落后时要争取对方的让步。

原则:在淡季、平季协调竞争公司形成价格联盟,避免价格战。

技巧:价格联盟也要考虑市场实际需求情况,否则很难执行;同时,要有反复谈判、互相让步的的准备。

7. 航班的优化

对于收益特别差的航班,航线管理员需要做出取消或调整的选择,以避免不必要的损失。一般来说,如果航班收益预计不能覆盖变动成本,原则上都可以取消或调整。

现代航班收益管理的方法有超售控制、舱位控制、团队管理、需求柔性管理。

资料:因市场原因进行短期航班调整申请单

申请单位:　　　　　　　　　　申请日期:

序号	航班号	调整日期/段	班期	调整内容(取消/调整(机型、时刻)/加班)	责任人
1					
2					
航线管理员:航班调整原因(竞争/收益预测分析)[必填项]	1	1. 预计航线客流分析:			
		2. 竞争公司运力变化分析:			
		3. 销售策略/渠道分析:			
		4. 小时收入/客座率预估:			
		5. 其他:			
		□涉及航线管理室内部航线调整(机型对换等),是否协调同意:			
	2	1. 预计航线客流分析:			
		2. 竞争公司运力变化分析:			
		3. 销售策略/渠道分析:			
		4. 小时收入/客座率预估:			
		5. 其他:			
		□涉及航线管理室内部航线调整(机型对换等),是否协调同意:			
区域主管意见					
收益管理中心领导意见					
航班计划室航班优化员预测/反馈意见	1	1. 是否影响飞机定检/衔接:			
		2. 飞机性能限制/保障要求:			
		3. 涉及头等舱旅客能否处理:			
		4. 公司战略需求:			
		5. 其他:			
	反馈意见				
	审核意见				
航班计划室经理意见					
航线网络规划中心领导意见					
市场销售部领导意见					
航线管理员	联系电话:		航班管理电话:　　　　传真:		
备注	1. 该单用于航班执行48小时外发航线与收益管理中心航班(临时/短期(调整区间2周以内))调整,航线管理员对航班进行取消、换型或加班等调整时,需在"航班调整原因(竞争/收益预测分析)"中陈述航班调整原因、竞争/收益预测分析等情况,该调整单不适合2周以上航班调整				

续表

序号	航班号	调整日期/段	班期	调整内容(取消/调整 (机型、时刻)/加班)	责任人
备注	2. 各环节必须反馈明确意见				
航班调整呈报流程	临时航班调整由航线管理员提出申请,列明调整原因,区域主管给出意见,航线管理室经理审核后报即时航班管理室,航班调整管理员将可否调整反馈意见报即时航班管理室经理,即时航班管理室经理给出是否调整意见,由航班调整管理员予以调整或将不同意调整意见反馈给航线管理员,抄送航线管理室经理				

原则:收入覆盖不了变动成本的航班,原则上属于进行航班优化的范围。

技巧:航班的优化还要考虑航班衔接、航班不正常后的处理等问题。

四、航班收益管理系统及操作指令

中国民航信息网络股份有限公司(简称"中航信")已建成以中国民航商务数据网络为依托,代理人分销系统(CRS)、航空公司系统(ICS)、离港控制系统(DCS)三个大型主机系统为支柱的中国最大主机系统集群,担负着中国民航(包括国内所有航空公司)重要的信息处理业务,如图4-3所示。

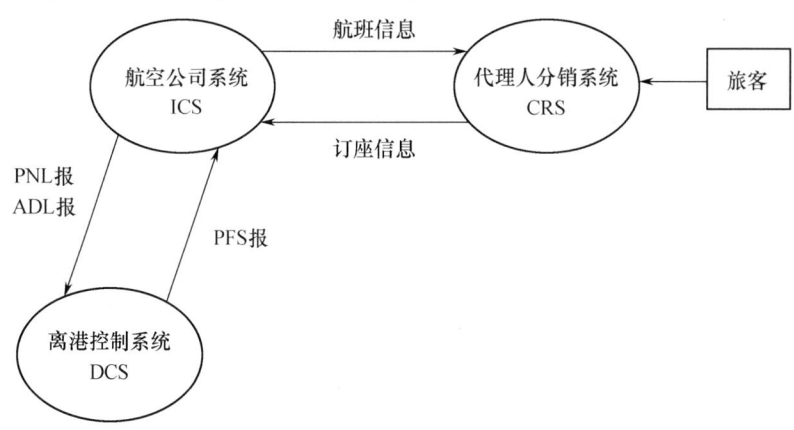

图4-3　民航三大计算机系统

目前,航空公司使用 ICS 来进行日常收益管理操作,ICS(Inventory Contrl System),是一个集中式、多航空公司系统。航空公司依托该系统完成建立航班、航班舱位开放实时控制、销售实时监控、航班各项数据维护等工作。每个航空公司享有自己独立的数据库、独立的用户群、独立的控制和管理方式,各种操作均可以加以个性化,包括班期、运价、可利用情况、销售控制参数等信息和一整套完备的航班控制及订座功能引擎。ICS 部分控制指令如下。

1. 查看竞争公司航班各舱销售情况及客座率指令

格式:

FLP:航班号/日期/航段

例：查看 8 月 1 日 HU7180 航班各舱销售情况。

FLP:HU7180/1AUG

显示：

HU7180 FROM 01AUG12 TO 01AUG12

01AUG/3 738 SYX PEK R　　FPA/YBHKLMQXUETZVNWGOS//8/155//0/0/0/20/0/2/11/

　　　　　　　　　　　　　　　　　　　　　　　0/14/0/0/0/0/0/0/

　　　　　　　　　　　65%　　　　　　　　　0/0/0/53/6/0//

FLIGHT　TOTAL = 1

　　　　BOOKED　TOTAL = 106(Y20 H2 K11 M14 G53 06)

　　　　SEATS　　TOTAL = 163(F8 Y155)

　　　　USE　　PERCENT = 65 %(Y68%)

该指令用于读取航班各舱位销售情况,掌握舱位销售实时信息。

2. 显示某条航线上航班客座率、订座和出票情况

格式1：

FLR:航线/日期/G 或 L/客座率数据

例：

FLR:航线/日期/G/90

查询该航线客座率高于 90% 的航班。

FLR:航线/日期/L/60

查询该航线客座率低于 60% 的航班。

格式2：

FLR 航段/日期

例：

FLR TSNCKG/8NOV

FLR:TSNCKG/08NOV07 DEPARTURE LIST FROM TSN

			RCNFRM	NRCFRM	TKT	ETKT	NTKT	GPRCFM	GNRCFM	GPTKT	GNTKT	MC
TSN	CKG	3U8864	23	4	26	26	1	0	0	0	0	0
TSN	CKG	NS3205	0	0	0	0	0	0	0	0	0	0
TSN	CKG	HU7369	94	2	94	91	2	0	0	0	0	0
TOTAL			117	6	120	117	3	0	0	0	0	0

-END-

显示说明：

RCNFRM:已证实

NRCFRM:未证实

TKT:已输票号

ETKT:已输电子客票票号

NTKT:未输票号

GPRCFM:团队已证实

GNRCFM:团队未证实

GPTKT:团队已输票号

GNTKT:团队未输票号

MC:自由销售形式的共享代码航班数量

3. 查看某航班摆舱情况

格式:

RO:航班号/日期

例:

HU7175 19DEC D PEKHET 0 738†FPA/YBHKLMQXUETZVNWGOS　　CONTROL HKK001/HKK501 BROW/0

C LEG AV OPN MAX CAP T/B GT GRO GRS BLK LT LSS PT AT CT SMT IND

F/PA

　　PEK CR 　0 　8 　8 　8 　0　　　 　0 　0 　0　 　0 　0 518 　126 R

Y/BHKLMQXUETZVNWGOS

　　PEK CR 　1 157 155 156 　0　 　0 　0 　0 　0　 　0 　0 518 　126 R

SEG	CLS	BKD	GRS	BLK	WL	LSV	LSS	LT	SMT	IND	
PEKHET	F	8	0	0	0	–	–	–		EK	
	P	0	0	0	0	#	0	–		EPK	
	A	0	0	0	0	#	0	–		EPK	
	Y	154	0	0	0	–	–	–		EK	
	B	0	0	0	0	1	53	–		ELPK	
	H	0	0	0	0	1	52	–		ELPK	
	K	2	0	0	0	1	51	–		ELPK	
	L	0	0	0	0	1	51	–		ELPK	
	M	0	0	0	0	1	50	–		ELPK	
	Q	0	0	0	0	1	49	–		ELPK	
	X	0	0	0	0	1	48	–		ELPK	
	U	0	0	0	0	38	47	–		ELPK	
	E	0	0	0	0	10	9	–		ELPK	
	T	0	0	0	0	#	0	–		EPK	
	Z	0	0	0	0	#	0	–		EPK	
	V	0	0	0	0	#	0	–		EPK	+

显示说明:

HKK001/HKK501:HKK001 的主控权,HKK501 的分控权

OPN:剩余座位数

MAX:最大可开放座位数

CAP:飞机布局

T/B:订座数

GRS:已订妥的团队量

SEG:航段

CLS:舱位

BKD:已订妥座位数

BLK：锁定座位数

WL:候补座位数

LSV:IML 调整的可开放的销售量

LSS:IMI 嵌套后可销售的座位数

LT:显示销售表号

SMT:状态电报表号

IND:状态标识

4. 查看某航班连续几天舱位开放情况

格式：

AV:J/航班号/起始日期/终止日期

例:查看 8 月 8 日至 9 日 HU7180 航班舱位开放情况。

AV:J/HU7180/8AUG/9AUG

显示：

HU 7180

SYX PEK

08AUG F8 PQ AQ YA BA HA KA LQ MQ QQ XQ UQ EQ TQ ZQ VQ NQ WQ GQ OQ SQ

09AUG F8 PQ AQ YA BA HA KA LQ MQ QQ XQ UQ EQ TQ ZQ VQ NQ WQ GQ OQ SQ

5. 查看某条航线各航班已销售和未销售座位信息

格式 1：

RB:起始日期/终止日期/D/航段

例:显示 8 月 8 日至 8 月 9 日郑州至三亚所有航班座位销售情况。

RB:8AUG/9AUG/D/CGOSYX

显示：

CGOSYX 08AUG WED

JD5399 1200# 0/ 8   23/143   SPG 320

JD5140 1300   41/173   SPG 320

TOTALS 64 /260

CGOSYX 09AUG THU

JD5399 1200# 0/ 8   14/143   SPG 320

JD5140 1300   90/173   SPG 320

TOTALS 104 /220

格式 2：

RB :P/日期 /航段 /航空公司(可以查几天)

例:显示 8 月 11 日至 12 日三亚至郑州的座位销售情况。

RB:P/11AUG/12AUG/SYXCGO

显示：

```
RB P /11AUG /12AUG /SYXCGO
                    OPN    MAX    CAP    T /B    LF    FLT
11AUG -12AUG TOTAL  392    648    648    256    40%    4
11AUG -12AUG JD     392    648    648    256    40%    4
                    100%   100%   100%   100%
```

显示说明：

OPN：剩余座位数

MAX：最大可开放座位数

CAP：飞机布局

T/B：订座数

LF：航线客座率

FLT：班次

格式 3：

RB :L/日期 /航段 /航空公司（只能查某一天）

例：

RB:L /11AUG /SYXCGO

显示：

```
RB L /11AUG /SYXCGO
FLT#   EQT   TIME   COMPARTMENT                   MAX   CA   PT /B   LF
JD5139 320   0900
                    YBHKLMQXUETZIJGVROWDSN 173    173   139          80%
JD5400 320   1630#
                    FAP                             8     8    0      0%
                    YBHKLMQXUETZIJGVROWDSN 143    143   47          32%
TOTALS  186   /138
```

6. 查询某航班销售进度情况

格式：

BSR PRF /航班号 /日期

例：

BSR PRF /HU7180 /6JUW

显示：

BSR PRF /JD5140 /-

BSR:PRF /JD5140 /02AUG12　　　　　　　　　　　　　　　　　　　　　-1

DAYS	% BKD	% CNL	% NET	#BKD	#CNL	#NET	#TTL	% TTL
91-	0	0	0	0	0	0	0	0
61-90	0	0	0	0	0	0	0	0
46-60	0	0	0	0	0	0	0	0
31-45	0	0	0	0	0	0	0	0
15-30	4	2	1	5	3	2	2	1

8-14	121	27	55	158	34	74	76	56
7	121	27	0	0	0	0	76	56
6	121	30	0	0	4	0	76	56
5	131	33	6	14	4	8	84	62
4	131	33	0	0	0	0	84	62
3	134	66	1	4	44	2	86	64
2	148	72	10	19	8	13	99	73
1	193	92	24	60	27	33	132	98
0	196	96	2	5	6	3	135	100
		TOTAL		265	130	135	135

7. 显示某航班旅客订座的相关信息,ML 指令群

格式1：

ML:B/航班号/日期/航段

提取订妥座位的旅客名单。

例:提取 8 月 5 日三亚—广州 HU7021 航班已订妥座位的旅客名单。

ML:B/HU7021/5AUG

显示：

```
MULTI

HU7021 /05AUG              B

SYXCAN

001N  1CHENJIANGYANG    NY439W V  RR15  PEK1E  27JUL12    O ST

002N  1DAIXIANGYUN      NY439W V  RR15  PEK1E  27JUL12    O ST

003N  1DENGXUEMEI       NY439W V  RR15  PEK1E  27JUL12    O ST

004G  15GROU            PMJ514T G HK15  HAK969 15JUN12         C

005G  0GROU             PMH8QRQ G RR7   HAK969 15JUN12    O ST  C

006N  1HEQIANYI         NY439W V  RR15  PEK1E  27JUL12    O ST

007G  0HK               MWGJN7 V  RR3   PEK1E  15JUL12    O ST

008G  0HK               NY439W V  RR15  PEK1E  27JUN12    O ST

009G  2HK               NDLLWQ V  RR2   PEK1E  15JUL12    O ST +
```

格式2：

ML:NR/航班号/日期/航段

提取不是 RR 状态的旅客名单。

格式3：

ML:G/航班号/日期/航段

提取航班团队旅客名单。

格式4：

ML:BNG/航班号/日期/航段

提取航班非团队旅客名单。

格式5：

ML:BNT1/航班号/日期

显示所有手工输入票号的 PNR(含假 RR 客票和使用公司本票填开的客票)。

格式6:

ML:B航班号/日期/O/1E/部门号代码

提取所有来自某地区代理的订座,并显示部门号。

格式7:

MLS2/航班号/日期

查询虚耗的编码。

例:

MLS2/HU7181/26OCT

显示:

```
MULTI
HU7181   /26OCT            S2
HAKPEK
  001  1AD/          D58B4 O HX1  HKK001   26OCT    T
  002  1JIZU/        F58WX O HX1  HKK001   26OCT    T
TOTAL NUMBER    2
```

格式8:

MLB/PNR/航班号/日期/航段/O/1E

提取旅客名单。

格式9:

MLNR/航班号/日期/航段

提取不是 RR 状态的旅客名单。

格式10:

MLG/PNR/航班号/日期/航段

提取航班团队名单。

格式11:

MLBNG/PNR/航班号/日期/航段

提取航班非团队旅客名单。

格式12:

MLT3/航班号/日期

提取假 RR 记录。

8. 查看压票情况指令

格式:

RC:航班号/日期

例:

RC:HU7181/27OCT

```
HAKPEK   HU7281        27OCT  071026  155827
```

	HK			HL			GRP			BLK		
	INV	PNI	ADJ	INV	PNI	ADJ	INV	PNI	ADJ	INV	PNI	ADJ
F	7	7	0	0	0	0	2	2	0	0	0	0
C	0	0	0	0	0	0	0	0	0	0	0	0
A	0	0	0	0	0	0	0	0	0	0	0	0
Y	16	12	?	0	0	0	0	0	0	0	0	0
B	5	5	0	0	0	0	0	0	0	0	0	0

显示说明：

"？"指 Y 舱被代理人压了 4 张票(未生成 PNR,仅使用 SD 指令占票)。

9. 退出被压票指令

格式：

OVTB:航班号/日期/IGX

例：

OVTB:HU7281/27OCT/IGX

DVC-6327 0808 26OCT07

INPUT : OVTB:HU7245/+/IGX

NO EOT IN 0 MINUTES FOR AIRLINE : HU PID RANGE : 1000-99999

CURRENT DATE/TIME : 2007/10/26 16:08

CONTROL OFFICE :HKK001

　　　　　　　　PID 号　工作号　航班号 舱位 日期　　　航段　　张数

NO. OFFICE PID AGENT FLIGHT CLS DATE SEG. AC SEAT HOST SINCE IG

==== ====== ======= ===== ======= = ====

0001 HKK630 14589 11634 HU7245 Y 27OCT07 PEKURC HK 2 16:07 *IG*

============ E N D - O F - R E P O R T ===========

指 OFFICE 号为 HKK630 的代理占了 10 月 27 日 HU7245 航班的 2 张 Y 舱票。

10. 用于进行开关舱位的指令,IM 指令群

格式：

IML/航班号/日期/航段/舱位和开放数量

例:对 12 月 3 日 HU7246 航班进行开舱,B 舱 20 张、H 舱 20 张、K 舱 20 张、L 舱 20 张、M 舱 30 张。

IML/HU7246/3DEC/URCPEK/B20H20K20L20M30

显示：

IML/HU7246/3DEC/URCPEK/B20H20K20L20M30

HU7246 03DEC D URCPEK 49 738 FC/YBHKLMNQTXUEGVWOS CONTROL HKK001 BROW/0

C LEG AV OPN MAX CA PT/B GT GRO GRS BLK LT LSS PT AT CT SMT IND

F /C

　URC AS　8　　8　　8 0 0　　　0 0 0　　1 0 0　126

Y /BHKLMNQTXUEGVWOS

　URC AS　154　154 154　0 0 0　　0 0 0　　1 0 0　126

SEG	CLS	BKD	GRS	BLK	WL	LSV	LSS	LT	SMT	IND
URCPEK	F	0	0	0	0	–	–	–		K
	C	0	0	0	0	4	4	–		K
	Y	0	0	0	0	–	–	–		K
	B	0	0	0	0	20	20	-		K
	H	0	0	0	0	20	20	-		K
	K	0	0	0	0	20	20	-		K
	L	0	0	0	0	20	20	-		K
	M	0	0	0	0	30	30	-		K

小 结

产品常用定价方法有成本导向定价法、需求导向定价法、竞争导向定价法。产品常见的定价技巧有尾数定价、整数定价、声望定价、招徕定价、折扣与折让定价。航空公司国内客运价格从大范围划分,主要分成两大类:第一类,普通运价(Normal Fare),即民航局批准的正常公布运价和公布折扣运价;第二类,特殊运价(Special Fare),主要是特价、中转联程、团队、服务类产品价格,航空公司需要视市场情况制定具体特殊运价并按流程审批后,对外发布。

航班收益管理,是指在合适的时间将合适的座位(产品)以合适的价格出售给合适的旅客,以实现航空公司收益的最大化。一般来说,国内航空公司的收益管理工作由两类岗位人员负责:①航空公司市场部总部设有收益管理中心,其航线管理员负责在总部对航班收益进行总体控制;②航空公司在各地设立的营业部,其销售经理等负责了解当地市场,协助总部航线管理员做好收益管理和控制工作。其工作内容主要有制定销售预案、实时调整航班舱位、团队的接收、清理航班虚耗、航班超售、价格联盟、航班的优化。

练习与实训

一、单项选择题

1. 以下哪项属于航空公司内部不需要审批的价格(   )。

A. 团队价格 B. 特价

C. Y 舱全价 D. 中转联程价格

2. 测定需求价格弹性,要计算需求的价格系数 E,当 $E>1$ 时表示需求量变化的百分比大于价格变化的百分比,叫作(   )。

A. 单元弹性 B. 富有弹性

C. 缺乏弹性 D. 无弹性

3. 饭店每日推出一道特价菜,这种定价方法属于(   )。

A. 整数定价　　　　　　B. 声望定价

C. 折扣与折让定价　　　D. 招徕定价

4. 民航局批准的正常公布运价和公布折扣运价是(　　　)。

A. 普通运价　　　　　　B. 特殊运价

C. 中转联程运价　　　　D. 团队价格

5. (　　　)是指在合适的时间将合适的座位(产品)以合适的价格出售给合适的旅客,以实现航空公司收益的最大化。

A. 航班收益管理　　　　B. 航班利润最大化

C. 航班价格管理　　　　D. 航班座位管理

二、多项选择题

1. 成本导向定价法包括(　　　)。

A. 边际贡献定价法　　　B. 成本加成定价法

C. 竞争导向定价法　　　D. 损益平衡定价法

2. 航空公司国内客运价格从大范围划分,主要分成哪两类(　　　)。

A. 普通运价　　　　　　B. 正常公布运价

C. 特殊运价　　　　　　D. 特价

三、思考题

1. 请简述航空公司国内客运价格体系构成。

2. 航空公司的航线管理员主要负责哪些工作?

四、单元实训项目

目的:理解产品边际贡献定价法。

要求:三亚—重庆某天来回航班预计收入 10 万元,已知该航班全部成本为 12 万元,其中变动成本为 2.2 万元/小时,飞行 4 小时。请问,如果在无其他航班可飞的情况下,该航班是否可以执行? 为什么?

五、课外实践

实践目的:计算航班公布运价,分析航班销售情况。

演练要求:

1. 已知三亚—贵阳的航距为 1000 千米,请计算三亚—贵阳的公布运价并写出运价业务通告。

2. 请用 RB 指令查询 11 月 2 号三亚—北京航班销售情况,并简单分析。

演练指导:

1. 将学生分组,每个小组需完成上述两项内容。

2. 课外实践结束后,各组交流调查信息。

六、案例分析

1. 甲公司在美国伏特加酒市场中属于营销出色的企业,他们生产的 A 牌酒在伏特加酒类的市场占有率达 23%。20 世纪 60 年代,另一家公司推出了一种新型伏特加酒 B,其质量不比 A 牌酒差,而每瓶酒的价格却比 A 牌酒低 1 美元。

案例思考:假如你是甲公司的市场营销经理,面对竞争对手,你会在价格方面做出什么样的决策?为什么?

2. 青岛 A 饭店是一家大型的中高档肥牛火锅店,之前,这家火锅店的经营状况只能用"中规中矩"来形容。然而,今年以来——尤其是进入夏季以来,该饭店却面临着非常严峻的市场形势。

第一,居民消费趋于保守,销量萎缩。

居民消费趋于保守,对价格敏感是目前居民消费的主要特征。换个角度看,许多企业的产品销售结构出现了明显的变化:高价位产品销量明显下降,低价位产品销量明显上升。饭店消费同样出现了这样的变化。

第二,夏季并非火锅的旺季。

消费者都明白,"肥牛+涮羊肉"这样组合的火锅,更适合冬天进食。而且,夏季吃火锅,几十桌人拥挤在一个大厅里,即使有空调,也会感觉很不舒服。

第三,青岛夏天的扎啤消费对本地中档酒店冲击非常明显。

青岛是一座啤酒之城。每年只要进入 5 月份,啤酒屋、扎啤零售点就会遍布整个城市:海鲜来料加工+小菜+新鲜的扎啤,这是青岛人非常惬意的夏季生活。再有,到了晚上,凡是路边的饭店、酒店都会在店面门前的大街上大摆"擂台",烧烤、炒菜、扎啤,整个城市变成了一个不夜城,放眼望去,蔚为壮观……再加上每年一届的青岛啤酒节,可以说,一到夏季,整个青岛就成了扎啤的世界。如果说瓶啤是罐头,那么扎啤则是新鲜水果。高温酷暑之下,畅饮着刚刚出厂几个小时的好喝的啤酒,是何等的惬意。

然而,就是在如此严峻的环境下,青岛 A 饭店的生意异常火爆,周末高峰期甚至出现了排号的现象,晚上平均可以翻台一两次。究竟是什么高招和妙招让这家中规中矩的饭店反而"逆势飞扬"呢?

案例思考:如果你是这家火锅店的老板,如何通过对啤酒的巧妙定价使火锅店生意火爆起来呢?

3. 收益案例分析。

某航线管理员负责的是北京-成都航线收益管理,针对 2012 年 1 月 6 日的 HU7287 航班的前期销售预案的判断如下:

始发地	目的地	航线性质	航班号	2012 年日期	DOW	客流性质	最低开放舱位	主力舱位(3 个以内)
PEK	CTU	公商务	HU7287	2012-1-5	四	上拐	M	BK
PEK	CTU	公商务	HU7287	2012-1-6	五	正向	B	YB
PEK	CTU	公商务	HU7287	2012-1-7	六	正向	Y	Y

预计 1 月 6 日客流较好,会有很大的收益机会。因此,在 12 月份第一次舱位开放时锁 Y 舱全价,但是在 2011 年 12 月 20 日,通过对销售进度的监控发现:

观察日期	2012 年 日期	2012 年 进度	2011 年 进度	2009 年 进度	与 2011 年 进度差	与 2009 年 进度差
2011-12-21	2012-1-6	7%	21%	7%	-14%	0%
2011-12-23	2012-1-6	10%	28%	11%	-18%	-1%
2011-12-26	2012-1-6	11%	40%	11%	-29%	-1%

案例思考:如果你是该航线管理员,应如何判断市场走势和开舱情况,以提高该航班的收益?

第五章 分销渠道与客户关系类岗位知识与技能

名人格言

企业应该全力以赴地发现分销渠道,分销渠道越多,企业离市场越近。

——菲利普·科特勒

注:航空公司之间的竞争不仅是航线产品、航空服务之间的竞争,更是分销渠道之间的竞争,拥有稳定、高效的分销渠道是航空公司具备核心竞争力的体现之一。

导入案例

春秋航空的渠道策略

春秋航空公司是一家在国内民航业中少有的有清晰的战略定位和鲜明的市场形象的公司,定位在自掏腰包的中低端商务旅客和年轻的都市白领的旅游市场。"做中国老百姓坐得起的航空公司"——这是其企业愿景。尤其令人佩服的是,其正在各个环节执着坚定地执行这样的一个战略。"问题的关键在于有这样的市场需求——这才是最重要的",这是春秋航空王正华对这样的市场定位的解释。

为了引导旅客选择网上直销的 B2C 模式,将销售渠道迅速转换到网上销售的低成本渠道,春秋航空采用只在自己公司的网站上投放最低折扣的机票,如99元的机票,采用网上支付则可再降低30元等措施,来激励和引导旅客采用网上订票和支付。此外,还利用其旅游网点组织旅游客源,并且利用销售人员的引导推介网上订票。较少采用代理人销售,目的还是降低渠道的代理费用,这样就可以把营销费用大幅削减7%~8%,而通过传统代理渠道的营销费用一般占总成本的9%~10%。除非在一些用 B2C 网上直销难以较快速启动的市场,才会采用高代理费用请代理人销售。

第一节 分销渠道的概念、作用和类型

问题:

(1) 什么是分销渠道?

(2) 分销渠道在市场营销中的作用是什么?

（3）分销渠道有几种类型？

航空公司的分销渠道和客户关系类岗位主要有客户经理、大客户经理、常旅客开发员等。这些岗位人员主要负责航空公司销售代理人管理、关系维护、直销大客户发展与维护、常旅客的开发和维护等。

一、分销渠道的概念

一般来说，生产企业总是希望把自己的产品直接销售给顾客，顾客也同样希望直接从生产者那里买到自己需要的商品。但是，在现代商品社会里，绝大多数商品要经过中间商转手才能输送到顾客手中，这也是社会合理分工的必然结果。

分销渠道，是指商品从生产领域向顾客或用户转移的过程中所经过的途径或路线。因此，可以形象地把分销渠道比喻为连接生产和消费之间的"桥梁"和"纽带"。它由位于起点的生产者和位于终点的顾客或用户，以及位于二者之间的中间商构成。

分销渠道具有以下特点。

（1）每一条分销渠道的起点都是生产者，终点都是顾客或用户。

（2）分销渠道由参与商品交易的各类机构组成，包括生产企业的销售部门和各类中间商。企业采用不同的机构会形成不同的渠道类型。

（3）各渠道成员之间既相互合作又存在矛盾。各渠道成员之间有共同利益关系，需要彼此合作、协同营销。然而，他们又各有其不同的工作性质和组织形式，因此也会发生矛盾和冲突。要提高分销效率，必须采取各种措施协调各方矛盾，使之为统一的分销目标而共同努力。

二、分销渠道的作用

分销渠道决策是企业营销工作中最重要的决策之一，没有可靠的分销渠道，就不能实现商品在时间和空间位置上的转移，即使有了符合需求的产品，市场需求也得不到充分满足。另外，分销渠道选择得当，就能节省费用、降低成本，从而降低价格。再次，分销渠道与促销也有密切联系，各种促销方式的实施，都必须通过分销渠道。

三、分销渠道的类型

由于商品具有不同的特点和类型，故企业必须了解分销渠道类型，以便选择恰当的分销渠道，按照角度的不同，分销渠道可以进行不同的分类。

1. 根据销售渠道中销售层次的数目划分

（1）零层次渠道，通常又叫直接分销渠道，简称直销。它是指商品从生产者流向顾客过程中不经过任何中间商转手的分销渠道。它是商品流通的简单形式，是最短的分销渠道。其优点是生产者与顾客直接见面，有利于市场信息的直接沟通而流通环节少，有利于节约流通费用、降低商品价格。它的缺点是企业必须为此而分散出一部分人力、物力、财力，并承担流通领域的经营风险。该分销渠道主要用于产业用品

的销售。在民航业中,由于营销技术环境的变化,直销所占的比重在逐年增加。

(2)多层渠道,通常又叫间接分销渠道。所谓间接分销渠道,是指商品从生产者流向顾客过程中经过若干个中间商转手的分销渠道。间接销售是目前商品销售的主要方式。其优点是企业节省了商业性投资,可以使企业集中精力和财力去从事生产活动。同时,使用中间商进行商品的销售,还可以充分利用中间商的市场经验和销售网络,使广大顾客及时购买到商品。它的主要缺点是市场信息的反馈不如直接销售及时、准确。目前,在民航业中,间接分销渠道仍是航空公司主要的分销渠道。

2. 根据分销渠道中每个销售层次使用同种类型中间商的数目划分

还可以将分销渠道分为宽渠道和窄渠道。生产企业选择较多的同类型中间商经销产品,则称这种产品分销渠道为宽渠道;反之称为窄渠道。分销渠道宽度同生产者的分销战略密切相关。分销战略可概括为三种类型,即密集分销、选择分销、独家分销。

(1)密集分销,是指制造商通过尽可能多的中间商推销其产品。企业采取密集分销,可使广大顾客和用户能随时买到其产品。

(2)选择分销,是指制造商在某一地区仅仅通过少数几个精心挑选的、最合适的中间商推销其产品。

(3)独家分销,是指制造商在某一地区仅选择一家中间商推销其产品。通常是双方协商签订独家经销合同,规定经销商不得经营竞争者的产品,以便控制经销商的业务经营,调动其经营积极性,占领市场。

四、中间商

1. 中间商的概念

中间商,是指介于生产者与顾客之间,专门从事组织或参与商品流通业务,促进交易行为实现的企业或个人。

2. 中间商的作用

如果没有中间商的介入,生产者直接销售商品,就意味着每个生产者要同许多消费者发生交易关系,生产者就要投入大量的人力、物力、财力来承担流通任务,对生产者来说这将使交易变得复杂,而且由于生产者自身条件所限,交换范围和市场供应受到很大限制,供求矛盾突出。中间商介入后,由于其专业性强,联系面广,熟悉市场,掌握供求规律,能加快商品转化,调节供需矛盾,减少商品占压资金,为生产者节约时间、人力、物力、财力,使生产者为社会创造更多的价值。同时,中间商能及时收集和掌握来自生产者和市场的信息,传递给顾客,并把市场和顾客的信息反馈给生产企业,促进产需结合。

3. 中间商的类型

中间商可从多种角度进行划分。按在流通过程中所处的环节,分为批发商和零售商;按是否拥有所经营商品的所有权,可分为经销商和代理商。

1) 批发商和零售商

（1）批发商。批发是指供进一步转售或进行加工而买卖大宗商品的经济行为。专门从事这种经济活动的商业企业叫批发商业企业。从市场学角度看，衡量其是否属于批发商，关键看其购买动机和目的。一般说，其购买行为是为了进一步转卖或供其他商业用途的都是批发交易，所以说凡是经营批发交易的组织和个人都统称为批发商。在民航销售业中，有一部分中间商属于批发商。

（2）零售商。零售商是指将所经营的商品直接出卖给最终顾客的个人或组织。零售商类型较多，常见的有专业商店、百货商品、超级市场、自动售货机、连锁商店、特许代管组织等。

2) 经销商和代理商

（1）经销商。经销商是指拥有商品所有权的批发商和零售商。

经销商的特点

（1）拥有商品经营权，自负盈亏。

（2）一般拥有营业场所和各种经营设施。

（3）有独立的购买商品的流动资金。

（4）承担经营风险。

（2）代理商。代理商不拥有所经营商品的所有权，而是受委托人委托，代理商品采购或销售业务，从代办业务中取得一定数量的佣金的中间商，如企业代理商、销售代理商、寄售商、经纪人等。在民航销售业中，中间商都属于代理商。

代理商的特点

对产品不具有所有权、不承担市场风险、有广泛的社会关系、信息灵通。

第二节　民航间接分销渠道

问题：

（1）民航间接分销渠道的规模如何？

（2）在民航间接分销渠道中，中间商有哪些？

（3）航空公司对间接分销渠道如何管理？

一、民航间接分销渠道概况

民航分销渠道由直接分销渠道和间接分销渠道构成，但间接分销渠道销售量约

占整个民航销售量的 80%。民航中间商都属于代理商,业内称为民航客货代理人。航空公司一般都采取密集分销策略,全国正规代理人目前约有 1 万余家。随着电子客票特别是网站电子客票的出现,代理人行业准入门槛大大降低,竞争越趋激烈,竞争范围由原来的各地区扩大到全国,网站销售比重呈快速上升趋势。

　　航空公司与代理人是互相依存、互相合作的关系,代理人每卖出一张航空公司机票,航空公司一般按 3% ~10% 的比例付给代理人代理费和促销费,而代理人代理航空公司的机票销售,满足了旅客购买机票要求方便快捷的需求。对航空公司而言,避免投入太多人、财、物在各地建立售票处,从成本和管理上做到了节省。所以,航空公司和代理人在一定程度上实现了分工,并互相依存。

> **小知识**
>
> 　　民航分销渠道包括直接分销渠道和间接分销渠道。
>
> 　　直接分销渠道优点:省去中间环节,直接接触消费者,有利于改进服务;充分了解需求;加快资金周转。
>
> 　　间接分销渠道优点:节省成本,渠道宽且广。

二、民航间接分销渠道中间商的类型

1. 按代理人资格类型划分

1) BSP 代理人

BSP 代理人必须在取得国际航协(IATA)资格认可的基础上,和航空公司签订机票销售代理协议,经授予资格认可证书后,方可成为某航空公司正式的代理人。民航销售代理业务资格认可证书样本如图 5-1 所示。

> **小知识**
>
> 　　BSP 中性票由代理人销售,并通过国际航协指定的数据处理中心和清算银行进行结算和付款,避免了以往航空公司和代理人之间存在的多种票证、多头结算、多次付款的复杂状况,为航空公司和代理人节约了大量开支,提高了工作效率和服务质量,也杜绝了欺诈等违规行为。

2) 网站电子客票代理人

网站电子客票代理人取得当地工商部门相关营业执照后,在此基础上向航空公司提出代理申请,正式签订网站电子机票代理协议后,可成为某航空公司的代理人,称为 B to B 代理人。此类代理人是近年来随着网站电子客票技术的发展和成熟,航空公司推出的新的代理模式。

2. 按流通环节划分

1) 批发型代理人

平时主要业务就是通过发展二级无牌代理(非 BSP 代理人),以给二级代理返代

理费的形式经营。其特点是销售量大,但内部管理相对复杂。一般来说,大型正规的BSP 代理人都经营批发业务。

图 5-1　民航销售代理业务资格认可证书

2) 零售型代理人

主要通过发展自己的客户,获取经营利润。其特点是销售利润率较高,一般都有自己的大客户。

3. 按经营场所划分

1) 传统柜台代理人

传统柜台代理人有独立实体营业地点,与旅客直接面对面开展销售活动,这也是传统意义上的代理人模式。

2) 公司网站电子商务

公司网站电子商务主要以网站的形式开展销售,如携程、艺龙公司等,称为 B to C 模式。

3) 机票平台

机票平台属于新型的经营模式,即创立一个主要面对中小代理的网站平台,但本身不出票,而是和全国范围内的 BSP 正规代理人进行合作,让这些代理人互相竞价,价格最低的的代理人被选择出票,平台收取一定的平台管理费,如易行天下、今日天下通等网站。相关网页如图 5-2 所示。

图 5-2　机票平台网站页面

三、民航间接分销渠道管理

1. 选择渠道成员

民航间接分销渠道一般采取密集分销和宽渠道策略,这是行业特点所要求的。有些航空公司要求在地区市场和正规 BSP 代理人都要有签约率,基本上能达到100%。在这个基础上,还采用了核心代理人制度,特别是市场份额较小的航空公司。在广泛签约的基础上,采取一些优惠措施和政策培植一些自己的核心代理人,以在竞争环境中确保自己的部分优势渠道和竞争能力。

2. 渠道成员的维护

渠道成员主要是代理人。航空公司要想达到充分利用代理人,让其最大程度上销售好本航空公司的机票的目的,就必须维护好关系,充分调动代理人的积极性,为本航空公司所用。为此,航空公司需要做好以下工作。

1) 激励代理人

代理人和航空公司之间是代理与被代理关系,其中利益驱动点是航空公司付给代理人的佣金,也就是行业内所称的代理费和促销费。当前,航空公司一般采用"3+X+Y"的促销费体制,即每卖一张票,代理人都会有最基本的3%的代理费,在这个基础上,视航线和市场情况给代理人 X%的促销费,这两项都是直接在机票价格上扣除的,结算时,代理人只需将扣除(3+X)%后的部分返还给航空公司;除此之

外,航空公司为鼓励代理人提高销售量,设置了 $Y\%$ 的后返政策,即以月、季或年为周期,如果代理人在这个周期内的销售总量达到要求,就给予代理人 $Y\%$ 的后返促销费,以激励代理人。

除此之外,航空公司对表现良好的代理人还可以通过在团队位、K 位分配等方面的优惠和照顾政策,以激励表现良好的代理人,特别在针对核心代理人时尤为如此。

2)客户经理走访及沟通制度

航空公司为了管理和维护渠道成员关系,基本上都设立了客户经理岗位,由客户经理负责与代理人的关系维护。其采取的主要方式是客户经理走访,其日常工作要求为到代理人工作场所进行走访,要完成的工作内容主要是市场信息收集、代理人培训、帮助代理人解决在销售工作中遇到的问题和困难,征求代理人意见等,同时将这些在走访过程中获取的信息和需要解决的问题带回公司,以确保航空公司与代理人之间的关系维护工作取得效果。

资料 1:某航空公司客户经理走访工作规范要点

(1)严格执行客户经理关于仪容仪表的有关要求。

(2)按照公司相关规定,制订宣传品发放计划。

(3)问候客户主要负责人,转达公司的致意,向被拜访人赠送礼品。

(4)由浅入深地和主要负责人成为生活中的朋友。

(5)访谈过程中注意调研和收集有所准备的和偶然获得的各类信息,并进行记录。

(6)在客户拜访档案中及时、详细地记录和整理各项信息,以便后期不断地进行对比、分析、归纳,并找出规律,进而有效指导航班销售和客情管理。

(7)在拜访过程中,一定要帮助客户协调解决 1～2 个实际问题,以建立信任关系。

资料 2:××航空公司客户经理考核标准(部分)

考 核 标 准 从质量和数量两方面标明评估工作业绩的尺度	描述工作成绩或不合格之处	考评分值
项目一、建立和完善客户档案(10 分)		
(1)所有客户档案填写的完整性(5 分)		
(2)所有客户档案变更的及时性(5 分)		
项目二、代理商走访与会议的执行情况(40 分)		
(1)是否有每周代理商走访计划(5 分)		
(2)月度走访次数是否达标(5 分)		
(3)走访记录是否清晰(5 分)		
(4)走访工作质量是否符合标准(15 分)		
(5)上传走访会议纪要的及时性(5 分)		

续表

考 核 标 准 从质量和数量两方面标明评估工作业绩的尺度	描述工作成绩或不合格之处	考评分值
（6）代理人投诉的处理（5分）		
项目三、政策信息传递的及时性和有效性（50分）		
（1）规定时间内通知到所有代理人（10分）		
（2）政策执行效果（40分）		

资料3：代理人档案

（1）代理人分区档案。

销售区域名称			客户经理		客户数量		
一类代理数量			核心代理数量		合办数量		
序号	代理人简称	地址	航协代码	销售终端号	售票电话	邮箱	去年销售总额
1							
2							
3							
4							
销售区域基本情况							
1. 核心代理概况：							
2. 问题客户概况：							
3. 区域特点概括：							

（2）代理人详细档案。

客户名称			企业性质		网址		更新日期	
销售模式			成立时间		售票处数量		客户等级	
员工人数		××年度销售排名		管理思路				
联系人基本资料								
职务	姓名	办公电话	手机	MSN	性格特点	兴趣爱好	身份证号	
法人								
负责人								
财务主管								
销售主管								
二级网点基本资料								
客户名称	地址		负责人	电话	手机	MSN	与代理人总部关系	

3. 渠道成员的评估

航空公司需要对代理人的表现进行评估,以掌握代理人销售和表现情况,并采取相应措施进行改进,主要评估指标有以下几方面。

1)销售指数

计算公式为

代理人销售 A 航空公司某条航线的销售指数 =(代理人销售 A 航空公司该航线的票数/代理人销售该航线总票数)/A 航空公司在该航线上的运力份额

销售指数越高,说明该代理人销售该航空公司的比重越大,也就是销售该公司的积极性越高。

2)销售收入

销售收入代表了该代理人销售某航空公司的总票量。销售收入越高表示对航空公司的销售情况影响越大。

3)关键产品销售量

关键产品销售的好坏代表了该代理人在某一细分市场的掌控程度,表明了代理人的市场定位和销售潜力。

4)销售规范性

机票销售规定和限制较多,代理人不规范的操作容易引起旅客投诉造成航空公司损失,如座位虚耗、欺骗旅客等。

资料 1:××营业部代理人考核管理办法

一、制定目的及原则

通过制定地区代理人考核管理办法,分析、评估本地区代理人的销售状况的优劣,更准确、更迅速地发现分销渠道中存在的问题,以数据分析的方式,掌握我部管辖内代理人的销售趋势、经营情况。

二、考核适用代理人

××地区 50 家 BSP 代理人(名称省略)。

三、考核管理办法

根据 2008 年 1 月至 12 月每家代理的总体销售情况及其销售趋势,并结合上月和 2008 年同期的情况,对每家代理考核当月和后面月份的指标,具体的考核指标有整体销售指数、销售任务完成率、网站电子客票销售任务、头等舱销售任务、竞争激烈的共飞航班销售指数等。如果代理考核的当月其中的一个指标未完成,第二个月仍未完成该指标,第三个月开始对其终端促销费进行降级,网电促销费不降,如果第三个月还是这种情况,网电和终端促销费都下降,直至取消促销费,具体有如下考核管理办法。

1. 以整体销售指数结合销售任务为主要考核指标

整体销售指数必须达到 1,销售任务完成率必须在 80% 以上,其中销售任务的制定以 2008 年 1 月至 12 月分销数据为依据。

对第一个月销售指数达不到 1 的代理人,进行重点走访,了解其困难和需求,全力帮助其改进,直至其提高销售指数到 1 或以上;若连续两个月销售指数低于 1,按照以下方式进行处理:

(1) 如果销售指数低于 1,但完成了分解的销售任务或完成了 80% 以上的销售任务,则保留原促销级别,再详细分析代理人未完成原因,主动上门走访,与代理人进行沟通,与客户一起找出存在的问题,为代理人解决销售过程中的困难,并为客户做整改工作单,协助代理人提高销售比例。

(2) 如果销售指数低于 1 且分解销售任务完成率在 80% 以下,则按以下第 2、3、4 项指标进行考核,如果以下指标没有一项完成或销售任务完成率在 60% 以下,进行降级,直至取消促销费。

2. 网站电子客票销售指标

对销售指数在 1 以下,销售任务完成率为 60%~80% 的,如果网电的销售比例达到 50% 以上,或者完成了以下其中的一个指标,则保留原促销级别。对销售任务完成率在 80% 以上,且网电销售比例在 70% 以上的代理人进行鼓励,奖励小飞机模型、笔记本、笔等礼品,再详细分析代理人未完成任务的原因,主动上门走访,与代理人进行沟通,与客户一起找出存在的问题,为代理人解决销售过程中的困难,并为客户做整改工作单,协助代理人提高销售比例,否则进行降级,直至取消促销费。

3. 竞争激烈且时刻临近的共飞航班销售指数

对整体销售指数在 1 以下,销售任务完成率为 70%~80% 的,如果竞争激烈的共飞航班销售指数在 1.4 以上(航线细节另行通知),保留原促销费等级,否则进行降级,直至取消促销费。

4. 头等舱销售指标

根据 2008 年 1 月至 12 月每家代理头等舱销售情况,对整体销售指数在 1 以下,销售任务完成率在 70%~80% 的,如果当月的头等舱销售量是 2008 年同期的 1.5 倍,则保留原促销费等级,否则进行降级,直至取消促销费。

对以上指标完成比较好的,或者销售提升比较快的,销售总体比较积极的代理人进行鼓励,即为其优先提供 K 位或自动 K 位的优等条件。

四、具体流程

(1) 客户经理每月通知促销费时将次月的销售任务分解下发给各考核代理人,并报分销渠道管理室区域主管备案。

(2) 每月初,营业部客户经理应采集分销渠道代理人在上月的销售数据,对代理人的月度销售任务完成情况进行考核,并将每月考核结果及奖惩方案报分销渠道管理室区域主管审核、备案。

××营业部

××年××月××日

第三节　民航直接分销渠道

问题：

（1）航空公司直接分销渠道有哪些？

（2）航空公司成功实施常旅客计划需要做到哪几点？

民航直接分销渠道，即航空公司自己本身的销售系统，也称直销，包括营业部柜台、网站、呼叫中心等。2016 年前国内航空公司直销占其全部销售的比例仍然较低，国内航空公司一般不超过 30%。但随着电子客票和网站技术的发展，航空公司直销额占其全部销售额的比例在不断上升，各航空公司都在利用网站和呼叫中心加大直销比例。

一、直接分销渠道的主要构成

航空公司一般设呼叫中心、公司销售网站（B to C）及传统的营业部柜台来开展直销。其中，呼叫中心担负着查票、订座、咨询等服务；网站销售的成本低、管理便利，再加上网站支付技术和电子客票技术的成熟，目前已成为航空公司的主要销售模式；营业部柜台（包括机场候补柜台）主要负责出票、机票退改签等服务，随着网站销售的发展，柜台销售已逐渐萎缩，而机票的退改签及团队出票服务占其业务的大部分。

二、直接分销渠道的客户发展及关系维护

航空公司直销客户关系维护主要针对大客户，一般设有大客户经理，专门负责企业的机票差旅服务，这些企业主要集中在北京、上海、广州、深圳、西安等直辖市和省会城市。航空公司与代理人，在大客户发展上往往存在竞争，代理人拥有多个航空公司的销售权和政策便利，有些还兼有旅游、订房等服务功能；而航空公司具有公司信誉高、机场服务到位、服务航线范围高等优势。如果一个航空公司在某一城市航线覆盖面广，市场份额高，那么发展这个地区和城市的大客户就具有明显优势，且由于这些大客户对票价不敏感，含金量高，也是各航空公司的重点顾客和关注对象。

三、常旅客计划

常旅客，相当于商业上俗称的"老客"。顾客忠诚计划目前已经成为加油站、连锁超市和银行等企业激励业务增长的一个重要手段。航空公司是推行这种营销形式的先驱。通过常旅客计划，航空公司将他们的终端顾客纳入视野，充分运用市场忠诚计划提高市场营销效果。

1. 航空公司主要常旅客计划

目前，各航空公司常旅客计划主要有海航的"金鹏俱乐部"、南航的"明珠俱乐

部"、国航的"凤凰知音"、东航的"东方万里行"等。

2. 成功实施常旅客计划要点

1）充分了解常旅客需求

（1）容易积攒积分。除乘坐本公司航班赠送积分外，航空公司需要尽可能多地和其他公司签署合作协议，这样旅客在乘坐其他航空公司的航班时也能赚取积分，甚至在入住酒店、租用汽车及使用信用卡时，也能够有机会赚取到积分。

（2）积分使用期限长。旅客希望不要设置积分的有效使用期限，这样方便他们按照自己的意愿随时兑换积分；另外，积分可赠送或转卖。

（3）积分奖励形式多样。旅客希望奖励能够更多样化，如免费升舱、乘机特殊优待、非航空旅行性奖励等。海航金鹏俱乐部网站积分商城页面如图 5-3 所示。

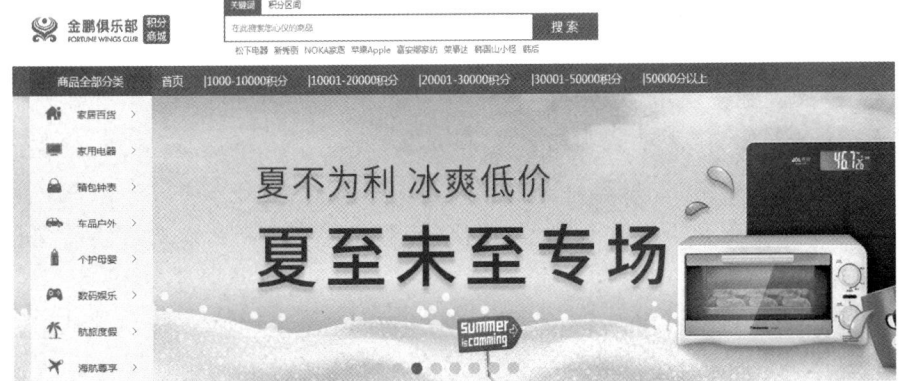

图 5-3　海航金鹏俱乐部网站积分商城页面

（4）给旅客提供额外服务或增值服务。很多航空公司推出针对常旅客的客户经理制度，提供 24 小时常旅客呼叫服务，如旅客在购票、乘机等环节遇到问题时，可以向客户经理寻求帮助。

2）准确采集旅客信息

在提交入会申请时，航空公司应当要求旅客提供全面、有用的信息。如果旅客不愿意提供，则应谢绝旅客入会，因为只有在数据库营销中有效地利用这些数据，航空公司才能够从常旅客计划中获得回报。

3）控制成本

控制常旅客计划成本的关键是要控制好座位的使用情况。常旅客计划必须要与收益管理系统相结合，尽可能使旅客利用航班淡季的空余座位来兑换奖励机票。在理想的状态下，95%的常旅客奖励免票应当使用的是航班的空余座位。

4）分级管理

为让常旅客计划更加合理化和方便对常旅客的管理，目前在先进的常旅客计划中，对会员资格基本上都实行了分级管理，如金、银卡旅客等。不同的级别享有不同的优惠待遇，以鼓励那些飞行里程多的旅客。

5）有计算机技术支持

由于计算机技术的发展,常旅客计划已实现计算机系统的全面支持,各公司都已有各自比较完善的常旅客系统,因此运作也更加高效,能够实现对每一个常旅客信息的永久保存和调用。目前,部分航空公司已实现了该系统和民航计算机销售及离港控制系统的连接,实现了只要旅客购票登机,常旅客系统就会自动积分并保存记录,从而使得常旅客计划更高效和准确。

> **小知识**
>
> 常旅客计划的技术支持:常旅客计算机系统、常旅客数据库、与其他系统的连接。

资料:海航"金鹏俱乐部"介绍

海航"金鹏俱乐部"分管海航常旅客和大客户两个顾客群。其中,常旅客机构下设常旅客开发与推广室、常旅客服务室及计算机系统维护相关部门和岗位。常旅客开发与推广室主要负责年度常旅客、合作伙伴、奖励品等项目开发及后续的宣传与推广;常旅客服务室主要受理会员咨询、发卡、申请表录入等日常业务。

常旅客奖励计划于 1999 年 3 月 28 日推出,历经 20 年的发展,海航常旅客会员现已遍布世界各地,会员人数已达几千万名。常旅客的累积方式从最早由会员在机票上粘贴卡号累积、之后为在飞机上刷 POS 机累积,再后来是订购票或办理登机牌时提供卡号累积,到现在已全面实现了自动累积,真正意义上实现了会员累积方式的跨越式发展,极大地方便了广大会员获取里程。常旅客的合作伙伴现也已发展至上百家,让常旅客会员能体验到随处累积的服务。此外,俱乐部还提供了几百种奖励品供会员选择兑换,满足了广大会员的个性化需求。

小 结

分销渠道是指商品从生产领域向顾客或用户转移过程中所经过的途径或路线。分销渠道决策是企业营销工作中最重要的决策之一,没有可靠的分销渠道,就不能实现商品在时间和空间位置上的转移。分销渠道选择得当,就会节省费用、降低成本,价格也就可以便宜一些,各种促销方式的实施,都必须通过分销渠道。

分销渠道根据销售渠道中销售层次的数目划分为零层次渠道、多层渠道;根据分销渠道中每个销售层次使用同种类型中间商的数目多少划分为宽渠道和窄渠道。

民航分销渠道由直接分销渠道和间接分销渠道构成。民航中间商都属于代理商性质,业内称为民航客货代理人。航空公司一般都采取密集分销策略,随着电子客票特别是网站电子客票的出现,代理人行业准入门槛大大降低,竞争越趋激烈,竞争范围由原来的各地区扩大到全国,网站销售比重呈快速上升趋势。

常旅客,相当于商业上俗称的"老客"。顾客忠诚计划,目前已经成为加油站、连

锁超市及银行等企业激励业务增长的一个重要手段。航空公司是推行这种营销形式的先驱。通过常旅客计划,航空公司将他们的终端顾客纳入视野,充分运用市场忠诚计划提高市场营销效果。

练习与实训

一、单项选择题

1. 有些公司让消费者通过小型终端视频信息系统,用对讲式闭路电视订购屏幕显示的商品,这种分销形式属于(　　　)。

A. 直接销售　　　　　　B. 购货服务　　　　　　C. 自动售货　　　　　　D. 间接销售

2. 拥有商品所有权的批发商和零售商是(　　　)。

A. 代理商　　　　　　B. 经销商　　　　　　C. 寄售商　　　　　　D. 经纪人

3. 民航间接分销渠道一般采取(　　　)策略。

A. 独家分销　　　　　　　　　　　　B. 窄渠道

C. 选择分销　　　　　　　　　　　　D. 密集分销和宽渠道

二、多项选择题

1. 营业部柜台、网站、呼叫中心是民航(　　　)分销渠道。

A. 间接　　　　　　B. 密集　　　　　　C. 直接　　　　　　D. 独家

2. 渠道成员中的中间商包括(　　　)。

A. 消费者　　　　　　B. 生产者

C. 批发商　　　　　　D. 零售商　　　　　　E. 储运企业

3. 旅客对航空公司常旅客计划的需求一般有以下几点(　　　)。

A. 容易积攒积分　　　　　　　　　　B. 积分使用期限长

C. 积分奖励形式多样　　　　　　　　D. 给旅客提供额外或增值服务

三、思考题

1. 请简述航空公司的主要销售渠道。

2. 请简述当前机票平台的销售模式。

3. 请简述航空公司激励代理人相关制度。

四、单元实训项目

目的:理解航空公司间接分销渠道。

要求:

(1) 模拟某航空公司一位客户经理走访某代理人,在代理人提出提高代理费要求或反映财务结算太慢问题时,予以解决。

(2) 甲代理人8月份销售三亚—北京航线机票500张,其中销售海航HU机票100

张;乙代理人 8 月份销售该条航线总票数为 800 张,其中销售海航 HU 的票数为 150 张,已知海航 HU 三亚—北京运力份额为 20%。请判断哪个代理人销售海航产品的积极性更高一些?

五、课外实践

实践目的:理解代理人激励制度,并提出相应的对策。

演练要求:

(1) 广泛收集一个比较熟悉的代理人的销售资料。

(2) 根据所收集的资料,思考如何建立制度来维护老顾客,并写出方案。

演练指导:

(1) 将学生分组,每个小组需完成上述两项内容。

(2) 资料可以通过图书馆、互联网或企业获取。

(3) 课外实践结束后,各组交流调查信息。

六、案例分析

"娃哈哈"的冲货问题

区域冲货问题是所有企业面临的共同问题,"娃哈哈"也不能避免。中国幅员广阔,各省区之间由于经济状况、消费能力及开发程度的不同,产品的销售量差异极大,如浙江与江西、安徽毗邻,经济总量却相差数倍。"娃哈哈"在三省的销量各有不同,为了运作市场,总部对各省的到岸价格、促销配套力度和给予经销商的政策都有不同安排。因而,各经销商根据政策的不同,偷偷地将一地的产品冲到另一地销售的情况便再所难免,这种状况频繁出现,必将造成市场秩序的紊乱。

为此,"娃哈哈"成立了一个专门的机构,巡回全国,专门查处冲货的经销商,其处罚之严为业界少有。各地的营销经理到市场检查时,首先要看的便是商品上的编号,一旦发现编号与地区不符,便严令要彻查到底。

可是,要彻底解决冲货问题,治根之策,还是要严格分配和控制好各级经销商的势力半径。一方面充分保护其在本区域内的销售利益,另一方面则严禁其对外倾销。近年来,"娃哈哈"放弃了以往广招经销商、来者不拒的策略,开始精选合作对象,从众多的经销商中发展、扶植大客户。同时,有意识地划分小经销商的辐射半径,促使其精耕细作,挖掘本区域市场的潜力。

案例思考:

(1)民航机票市场是否有类似的冲货现象,请试举例。

(2)你认为机票市场冲货行为对航空公司有什么影响,应如何处理?

第六章　促销类岗位知识与技能

注:航空市场的促销实质就是通过传播信息与沟通信息来推介航空产品。

导入案例

世界小姐与海航

本报讯　2012年11月22日中午,满载110名世界小姐及其随行人员的海航"国色天香号"和"椰风海韵号"专机平稳地降落在海口美兰国际机场。

据悉,"美丽的眼睛看中国——世界小姐中国行"活动从11月15日开始,历时8天,途经三亚、西安、上海、北京、海口五个城市。作为此次大赛的唯一指定承运商——海南航空,以全程的优质服务,保障了此次活动的顺利举行。

据随程前往的海航工作人员介绍,11月15日上午,参加世界小姐选美大赛的110位各国佳丽搭乘海航专机抵达古都西安。在咸阳机场候机楼里,佩戴"海航集团预祝第53届世界小姐总决赛圆满成功"蓝色缎带的佳丽们被热情的旅客围得水泄不通,大家争相目睹全球佳丽的绝色风采,更有旅客越过围栏与佳丽们近距离接触,拍照留念,周围的闪光灯更是灿若星辰。海航闻讯,立即出动大量的地面工作人员协同世姐决赛组委会维持现场秩序、领取登机牌并护送和引导佳丽们登车。

11月16日,"国色天香号"和"椰风海韵号"搭载各国佳丽腾空而起,直飞上海。世姐们刚上飞机时,因机舱内温度较低,世姐们都蜷着身体紧紧靠在椅背上,空乘组立即调高座舱温度,将座位的空调口逐个关闭,并迅速拿来毛毯,披在她们身上,把脚也包了起来,并用流利的英语安慰她们。

午餐时间,海航的工作人员特意为她们配备了符合西方饮食习惯的可口饭菜。

在上海机场,世姐们吸引了无数国内外旅客的目光,大家都不愿放弃这难逢的机会,纷纷拿起相机、手机、摄像机与世界小姐合影留念,现场气氛异常热烈,闪光灯也此起彼伏,闪耀不停,佳丽们始终面带笑容,将自己发自内心的微笑奉献给大家。"海

航集团预祝第53届世界小姐总决赛圆满成功"的蓝色绶带也频频吸引众人的目光,在闪光灯下更是成为另一道靓丽的风景线。

据悉,为了保障此次世姐大赛,海航集团海口美兰国际机场、三亚凤凰国际机场先后投入巨资对机场服务设备进行改造,以满足第53届世界小姐大赛的需要。另悉,海航酒店集团三亚度假酒店、海南新国宾馆以其高档、舒适的酒店设施及优质服务成为大赛组委会的指定酒店。

第一节　促销基础知识

问题:

(1) 促销有什么作用?

(2) 哪些因素会影响顾客购买行为?

(3) 顾客购买决策过程经历哪些阶段?

航空公司的市场促销类岗位,主要有广告管理员、售票员、产品推广员等,这些岗位人员主要负责品牌宣传、广告策划、产品销售推广等工作。

一、促销的概念

促销,就是营销者向顾客传递有关本企业及产品的各种信息,以说服或吸引顾客购买其产品,达到扩大销售量的目的。促销实质上是一种沟通活动,即营销者(信息提供者或发送者)发出刺激消费的各种信息,把信息传递给一个或更多的目标对象(即信息接受者,如听众、观众、读者、消费者或用户等),以影响其态度和行为。常用的促销手段有广告、人员推销、营业推广和公共关系。企业可根据实际情况及市场、产品等因素选择一种或多种促销手段。

二、促销的作用

在社会化大生产和商品经济条件下,一方面,生产者不可能完全清楚谁需要商品,何时、何地需要,何价格顾客能够接受等;另一方面,广大顾客也不可能完全清楚什么商品由谁供应,何地供应,何时供应,价格高低等。正因为客观上存在着这种生产者与顾客间信息分离的产销矛盾,企业必须通过沟通活动,利用广告、宣传报导、人员推销等促销手段,把生产、产品等信息传递给顾客和用户,使其了解、信赖并购买本企业产品,达到扩大销售量的目的。随着企业竞争的加剧和产品的增多,顾客的收入增加了,生活水平提高了,处于买方市场的广大顾客对商品要求更高,挑选余地更大,因此企业与顾客之间的沟通更为重要,企业需加强促销,利用各种促销方式加深广大消费者和用户对其产品的认识,以使顾客愿意多花钱来购买其产品。

企业的促销费用一般按销售收入的一定比例提取使用,普通企业一般为1%~3%。当前,电子商务的促销费用占成本比例更是不断提高。促销活动之所以有这么大的开

支,是因为人们都看好这一销售方式并最终受益,而企业乐意为立竿见影的效果付出。

三、顾客购买行为相关知识

市场营销人员在促销工作中,要获得好的促销效果,也就是让更多的顾客购买和认同本企业产品,必须了解影响顾客购买行为的相关因素、洞悉购买决策过程并施加影响,才能达到促销目的。

1. 影响顾客购买行为的主要因素

顾客不可能凭空做出购买决策,他们的购买决策很大程度上受到经济、文化、社会、个人等因素的影响。因此,营销人员必须予以重视并加以利用。下面,考察每一因素对购买者购买行为的影响。

1) 经济因素

价格是影响顾客购买行为的主要因素。顾客考虑的价格包括购买价格、使用价格(使用成本)和价格与功能的一致性(机会成本)。因此,企业在确定自己的产品价格时,必须全面考虑各种因素,以促使顾客尽快做出购买决定。

2) 文化因素

文化因素对顾客的行为具有广泛和深远的影响。文化是人类欲望和行为最基本的决定因素,人类行为大部分是学习而来的,在社会中成长的儿童通过其家庭和其他主要机构的社会化过程学到了基本的价值、知觉、偏好和行为观念,而具有不同文化背景的顾客均显示出不同的产品偏好和品牌偏好。

3) 社会因素

顾客的购买行为同样也受到一系列社会因素的影响,如顾客的参考群体、家庭和社会角色与地位、相关群体。一个人的行为会受到许多群体的强烈影响。一个人的相关群体,是指那些直接(面对面)或间接影响人的看法和行为的群体。凡对一个人有着直接影响的群体称为成员群体,这些都是个人所属并且相互影响的群体。有些是主要群体,它们之间不断相互影响,例如家庭、朋友、邻居和同事,主要群体的影响倾向于非正式的。一个人同时也属于次要群体,次要群体的影响比较倾向于正式的,相互影响较少,其中包括各种宗教组织、各类专业协会和各种工会。

营销人员必须识别目标顾客的相关群体,特别是相关群体中的"意见带头人",他们是大众市场中顾客模仿的对象。意见带头人分散于社会各阶层,某人在某一产品方面可能是意见带头人,但在其他产品方面也许只是意见的追随者。营销人员应力图通过认识并掌握与意见带头人有关的一些个人特征,确定他们阅读的新闻媒体,通过向他们传递信息等方式来接触意见带头人。

(1)家庭。家庭是社会上最重要的购买组织,购买者的家庭成员对购买者行为影响很大。购买者在生活中可分为两种家庭类型:婚前家庭与有子女家庭。婚前家庭包括一个人的双亲,每个人都从父母那里得到有关政治、经济、个人抱负、自我价值和爱情等方面的指导。即使购买者与其双亲之间的相互影响已经不太大了,但双亲

对购买者无意识的购买行为的影响仍然是很重要的;在许多父母和子女生活在一起的国家里,如东方国家,父母的影响力是非常大的。

对日常购买行为有更加直接的影响的是有子女家庭,即夫妻及子女组成的家庭。它是社会中最重要的消费购买单位。营销人员对家庭进行了广泛的调查研究,他们对夫妻及子女在各种商品和服务的消费中所起的不同作用和相互影响深感兴趣。

(2) 角色与地位。一个人在一生中会参加许多群体——家庭、俱乐部及各类组织。每个人在各群体中的位置可用角色和地位来确定。每种角色都伴随着一种地位,这一地位反映了社会对他的总评价。企业的 CEO 这个角色要比中层管理人员角色的地位高;同样,企业中层管理人员的地位比一般职员的地位高。人们在购买商品时,往往会结合自己在社会中所处的角色和地位来考虑。企业营销人员必须意识到产品已成为社会地位的标志。

另外,人类社会还存在着社会阶层。所谓社会阶层,就是在一个社会中,具有相对的同质性和持久性的群体,按等级排列,每个阶层的成员具有类似的价值观、兴趣爱好和行为方式。

4) 个人因素

顾客在做出购买决策时,也受到个人特征的影响,特别是受其年龄所处的生命周期阶段、职业、经济环境、生活方式、个性及心理的影响。这里重点陈述年龄与生命周期对购买和消费的影响。人们一生中购买的商品和劳务是不断变化的,幼年时吃婴儿食品,发育和成熟时期吃各类成人食品,晚年对食品的要求更为特殊。同样,人们对衣服、家具和娱乐的喜好也同年龄有关,如喝啤酒,有人喝了会感觉舒服,有人是为了表达情感,有人是为了融入环境。因此,这和个人特征有着很大的关系。

消费行为还受所处家庭生命周期阶段的影响。美国市场研究者对不同生命周期的顾客的消费和购买需求进行研究后得出一个结果(从国内角度出发,虽然文化和生活方式存在很多的差异,但是该研究结果还是有一定参考性的),该研究结果将人的生命周期分成 9 个阶段,根据不同阶段的收入状况的差异,处在每一阶段上的家庭和个人都有相应的商品消费需求。营销人员应该充分了解处在不同周期的顾客及家庭的消费状况,这对开发产品、拟订相关的营销计划具有不可估量的意义。

综上所述,顾客的购买行为是经济、文化、社会、个人因素共同影响和作用的结果,其中很多因素是营销人员无法改变的。但是,这些因素在识别那些对产品有兴趣的购买者方面颇有用处,它提示营销人员如何开发产品、制定价格、选择促销地点和方式,以便引发顾客的强烈反应。

2. 顾客购买决策过程

每个顾客在购买某一商品时,均会有一个决策过程,只是因所购产品类型、购买者类型的不同而使购买决策过程有所区别,但典型的购买决策过程一般包括 5 个方面,如图 6-1 所示。

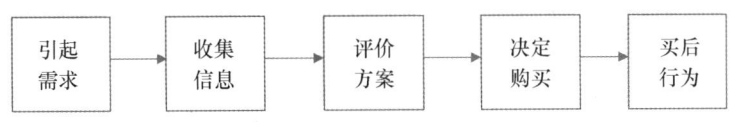

图6-1　顾客购买决策过程

1）引起需求

引起需求是顾客购买决策过程的起点。当顾客在现实生活中感觉到或意识到实际情况与其需求之间有一定差距，并产生了要解决这一问题的想法时，购买的决策便开始了。顾客这种需求的产生，既可以是人体内机能的感受所引发的，如因饥饿而引发购买食品的需求、因口渴而引发购买饮料的需求，又可以是由外部条件刺激所诱生的，如看见电视中的西服广告而打算自己买一套、路过水果店看到新鲜的水果而决定购买等。当然，有时候顾客的某种需求可能是内、外因同时作用的结果。

市场营销人员应注意识别引起顾客某种需求和兴趣的环境，并充分注意到两方面的问题：①注意了解那些与本企业的产品存在关联或潜在关联的驱使力；②顾客对某种产品的需求强度会随着时间的推移而变动，并且被一些诱因所触发。在此基础上，企业还要善于安排诱因，促使顾客对企业产品产生强烈的需求，并立即采取购买行动。

2）信息收集

当顾客产生了购买动机之后，便会开始进行与购买动机相关联的活动。如果他想购买的物品就在附近，他便会实施购买活动，从而满足需求。但是，当所需购买的物品不容易买到，或者说需求不能马上得到满足时，他便会把这种需求存入记忆中，并开始注意收集与需求相关和密切联系的信息，以便进行决策。

顾客信息的来源主要有以下四个方面。

（1）个人来源。从与家庭、亲友、邻居、同事等的交往中获得信息。

（2）商业信息来源。这是顾客获取信息的主要来源，其中包括广告、推销人员的介绍、商品包装、产品说明书等提供的信息。这一信息来源是企业可以控制的。

（3）公共来源。顾客从电视、广播、报纸、杂志等大众传播媒体所获得的信息。

（4）经验来源。顾客从自己亲自接触、使用商品的过程中得到的信息。

在上述四种信息来源中，商业信息最为重要。从顾客角度看，商业信息不仅具有通知的作用，而且一般还具有针对性、可靠性，个人和经验来源只能起验证作用；而对企业来说，商业信息是可以控制的。顾客可以通过商业信息的渠道了解并购买本企业的产品。

3）评价方案

当顾客从不同的渠道获取到有关信息后，便对可供选择的品牌进行分析和比较，并对各种品牌的产品做出评价，最后决定是否购买。顾客根据收集到的信息，主要从以下几个方面对产品进行评价。

（1）分析产品属性。产品属性，即产品能够满足顾客需要的特性。顾客一般将

133

某一种产品看成一系列属性的集合,如:

照相机:照片清晰度、体积、价格。

牙膏:洁齿、防治牙病、香型。

计算机:储存能力、图像显示能力、软件的适用性。

轮胎:安全性、胎面弹性、行驶质量。

手表:准确性、样式、耐用性。

以上这些都是顾客感兴趣的产品属性,但顾客不一定对产品的所有属性都视为同等重要的。市场营销人员应分析本企业产品具备哪些属性,以及不同类型的顾客分别对哪些属性感兴趣,以便进行市场细分。对不同需求的顾客提供具有不同属性的产品,既能满足顾客的需求,又能最大限度地减少因生产不必要的属性所造成的资金、劳动力和时间的耗费。

(2) 建立属性等级,即顾客对产品有关属性所赋予的不同的权重。顾客被问及如何考虑某一产品时立刻想到的属性,称为产品的特色属性。但特色属性不一定是最重要的属性。市场营销人员应更多地关心属性权重,而不是属性特色。

(3) 确定品牌信念。顾客会根据各品牌的属性及各属性的参数,建立起对各个品牌的不同信念,如确认哪种品牌在哪一属性上占优势,在哪一属性上相对较差。

(4) 形成"理想产品"。顾客的需求只有通过购买才能得到满足,而他们所期望的从产品中得到的满足,是随产品每种属性的变化而变化的,这种满足程度与产品属性的关系,可用效用函数描述。效用函数,即描述顾客所期望的产品满足感随产品属性的变化而有所变化的函数关系。它与品牌信念的联系在于,品牌信念指顾客对某品牌的某一属性已达到何种水平的评价,而效用函数则表明顾客要求该属性达到何种水平才会接受。每个顾客对不同产品属性的满足程度不同,会形成不同的效用函数。例如,某个顾客购买一台摄像机的满足感,会随着功能的齐全、图像的清晰、操作的方便等而得以实现,但也会因价格的上升而使满足感减少。把效用的各最高点连接起来,便成为顾客最理想的摄像机效用函数。

(5) 做出最后评价。顾客从众多可供选择的品牌中,通过一定的评价方法,对各种品牌进行评价,从而形成对它们的态度和对某种品牌的偏好。在评价过程中,大多数顾客总是将实际产品与自己的理想产品进行比较。也就是说,偏好和购买意图并不总导致实际购买,尽管两者对购买行为有直接影响。

4) 决定购买

在对 100 名声称年内要购买 A 品牌家用电器的顾客进行追踪研究以后发现:只有 44 名顾客实际购买了该种产品,而真正购买 A 品牌家用电器的顾客只有 30 名。因此,只让顾客对某一品牌产生好感和购买意向是不够的,真正将购买意向转为购买行动,其间还会受到两个方面的影响。

(1) 他人的态度。顾客的购买意图会因他人的态度而增强或减弱。他人的态度对消费意图影响力的强度,取决于他人态度的强弱及其与顾客的关系。一般来说,他

人的态度越强,他与顾客的关系越密切,其影响就越大。例如,丈夫想买一台大屏幕的彩色电视机,而妻子坚决反对,丈夫就极有可能改变或放弃购买意图。

（2）意外的情况。顾客购买意向的形成总是与预期收入、预期价格和期望从产品中得到的好处等因素密切相关的。但是,当他想采取购买行动时,发生了一些意外的情况,如因失业而收入减少,或因产品涨价而无力购买,或者有其他更需要购买的东西时,这一切都将会使他改变或放弃原有的购买意图。

5）买后行为

产品在被购买之后,就进入了买后阶段,而此时市场营销人员的工作却并没有结束。

顾客购买商品后,通过自己的使用和他人的评价,会对自己购买的商品产生某种程度的满意或不满意。购买者对其购买活动的满意感（S）是其产品期望（E）和该产品可觉察性能（P）的函数,即 $S=F(E,P)$。若 $E=P$,则顾客会满意;若 $E>P$,则顾客不满意;若 $E<P$,则顾客会非常满意。顾客根据自己从卖方、朋友及其他来源所获得的信息来形成产品期望。如果卖方夸大其产品的优点,顾客将会得到不能证实的期望,这种不能证实的期望会导致顾客不满意。E 与 P 之间的差距越大,顾客的不满意感也就越强烈。当他们感到十分不满意时,肯定不会再买这种产品,甚至有可能退货或劝阻他人购买这种产品。所以,卖方应使其产品真正体现出其真实性能,以使购买者感到满意。事实上,那些有保留地宣传其产品优点的企业,反倒使顾客产生了高于期望的满意感,并树立起良好的产品形象和企业形象。顾客对其购买的产品是否满意,将影响其购买行为。如果对产品满意,则在下一次购买中可能继续采购该产品,并向其他人宣传该产品的优点;如果对产品不满意,则会尽量不购买。市场营销人员应采取有效措施尽量降低购买者对购买活动不满意的程度,并通过加强售后服务、与顾客保持联系、提供使他们从积极方面认识产品的特性等方式,以增加顾客的满意感。

研究和了解顾客的需要及其购买过程是市场营销成功的基础。市场营销人员通过了解购买者如何经历引起需要、寻找信息、评价行为、决定购买和买后行为的全过程,就可以获得许多有助于满足顾客需要的有用线索;通过了解购买过程的各种参与者及其对购买行为的影响,就可以为其目标市场制订有效的市场营销计划。

第二节　促销组合运用

问题：

（1）促销组合主要包含几种形式？

（2）广告如何才能达到最好的效果？

（3）人员推销的关键问题是什么？

（4）选择促销方式的依据什么？

促销主要有人员推销、广告、营业推广和公共关系四种形式。这四种形式各具特

点、作用有别、相辅相成,经过适当选择、编配、可制定出相应的促销组合策略。

一、广告

广告是最重要的一种促销方式,充斥于我们生活的各个方面,也是一个地区商业经济发达与否的重要标志。广告也是航空公司应用最多的促销方式。广告可以用于传递战术营销信息,如新航线的开辟或新机型的引进;广告还可以用于传播促销信息,例如机票的打折信息或者常旅客计划的额外里程促销奖励等。

> **小知识**
>
> 市场营销中的广告是指商业广告,它通常以盈利为目的。广告是企业以付酬的方式,通过各种传播媒介,向目标市场的消费者传递产品信息的活动。

1. 广告的特点

(1) 公开展示性。广告是一种高度公开的信息沟通方式,使目标受众联想到标准化的产品,许多人接受了相同的信息,所以购买者知道他们购买这一产品的动机是众所周知的。

(2) 普及性。广告突出"广而告之"的特点,也就是普及化、大众化。销售者可以多次反复向目标受众传达这一信息,购买者可以接受和比较同类信息。

(3) 艺术表现力。广告可以借用各种形式、手段与技巧,将一个公司及其产品用艺术性形式表现,增强其吸引力与说服力。

(4) 非人格化。广告是非人格化的沟通方式,广告的非人格化取决于沟通效果,广告不能使目标受众直接完成行为反应。这种沟通是单向的,受众没有义务去注意和做出反应。

广告一方面适用于创立一个公司或产品的长期形象;另一方面,它能促进销售。从其成本费用看,就传达给分散而庞大的消费者而言,广告每个显露点的成本相对较低。因此,广告是一种较为有效的,并被广泛使用的沟通促销方式。

2. 广告的几个概念

1) 广告媒体

广告媒体是广告者向广告对象传递信息的载体。广告媒体的种类繁多,根据其不同的物质属性可分为以下几种。

(1) 网络广告:网络游戏、视频直播。

(2) 印刷媒体:报纸、杂志、画册、商品目录、商品说明书、挂历、明信片等。

(3) 电子媒体:广播、电视、电影、霓虹灯、电子显示屏幕等。

(4) 流动媒体:汽车、火车、飞机、轮船等。

(5) 邮寄媒体:函件、订购单、征订单等。

(6) 户外媒体:路牌、招贴、海报、气球等。

（7）展示媒体:商品陈列、橱窗、模特等。

（8）其他媒体:衣服、购物袋等。

2）受众

受众是指接触到广告的人群。一个广告的受众越多,其效果越好。如三亚凤凰国际机场的年旅客吞吐量为 2000 万人次,在该机场做一年广告,可以称该广告的受众为 2000 万人次。

3. 广告决策

1）购买何种广告媒体

广告媒体的选择决定了广告在哪里投放、受众是谁、成本如何及广告信息以何种形式进行沟通等。航空公司首先需要考虑的问题是如何使有限的预算资金发挥出最大的功效,因为任何航空公司都不会无节制地增加广告投入。

选择广告媒体要与营销活动的目标一致,这取决于广告的目标受众,以及营销活动是出于战略目的还是战术目的。如果广告信息针对的是商务旅客,航空公司可以选择面向商务人士的报刊,如《新闻周刊》等;在投放那些宣传休闲旅行信息的广告时,航空公司可以选择周末报纸,或那些面向体育爱好者的专业杂志。互联网也是一种有效的媒体,它以独特的方式将旅游目的地推介给顾客,同时还就顾客选择哪家航空公司及如何以最便捷的方式到达目的地提出建议。

购买不同广告媒体的费用有很大差别,航空公司应该关心每千人成本这一指标。购买电视广告媒体的费用看上去非常高,但它却可以使信息传播给大批的观众,可以说是物有所值的媒体方式。

2）创意策略

成功的创意策略是优秀广告的核心。有些航空公司的营销活动看似完全违背常理,却可以大获成功;而另外有些活动看似循规蹈矩,最后却遭惨败。虽然创意没有规则可循,但仍需要遵循以下几点。

（1）广告策划要广泛征询目标受众代表的意见,充分进行分析和研究。随着营销活动的开展,这种研究分析还要不断继续,并要随时关注营销活动的目标是否得到实现。

（2）确保高品质的广告。制造粗糙的广告会使旅客认为这是一家品质低劣的航空公司。因此,如果没有足够的资金制作品质精良的广告,航空公司最好什么都不要做。

（3）民航业有以创立品牌为目标的长期性广告及以传播战术营销信息为目标的短期性广告,航空公司应当将创立品牌作为广告费用支出的重点,并且还要保证战术营销信息的传播。

3）成效监控

建立一套完善的指标用于评估广告营销活动是否达到预期的目标,对航空公司来说是一个基本的要求。无论先期的调研工作做得有多好,最终效果总是会与预期有所差别。因此,如果没有一套完善的监督体系,促销活动将注定不会取得成功。

采用什么样的监控方法要因情况而异,最简单的莫过于那些以吸引旅客注意,期待旅客回应为目的的广告。例如,航空公司为扩大常旅客计划的会员规模,会通过广告宣传告诉广大旅客在某年某月某日前申请入会可以获得奖励积分,此时如果附送一张礼品卡或者一个专用免费咨询电话,航空公司就可以精确地掌握市场的反应程度。

还有一些广告的目的是服务于公司长远的战略目标。例如,某航空公司曾在一段时间内服务水平出现滑坡,这家公司通过广告试图告诉人们其服务质量已有了很大的提高,现在是再次选乘其航班的时候了。如果广告发布后航班客座率明显上升,说明广告已经发挥了作用。此外,通过与旅客定期交流,航空公司能够体会到人们对航空公司态度的转变。

资料1:海南航空公司新航线广告

资料2:大韩航空公司、泰国航空公司的广告

二、人员推销

所谓人员推销,是指推销人员在一定的推销环境里,运用各种推销技巧和手段,说服用户接受企业的商品的过程。其核心问题是说服。

1. 人员推销的特点

1) 面对面沟通

面对面沟通是推销人员以一种直接、生动、与客户相互影响的方式进行的营销活动。在与客户的直接沟通中,推销人员可以通过直觉和观察,探究消费者的动机和兴趣,从而调整其沟通方式。

2) 人际关系的培养

推销人员需要与客户在交易关系的基础上,建立与发展其他各种人际沟通关系。人际关系的培养使推销员可以得到购买者更多的理解。

3) 直接的行为反应

人员推销可以产生直接反应,即让客户听后觉得有义务做出某种反应。与人员推销的显著特性相关联的,是人员推销方式的高成本。人员推销是一种昂贵的促销方式。

2. 人员推销程序

对于航空公司和代理人来说,由于旅客分布广泛,一般不采用人员推销的促销方式,但至少大客户经理和售票员要掌握一定的人员推销知识和技巧。人员推销的程序有以下几点。

1) 接近准备

了解并确定目标客户,确定走访对象、需要了解的内容和需要达到的目的。如要发展一个地区的大客户,必须确定要发展的对象,事先要对这些单位的总体情况有所了解,挑出那些有价值的作为重点目标,同时要对该单位目前的情况有所了解,包括其与竞争公司或其他单位在相关项目上的合作情况;了解谁是关键人物,并在准备好相关材料和明确要达到的目的后,准备走访。

2) 接近顾客

接近顾客是指推销人员直接与顾客发生接触,以便成功地转入推销面谈,如大客户经理拜访新的目的大客户领导,售票员和旅客面对面接触。推销人员在接近顾客时,既要自信、注重礼仪,又要不卑不亢,及时消除顾客的疑虑;还要善于控制接近时间,不失时机地转入正式面谈。常用的接近顾客的策略有:通过朋友、自我介绍或利用产品接近顾客;利用顾客的求荣心理,采取赞美、求教、聊天等方式接近顾客;利用顾客的求利心理,采用馈赠或说明某种利益接近顾客。以上策略的运用要视具体情况而定。无论采用何种策略,必须使人感到诚实可信,同时不要诋毁对手。

3) 推销面谈

推销面谈是指推销人员运用各种方法说服顾客购买的过程。在推销过程中,面

谈是关键环节,而面谈的关键又是说服。推销说服的策略一般有以下两种。

(1) 提示说服。提示说服是指通过直接或间接、积极或消极的提示,将顾客的购买欲望与商品特征联系起来,由此促使顾客做出购买决策。

(2) 演示说服。演示说服是指通过产品、文字、图片、影视等样品或资料去劝导顾客购买商品。

上述两种策略,前者主要是言语面谈,后者则以非言语面谈为主。在说服过程中,要针对顾客的心理,灵活地、恰到好处地使用策略。

4) 处理异议

顾客异议是指顾客针对推销人员提示或演示的商品或劳务提出的反面意见和看法。处理顾客异议是推销面谈的重要组成部分。推销人员必须首先认真分析顾客异议的类型及其主要根源,然后有针对性地使用处理策略。常用的处理策略有以下五种。

(1) 肯定与否定法。推销人员首先附和对方的意见,承认其见解,然后抓住时机表明自己的看法,否定顾客的异议,说服顾客购买。

(2) 询问处理法。推销人员通过直接追问顾客,找出异议根源,并做出相应的答复与处理意见。

(3) 预防处理法。推销人员为了防止顾客提出异议而主动抢先给出顾客可能存在异议的解释,从而预先解除顾客疑虑,促成交易。

(4) 补偿处理法。推销人员利用顾客异议以外的商品的其他优点来补偿或抵消有关异议,从而否定无效异议。

(5) 延期处理法。推销人员不直接回答顾客异议,而是先进行示范表演,然后加以解答,从而消除顾客异议。

5) 达成交易

大客户发展以签订协议作为达成交易的标志,大客户经理应该将事先准备好的协议交予对方。一般来说,对方要先审核相关协议并进行内部沟通,因此要与对方保持联系,并解答相关问题,让对方有备受关注的感觉,确保协议的顺利签订。

6) 跟踪服务

跟踪服务是指推销人员为已购商品的顾客提供各种售后服务。航空公司一般都制定了大客户经理走访制度,即要求定访客户,并随时协助解决客户问题和困难。

小知识
对人员推销的管理:
(1) 对推销人员素养的要求。
(2) 对推销人员的奖励。
(3) 对推销人员的评价。
(4) 对销售人员的监督。

日本一家铸砂厂的推销员为了重新打进已多年未曾来往的一家铸铁厂,多次前往该厂拜访其采购课长。但是,采购课长却始终避而不见,推销员则紧缠不放。于

是,那位销售课长迫不得已给他 5 分钟的见面时间,希望这位推销员能够知难而退。这位推销员胸有成竹,在课长面前一声不响地摊开一张报纸,然后从皮包里取出一袋砂,突然倾倒在报纸上,顿时砂尘飞扬,几乎令人窒息。课长咳了几声,大吼起来:"你在干什么?"这时推销员才不慌不忙地开口说话:"这是贵公司目前使用的砂,是我上星期在你们的生产现场从领班那里取来的样品。"说着他又在地上另铺一张报纸,又从皮包里取出一袋砂倒在纸上,这时却不见砂尘飞扬,使课长十分惊异。紧接着推销员又取出两个性能、硬度和外观都截然不同的样品,这使那位课长惊叹不已。就是在这场戏剧性的表演中,推销员成功地接近了顾客,顺利地赢得了一家大客户。

三、营业推广

营业推广是指企业用来刺激早期需求或应对强烈的市场反应而采取的各种短期性促销方式的总称。

1. 营业推广的种类

营业推广是刺激和鼓励成交的重要手段,一般有:

(1) 商品试验。

(2) 提供咨询服务。

(3) 赠送样品。

(4) 折价赠券。

(5) 有奖销售。

(6) 降价销售。

(7) 交易印花。

(8) 消费信贷。

(9) 推销竞赛。

(10) 展销。

2. 营业推广的特点

(1) 迅速吸引消费者的作用。营业推广可以迅速地引起消费者的注意,吸引消费者购买该产品。

(2) 强烈刺激作用。通过采用让步、诱导和赠送的办法给消费者带来某些利益。

(3) 明显邀请性。营业推广通过一系列具有短期诱导性的手段,邀请顾客前来与之交易。

在公司促销活动中,运用营业推广方式可以产生更为强烈、迅速的反应,快速扭转销售下降的趋势。然而,它的影响常常是短期的,不适用于希望形成长期品牌偏好的产品。

对于营业推广,由于产品和市场的关系,航空公司应用得较少,而在生产有形产品的企业中应用较多。

四、公共关系

公共关系(Public Relation)是指企业为改善与社会公众的关系,促进公众对企业及其产品的认识、理解及支持,达到树立企业良好形象、促进商品销售目的的一系列公共活动。

小知识

公共关系的主要工作内容:
(1)正确处理企业与消费者的关系。
(2)正确处理与相关企业的关系。
(3)正确处理企业与政府的关系。
(4)正确处理企业与社会及新闻媒体的关系。

1. 公共关系的种类

公共关系是航空公司应用较多的促销方式,其活动方式一般有以下几种。

(1)通过新闻媒介传播企业信息。这是企业公共关系最重要的活动方式。通过新闻媒介向社会公众介绍企业和产品,不仅可以节约广告费用,而且新闻媒介具有的权威性和广泛性会使这种方式比广告更为有效。这方面活动包括撰写各种新闻稿件、举行记者招待会、邀请记者参观企业等。航空公司的产品介绍、航线介绍等都属于这类。

(2)举办专题活动。通过举办各种专题活动,扩大企业的影响。这方面活动包括:举办各种庆祝活动,如航空公司的开航仪式等;开展各种竞赛活动,如知识竞赛、劳动竞赛、有奖评优等。

(3)参与公益活动。通过参与各种公益活动和社会福利活动,协调企业与社会公众的关系。这方面活动包括赞助社会公益事业、为社会慈善机关募捐等。

2. 公共关系的特点

(1)高度可信性。与广告相比,新闻故事和特写的可信性要高得多。

(2)消除防卫。购买者对营销人员和广告或许会产生回避心理,而公关宣传是以一种隐避、含蓄、不直接触及商业利益的方式进行信息沟通的,从而消除购买者的回避心理和防卫心理。

(3)新闻价值。公关宣传具有新闻价值,可以引起良好的社会反应,甚至产生轰动的社会效果,从而有利于提高公司的知名度,促进消费者发生有利于企业的购买行为。

企业运用公共关系手段也需要一定的开支,但这与广告或其他促销工具相比较要低得多。公共关系的独有性质决定了其在企业促销活动中的作用,如果将一个恰当的公共关系活动同其他促销方式协调起来,可以取得极大的效果。

危机公关是公共关系中的重要组成部分,是指一个企业或一种产品因某些事故、意外或灾难,而造成形象受损时,企业调动公共关系范围内的一切手段,采取转危为安的各种有效步骤,恢复和巩固公众信任的公关方法。

资料:海航集团"光明行"活动

多年来,海航集团以"爱党爱国、举业为民、感恩社会、和谐发展"为宗旨,践行"为社会做点事,为他人做点事"的企业理念,热心西部地区公益事业,积极践行企业社会责任。自2004年启动"海航—青藏高原10年光明行动"以来,海航集团计划在2004～2013年间,出资500万元,为2000名白内障患者购买人造晶体,并由全国防盲技术指导组和北京同仁医院为白内障患者治疗。海航集团携手北京同仁医院已先后在青海班玛、玉树、西藏拉萨、日喀则、林芝,四川理塘、内蒙古、甘肃等地开展"光明行"活动,为超过3000名各族白内障患者送去了光明。海航"光明行"作为集团每年举行的重要慈善活动,已逐渐成为知名公益品牌。

五、选择促销组合需考虑的因素

1. 促销目标

企业需要明确促销目标是什么,是为了在短期内提高销量、处理产品库存还是新品上市促销,或是其他目的。例如,在一定时期内,某企业的营销目标是在某一市场迅速增加销量,扩大企业的市场份额,那它的促销目标强调近期效益,促销方式应更多地使用广告和营业推广;而另一企业的营销目标是在该市场树立企业形象,为其产品今后占领市场赢得有利的竞争地位奠定基础,那么为了实现它的长期目标,则应加强宣传报道,建立广泛的公共关系。

2. 产品和市场性质

在民航产品市场中,顾客分布广泛,不可能由推销人员去一个个接触,而是主要靠广告宣传介绍,而产业用品市场的用户比消费品市场的顾客少得多,可以以人员推销为主,应面向用户详细介绍产品和企业情况,建立良好关系,争取达成订货目标。一般来说,广告是消费品市场营销的主要促销方式,而人员推销则是产业用品市场营销的主要促销方式,而营业推广在这两类市场上同等重要。

3. 促销预算

一些行业的促销预算是根据年营业额确定的,也有一些企业根据竞争者的标准来决定自己的预算标准。促销预算的多少一定程度上决定了促销的方式和效果。

小　结

通过促销,营销者向顾客传递其企业及产品的各种信息,以说服或吸引顾客购买产品,以达到扩大销量的目的。促销主要有人员推销、广告、营业推广和公共关系四

种形式。

广告可以用于传递战术营销信息,如新航线的开辟或新机型的引进;广告还可以用于传播促销信息,例如机票的打折信息或者常旅客计划的额外里程促销奖励等。广告决策包括购买何种广告媒体、创意策略、成效监控。

所谓人员推销,是指推销人员在一定的推销环境里,运用各种推销技巧和手段,说服用户接受企业的商品的过程。其核心问题是说服。人员推销程序为接近准备、接近顾客、推销面谈、处理异议、达成交易、跟踪服务。

营业推广是指企业用来刺激早期需求或应对强烈的市场反应而采取的各种短期性促销方式的总称。营业推广不适用于希望形成产品的长期品牌偏好的产品。对于营业推广,航空公司由于产品和市场的关系,应用得较少,其主要在生产有形产品企业应用较多。

公共关系(Public Relation)是指企业为改善与社会公众的关系,促进公众对企业及其产品的认识、理解及支持,达到树立企业良好形象、促进商品销售目的的一系列公共活动。

练习与实训

一、单项选择题

1. 某服装公司准备为一新款的女性时装做广告,其适宜采用的媒体是(　　　)。

A. 报纸　　　　　B. 广播　　　　　C. 电视　　　　　D. 杂志

2. 营业推广的目标通常是(　　　)。

A. 了解市场,促进产品适销对路　　B. 刺激消费者即兴购买

C. 降低成本,提高市场占有率　　　D. 帮助企业与各界公众建立良好的关系

3. 儿童智力玩具一般宜选择(　　　)作为广告媒介。

A. 报纸　　　　　B. 广播　　　　　C. 电视　　　　　D. 杂志

4. 某商场在黄金周期间推出"购物满50元参加抽奖,大奖为出国旅游"活动。其采用的促销工具是(　　　)。

A. 赠送奖品　　　B. 赠品　　　　　C. 联合促销　　　D. 优惠券

二、多项选择题

1. 人员推销的任务包括(　　　)。

A. 搜集情报　　　　　　　　　　B. 推销产品

C. 提高产品的知名度　　　　　　D. 传递信息

2. 促销组合包括(　　　)。

A. 人员推销　　　B. 公共关系　　　C. 广告　　　　　D. 营业推广

三、思考题

1. 什么是促销?促销组合包括什么?

2. 公共关系是航空公司应用较多的促销方式,其活动方式一般有哪几种?

3. 简述人员推销的程序,并举例说明。

四、单元实训项目

目的:理解人员推销的技巧。

要求:促销模拟。请三位同学上台来分别扮演推销员甲、推销员乙和女主人,一起来模拟练习。两位同学拿着化妆品来上门推销。敲门、问好、自我介绍(先介绍自己的公司,再介绍自己,再说明为什么来访),并以提问作为推销的开场。

五、课外实践

实践目的:深入理解促销组合。

演练要求:

1. 2010 年冬春航班换季(10 月 28 日开始),海南航空公司新开航线:三亚—哈尔滨,哈尔滨—三亚,每天一班,新开航线一周内有 3 折超低促销价(全价 2910 元),如果你是三亚营业部负责广告宣传的客户经理,请设计广告宣传方案(包括媒体选择、广告宣传内容、广告效果监控等)。

2. 请上网查找淘宝网商家主要的促销方式,并归纳陈述。

3. 假如你是××航空公司的大客户经理,需要将三亚市旅游局发展为大客户,请模拟拜访该旅游局有关人员过程。

演练指导:

1. 将学生分组,每个小组需完成上述三项内容。

2. 资料可以通过图书馆、互联网或企业获得。

3. 课外实践结束后,各组交流调查信息。

六、案例分析

淡季促销

暑假即将结束,假期旅游市场也随之降温,国内机票价格提前“高台跳水”。昨日(8 月 29 日),记者从沪上各大旅行社获悉,8 月 27 日成为暑期国内游价格“分水岭”,27 日后出发的 100 多条国内游线路价格普遍下跌数百元,降幅为 20%~25%。据旅行社介绍,8 月下旬到 9 月初的机票,普遍都有五折的折扣,一些线路甚至低至三折。

据旅行社人士透露,部分航空公司、酒店均在 8 月底全面下调了对外价格,这也直接导致国内游价格“高台跳水”。此外,记者发现,一些旅游网站也上演起“疯狂大甩卖”,推出一些闻所未闻的促销手段,如“订三亚酒店获赠手机话费”等。

在春秋国旅的网站上可以看到,一些长线的国内游线路在暑期结束时,价格都有不同程度的降低。热门的海南双飞 6 日游,此前 8 月 25 日的报价为 1690 元,而 9 月

出发的就回落到了 1390 元。而此前 8 月 6 日出发的张家界 5 日游的报价为 2790 元，28 日发团就降低了 100 元，同样的情况在诸多旅行社的报价单上都有体现。如上海旅行社青岛 4 日游的价格就从高峰期的 2760 元降到了 2390 元。9 月 2 日出发的昆明 6 日游也比 8 月的报价整整低了 460 元。

除了北京、广州等传统商务线路，往年暑假较为火爆的青岛、大连、三亚等热门旅游城市，现在也都卖起了低折扣票。酒店价格也比 7 月份便宜了 10% 左右，机票、酒店、地接费用下调，直接拉低了国内游的价格。

沪上各大旅行社及携程旅行网所提供的信息显示，今年暑期旅游市场上，香港、三亚成为最受欢迎的热门目的地，海滨避暑游成为暑期游主力军，在价格方面，除了香港游比去年下降约 20%，其他各主要旅游城市的价格都与去年持平或略高于去年。

案例思考：

（1）航空公司的促销就是降价吗？

（2）航空公司的促销策划应该包含哪些内容？

深航的公共关系营销

1. 背景

一直以来，深航积极履行企业社会责任，积极参与文化、教育、环境、医疗、卫生等公益事业，如无偿运送人体器官、捐资建设希望小学、关爱社会弱势群体，同时鼎力支持民族产业的发展。2007 年 12 月，深航率先订购国产 ARJ 飞机 100 架，率先选用国产飞机座椅并一次性签订 3960 万元的购买合同。深航还响应党中央号召，大力支持中西部发展，加大对江西、青海、宁夏等地区的运力投放、航线开辟和基地建设，切实支持国家建设。

2. 汶川抗震救灾中的公共关系营销

汶川地震发生当天，深航有两架波音 747 飞机分别在德国和法国装载货物。当深航急令飞机回国时，外方有不同意见，深航态度十分坚决：祖国有了灾难，飞机必须回国救灾，由此造成的损失由深航一力承担，两架飞机立即卸货返回深圳。

在抗震救灾中，深航做到了多个第一：第一个主动请战无条件、无偿运输救灾物资的航空公司；第一批运载国家救灾物资到达灾区的航空公司；第一个将客机改为货机的航空公司；第一个将客机改为救护机的航空公司；第一个将企业自购救灾物资运往灾区的航空公司；第一批转运灾区儿童到其他省市的航空公司。深航先后出动波音 747-400 全货机、空中客车 A320、波音 737 客机运送国内外救灾物资 4000 多吨，运送救灾医疗人员 1350 人次，运送伤员、陪护人员、灾区儿童 1900 多人。为确保救灾人员和救灾物资的运输，深航先后调整航班 5000 多个，直接和间接投入 3 个多亿，成为反应最快、行动最早、运量最大、投入最多的航空公司。

作为一个民营企业，之所以能在其他企业裁员减薪的情况下做到不裁一员、不

减一分,能在大灾大难面前义无反顾、彰显大爱,主要源于股东的追求和深航的文化。

3. 结论

2008 年,深航化挑战为机遇,转"寒冬"为"暖冬",在全球民航业经营严重不景气的形势下,深航仍然实现了持续、快速发展,全年累计完成总收入 130.68 亿元、运输总周转量 25.32 亿吨公里、旅客运输量 1207 万人次、货邮运输量 27.97 万吨,以上四项经营指标较去年同期相比分别增长 26.4%、21.5%、24.1%、10.3%,四项指标增速分别是行业平均水平的 4.39 倍、8.29 倍、8.31 倍、6.41 倍。一年引进飞机 26 架,新开航线 50 余条,新增基地分公司 6 家,已成为国内第 5 大航空集团。在国内航空公司普遍亏损的情况下,深航仍取得了盈利 2600 多万元的好成绩。

案例思考:

(1) 什么是公共关系营销?

(2) 深航在本案例中的营销行为有何价值?

将梳子卖给和尚

几个人去参加一个招聘,主考官出了一道实践题目:把梳子卖给和尚。众多应聘者认为这是在开玩笑,最后只剩下甲、乙、丙三个人。主考官交代:以 10 日为限,10 日后向我报告销售情况。

10 天一到,主考官问甲:"卖出多少把?"答:"1 把。""怎么卖的?"

甲讲述了他历尽的辛苦,游说和尚买把梳子,无甚效果,还惨遭和尚的责骂,好在下山途中遇到一个小和尚一边晒太阳,一边使劲挠着头皮。甲灵机一动,递上木梳,小和尚用后满心欢喜,于是买下一把。

主考官问乙:"卖出多少把?"答:"10 把。""怎么卖的?"

乙说他去了一座名山古寺,由于山高风大,进香者的头发都被吹乱了,他找到寺院的住持说:"蓬头垢面是对佛的不敬。应在每座庙的香案前放把木梳,供善男信女梳理鬓发。"住持采纳了他的建议。那山有 10 座庙,于是买下了 10 把木梳。

主考官问丙:"卖出多少把?"答:"1000 把。"主考官惊问:"怎么卖的?"

丙说他到一个颇具盛名、香火极旺的深山宝刹,朝圣者、施主络绎不绝。丙对住持说:"凡来进香参观者,多有一颗虔诚之心,宝刹应有所回赠,以作纪念,保佑其平安吉祥,鼓励其多做善事。我有一批木梳,可刻上'积善梳'三个字,便可作为赠品。"住持大喜,立即买下 1000 把木梳。得到"积善梳"的施主与香客也很高兴,一传十、十传百,朝圣者更多,香火更旺。

案例思考:如果你是应聘者,你还有办法卖出更多梳子吗?

第三篇 民航市场营销管理与战略

在学习了市场营销的基本概念和市场营销中产品、价格、渠道、促销四种主要操作岗位的知识与技能的基础上,本篇主要学习市场营销管理和战略的相关知识。

第七章 市场营销管理

格言

满足顾客是第一、也是永远的一种心态与行为……是一种每一天每一分钟的执着。

——查尔斯·考利

注:航空公司的战略定位非常重要,定位不清晰,产品就没有差别,就难以获得忠诚的客户资源和提高市场定价的能力。

导入案例

成渝航线的沉浮

一、市场背景

1995 年,在成渝高速公路开通之前,川航的成渝航线曾是一条"黄金航线",一年的客流量最高可达到 25.2 万人次,平均每天都有六七百人乘机往返两地。然而成渝高速公路开通后,航空客运的优势荡然无存:一方面,民航的全程时间约为 3 个小时,相对于公路运输的 4 个小时,已无快捷方便的优势;另一方面,机票价格是大巴票价的 4 倍。这条"黄金航线"在公路运输的紧逼下步步退缩。1996 年,成渝航线的年客流量锐减至 4 万人次,1997 年为 2.5 万人次,1998 年为 0.8 万人次,1999 年仅为 0.4 万人次,因此不得不全线停飞。面对成渝每天 1 万多人次的客流量,即使只有 10% 的旅客选择飞机往来,支线航空的前景也是很广阔的。以 50 座的支线航空飞机来说,1000 人次已可使 20 个航班"吃饱",客座率达 100%。

二、营销对策

面对如此诱人的前景,川航在 2002 年重振旗鼓,收复"失地"。首先,川航定位三

类目标市场:追求快捷舒适、对时间敏感的商务及探亲旅客;有紧急重大事情、需尽快在成渝之间往返的旅客;第一次乘坐飞机,花少许钱"过瘾"的旅客。其次,针对目标市场,采取有针对性的措施。一方面,打造"空中快巴",每天 12 个航班,每两个小时一个航班,以高频率吸引旅客;另一方面,缩短全程运输时间,降低机票价格,充分发挥航空优势。川航在国内支线航空线上率先实行"通票制"和"一条龙服务",将机票、登机票、机场建设费和机场到市区的大巴费用等合为一张"通票",旅客持机票可以享受专有值机柜台、专有安检通道和专用候机室;在后续航班有座位的情况下,机票可在当日免费签转;乘机手续办理截止时间也缩短到航班起飞前 10 分钟(普通航班在起飞前 30 分钟停止办理登机手续);将市区与机场用航班车衔接联运,指定专人实行空地无缝隙服务。这样,从重庆市区到成都市区,正常情况下仅需 2 小时,同时,机票价格也降至 240 元,降低了近 1/2。第三,选用 EMB145 喷气式飞机,共 50 个座位,其速度和舒适度均可与波音 737 媲美。川航的上述措施已取得了显著成效。在当年的"十一"黄金周,"空中快巴"每天 12 个航班,客座率超过 80%,为其收复"失地"开了个好头。

三、市场趋势分析

随着"先锋号"动车组在成渝两地之间正式通行,成渝"空中快巴"的航班密度再度"缩水",减少到每天仅 2 个航班,且航班时段全部安排在夜间执飞。据悉,这是成渝"空中快巴"从 2002 年 9 月恢复运营以来发班数量的最低点,面对来自铁路、公路的竞争,已经运营了近 5 年时间的成渝"空中快巴"遭遇到了前所未有的压力。数据统计显示,成渝两地双向客流量每天超过 1 万人次,即使按照目前成渝铁路每天 4000 人次,成渝大巴每天 5000 人次统计,两地短线航空市场仍有一定的客源有待覆盖,川航正在试图通过价格优惠和服务提升等措施,夺回其在成渝运输市场上的份额。

第一节　计　　划

问题:
(1) 市场营销计划的组成部分一般有哪些?
(2) SWOT 分析法和市场营销要素有什么关系?
(3) 市场调查一般有哪些步骤?

计划是市场营销管理的第一个环节。在市场营销工作中,计划工作最终表现在市场营销计划书的编写上。市场营销计划书一般包括市场分析、目标确定、市场营销组合(市场措施)等部分。航空公司的市场营销计划书一般以 PPT 的形式出现。

一、分析市场机会

在现代社会中,由于市场需求不断变化,竞争日益激烈,任何企业都需要不断更新产品、寻找新的市场机会,才能使企业持续发展,立于不败之地。因此,在市场营销管理的计划环节,一个重要的任务就是正确分析市场,根据顾客的需求,发现市场机会,找出新的增长点。常用的分析方法有以下几种。

1. 市场调查

市场调查是对企业所面临的特定营销环境有关资料及其研究结果所做出的系统地设计、收集、分析和报告的活动。它能为企业在由于某个特定问题需要做出正确决策时提供服务。通过市场调查,可以发现未被满足的需求,了解市场真实情况,从而发现新的市场机会。市场调查可以由企业自行完成,也可以委托专业调查公司来完成。

如图 7-1、图 7-2 所示是对中国民航旅客进行调查后得出的数据。

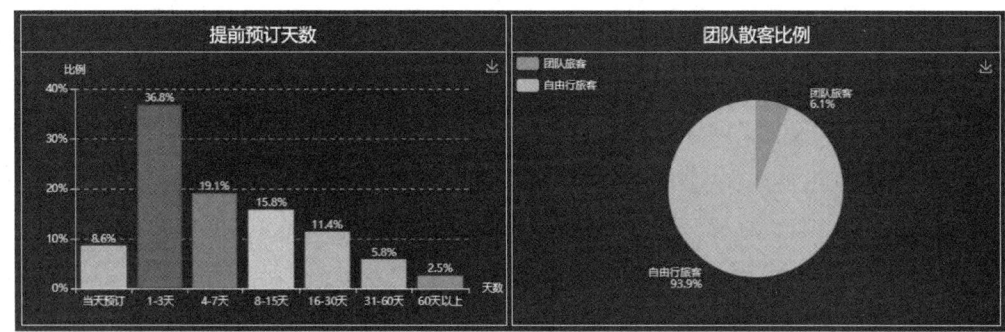

图 7-1 2018 年国内旅客购票时间及团、散比例

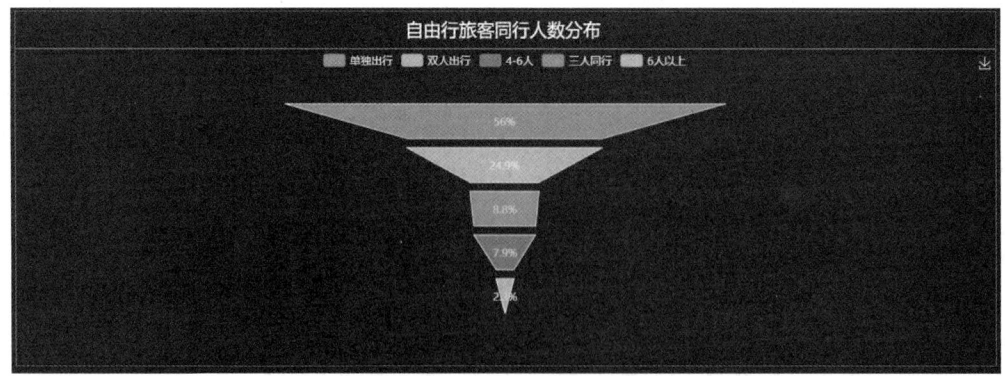

图 7-2 2018 年国内自由行旅客同行人数分布

1) 民航市场调查的流程

民航市场调查流程如图 7-3 所示。

2) 民航市场调查的主要形式

图 7-3　民航市场调查流程

民航市场调查的主要形式是抽样调查,即从调查对象的总体中,按一定方式选择或抽取一部分调查对象。

(1)总体。总体是所有调查对象的全体。例如,要调查 2018 年三亚凤凰国际机场旅客的出行目的,那么调查总体就是 2018 年三亚凤凰国际机场的进出港旅客。

(2)样本。样本是由总体中抽取的部分个体构成的,是抽样调查中实际的调查对象。设 2018 年三亚凤凰国际机场有进出港旅客 2 千万人次,抽取 1 万人作为调查对象进行调查,那么这 1 万名调查对象就构成了样本。

(3)分析单位。单个的调查对象即分析单位。例如,对旅客进行调查时共有 1 万名调查对象,单个的调查对象是 1 个人,那么这次调查的分析单位就是 1 个人。

(4)抽样单位。出于方便抽样的考虑,将总体划分为若干个不重叠的部分,每个这样的部分就是抽样单位,这种划分是人为的。例如,如果从 2 千万名旅客中直接抽取 1 万人,就是以分析单位"1 个人"为抽样单位;假设全年有 1 万个航班,如果调查人员在每个航班内抽取 1 个人作为样本,此时抽样单位就是航班而不是 1 个人了。这表明,抽样方法不同,抽样单位也是不同的,既可以以一个分析单位为抽样单位,也可以以一个群体为抽样单位。

(5)抽样误差。样本是总体的一部分,虽然有代表性,但并不等于总体,用样本的统计值去估计总体的参数值,会产生一定的误差,因为这种误差是由抽样方式决定的,因而称为抽样误差。在抽样调查中,抽样误差是不可避免的,但可以通过科学的抽样方法尽量减少这种误差。

3)调查的具体形式

目前,最常用的是当面访问法和网络调查法。为此,需要调查者设计一份合理的调查问卷。一份良好的问卷,应具备三项条件:第一,能达到市场调查的目的,即将调查目的以询问方式列举在调查问卷上;第二,促使调查对象愿意合作,提供正确信息,协助达成调查目的;第三,正确表达调查者与调查对象的相互关系。

4)调查资料的整理与分析

调查资料回收整理是一项烦琐的工作,且必须对无效问卷做出判别,如果一份问卷中有三分之一的问题没有回答,或所有选择答案高度一致等,该份问卷应视为无效问卷。

调查资料的分析可以使用 Excel 等软件进行辅助进行,在数据、图表分析的基础上进行总结和归纳,并得出调查结论。

资料1：××航空公司北京营业部市场调查问卷

代理商调查问卷

代理人名称：				
代理商业务信息（票务负责人）				
主要售票渠道	□服务电话 □网络售票 □售点售票 □其他方式（请说明）	机票送达方式	□客人取票 □送票上门 □让客人机场取票 □其他方式	
出票方式	□到同行出 □自己出 □航空公司出 □其他方式	经常出票合作代理人（请列出）		
		客户开发方式	□上门推销 □电话推销 □朋友介绍 □邮件推销 □网络推销 □其他方式	
你认为获得新客户的关键因素	□优质服务 □返利 □礼品 □低票价 □拉关系 □打广告 □名声 □其他方式			
你认为大客户维护关键因素	□全面返利 □全面赠送礼品 □关键人物关系 □低价 □能灵活地改票 □拿到座位能力 □送票速度 □其他方面	推荐航班考虑的因素 （对航空公司）	□战略合作关系 □关系亲密程度 □机票价格 □代理费多少 □品牌大小 □政策稳定 □出票方便 □售后维护方便 □结算速度快 □少押金 □航空公司间的平衡 □其他因素	
是否在帮航空公司推广电子客票	□是 □否	大客户结算方式	□月结 □单票结算 □其他模式	
销售人员信息				
上级是否经常要求销售某个航班	□几乎所有航班 □部分航班 □个别航班 □无要求	推荐航班时考虑的因素	□上级要求 □客人要求 □销售定额 □提成大小 □对某公司的好感 □习惯 □出票方便 □售后维护方便 □其他因素	
是否会为积分奖励而销售某公司机票	□肯定会 □不一定会 □说不清 □肯定不会			
其他了解到的情况				
对各航空公司代理人工作的评价				
	优、劣势	总体评价		评分（满分10分）
国航				
南航				
东航				
上航				
深航				
川航				

代理人签名： 日期：

资料2：旅客购买机票渠道调查表

您最近一次的购票方式：

☐航空公司网站

☐其他网站

☐航空公司电话订票热线

☐打代理电话订票

☐到航空公司售票处购买

☐到机票代理售票处购买

☐单位协议购买

☐不确定

2. SWOT分析法

SWOT分析法，又称为态势分析法，它是由美国旧金山大学的管理学教授于20世纪80年代初提出来的，是一种能够较客观而准确地分析和研究一个单位现实情况的方法。S、W、O、T四个英文字母分别代表优势（Strength）、劣势（Weakness）、机会（Opportunity）、威胁（Threat）。把S、W和O、T分开，S、W用于对比，O、T用于发现。用SWOT分析法，企业可以做到知己知彼，并据此对市场做出正确判断后采取行动。

资料：××航空公司海口营业部××年市场SWOT分析

SWOT	分析项目	分析结果
优势	基地的品牌、网络优势	我司航线覆盖国内主要城市、服务好，引领本地市场，旅客在海南乘机首选海航
	市场份额、渠道控制优势	我司市场份额占40%左右，渠道覆盖率为95%，分销指数高，分销商忠诚度高；各竞争公司跟从我司意见和做法
	产品优势	适应旅客需求的新产品种类多，特色突出，市场反应好，如不定期客票等
	团队网上交易和电子客票优势	交易便捷，减少客户成本，提高效率，同时扩大销售渠道
	结算优势	代理费和促销费净结，加快客户资金周转，深受客户欢迎
	分销商网站	政策和业务规定的通知、查询准确、及时
	销售人员	有一批积极进取、熟悉海口市场情况的销售服务人员
劣势	促销政策不灵活	在现有代理人分类管理、年度促销政策保持相对稳定的基础上，加强月度考核，根据考核结果进行调整或给予奖励
	海口与三亚套飞航线少	积极向航线网络中心反映，建议增加三亚与海口套飞航线
	酒店市场占有率低	鼓励支持代理人进驻酒店，在市内酒店建立值机；与酒店签订电子客票销售协议
	其他公司三亚航线增多，分流海口旅游客源	联合三亚营业部，共同应对
机会	海航广州分公司成立	航线网络覆盖面增大，增加部分海口经广州的中转客源，竞争力增强，提高收益
	海南大型会议活动增多	商务旅客增加，散客收益提高，积极抓住市场机会

续表

SWOT	分析项目	分析结果
威胁	跨海火车专列开通	选择和设计低端产品,如不定期客票等,吸引普通旅客;设计出岛游产品,满足客户出岛需求
	低成本航空公司运作和包机航班冲击	联合南航等共同打击不正当竞争行为,维护海口市场销售秩序

小知识

理想企业:处于高机会、低威胁状况。要抓住机遇,注意威胁。

冒险企业:处于高机会、低威胁状况。不宜盲目冒进,也不应迟疑,应全面分析自身优势与劣势,扬长避短,争取突破性发展。

成熟企业:处于低机会、低威胁状况。要发掘有利市场营销环境因素,提高企业营销机会。

困难企业:处于低机会、高威胁状况。扭转对企业不利的营销环境因素,或者实行撤退和转移。

3. 分析市场机会

在制订市场营销计划时,分析市场机会是其重要的一环。市场机会是指市场上所存在的尚未被满足或尚未被完全满足的需求。企业在寻找和识别市场机会时,必须对市场机会做进一步研究,包括对环境、竞争者等的研究,在此基础上选出最佳、最合适的市场机会。以下是发现市场机会的几种思路与方向。

1) 从环境变化中选择企业机会

随着环境变化,需求也会发生变化,客观上存在着许多未被完全满足的需求,也就是存在许多市场机会,这些市场机会是由于环境变化而形成的,故称之为环境机会。例如,能源危机引起了对新能源的需求;城市人口增加,环境污染加剧,工业和生活垃圾的增加,引起了对垃圾处理新技术的需求;优生优育、独生子女增多,引起人们对儿童用品的需求等,这些都是环境机会。

但是,环境机会对不同的企业来说,并不一定都是最佳机会,因为这些环境机会不一定都符合企业的目标和能力,不一定能取得最大竞争优势。只有环境机会中那些符合企业目标与能力且有利于发挥企业优势的市场机会,才是企业机会,如对刚毕业的大学生来说,网上开店创业比开实体店来得更加现实。

所以,在市场机会分析中,从企业的角度来说,就是要从环境机会中选择合适的企业机会,并对其进行评价,采取适当决策,获得市场利益。

2) 善于发现潜在市场机会

在市场机会中,有的是明显地没有被满足的市场需求,这种未被满足的需求就称为表面市场机会;而另外一种则是隐藏在现有某种需求后面的未被满足的市场需求,称为潜在市场机会。

对表面市场机会,企业寻找和识别的难度系数较低,这是其最大优点。例如,自2009 年开始,我国国内绿豆价格飙升,种植绿豆利润率明显偏高,在这种情况下,基于

绿豆的良好市场,很多农户和企业大面积种植绿豆,导致供大于求,形成滞销;到2012年,绿豆价格大幅回落,给许多新加入绿豆种植的企业造成亏损,这一市场机会没有给这些企业带来丝毫的利益。

对企业来说,潜在市场机会不容易发现,寻找和识别的难度系数大,这是它的最大缺点。但正由于难度大、不易识别,所以企业如果找到并抓住了这种市场机会,其竞争对手要比表面市场机会少,机会效益也比较高。所以,彼之短也正是彼之长,重要的问题是如何去发现、寻找和识别这类隐藏在某种需求背后的没有被满足的需求。例如,近年来房地产市场火爆,导致企业拿地皮开发房地产项目的门槛提升,一些企业只能望而却步,但有些企业看到了房地产火爆背后的潜在市场机会,如房屋装修、装修材料等市场将会同样火爆。果然,企业进入这些市场后获取了丰厚的利润。

3) 发现交叉市场机会

一般来说,各个企业由于其拥有的技术、资源、经营条件,以及在整个市场营销系统中所承担的职能不同,通常都有其特定的经营领域。因此,对于出现在本企业经营领域内的市场机会,称为行业市场机会;对于在不同行业之间的交叉与结合部分出现的市场机会,则称为交叉市场机会。

企业对行业市场机会一般比较重视,因为它能充分利用企业自身的优势和经验,发现、寻找和识别的难度系数也比较低。但是,行业市场机会在行业内部会因遭到同业间的激烈竞争,而失去或减弱机会效益。因此,一些企业就试图在行业领域之外寻求市场机会。

可是,出现在某个企业行业领域之外的市场机会,绝大部分又是别的企业的行业市场机会,并且这些市场机会对外行业的企业而言,进入难度更大,所以,对于它们来说,这并不是很好的市场机会。然而,由于各企业都比较注重行业的主要领域,在行业与行业之间有时也会出现"夹缝",从而形成真空地带。这种现象大多发生在行业与行业之间的交界处。在这些边缘地带,行业会出现交叉、重合,而这些行业间的结合部分一般是企业容易忽视的地方。在这些区域,顾客的需求不能得到充分满足,甚至还会产生一些新的消费需求。所以,企业在行业领域之外寻求比较理想的市场机会,其主要目标应该是交叉市场机会。

交叉市场机会一方面仍可以发挥企业的部分优势,另一方面,由于它比较隐蔽,难以被大多数企业发现,企业容易取得机会效益,但它的寻找和识别难度也是比较高的,需要企业有丰富的想象力和大胆的开拓精神。例如,20世纪80年代,美国由于航天技术的发展,出现了许多边缘机会,传统的殡葬业同新兴的航天工业结合起来,产生了"太空殡葬业",生意还非常兴隆。再如,冶铁和绘画是两个相距较远的行业,但"中国铁画"却将这两个行业结合起来,从而产生了一种新的行业。同时,在医疗和饮食业结合部分出现的药疗食品、药膳餐馆等,也都是交叉市场机会的极好例证。

4) 争取未来市场机会

通常所讲的市场机会都是指目前市场上存在的未被完全满足的需求,而这些在目前的环境变化中出现的市场机会,都称为现实市场机会。但是,从环境变化的动态性来分析,企业还需要树立一种面对未来的观念,用这种观念去看待市场机会,就还有一种未来市场机会存在。这种市场机会在目前的市场上并未表现为大量需求,而仅仅表现为一部分人的消费意向或极少量的需求,但通过市场研究和预测分析,它将在未来某一时期内表现为大量的需求或大多数人的消费倾向,成为在未来某一时期内现实的市场机会。所以,也可以把它称为未来市场机会。

显然,从客观的角度来分析,任何未来市场机会只要具备发展的条件和时间,最终都将转化成为现实的市场机会。所以,它们两者之间并没有严格的界限,区别只是时间的先后顺序和从可能转变为现实的客观条件是否具备。也就是说,未来市场机会带有很大的或然性,随着时间的推移,它能否转化为现实的市场机会,主要取决于环境变化是否朝有利方面发展。

但从企业市场营销角度分析,这种区分有一定的战略意义。从找到有利的市场机会,到企业生产出产品推入市场以满足这些未被满足的需求,总是需要一定的时间的。而那些提前预测到这种机会将在某一时间出现,从而未雨绸缪的企业,就缩短了这一时间过程,可以在这种机会到来时将自己已准备好的产品推入市场,获得领先优势。从战略上来说,这是一种先发制人的战略。例如,20世纪60年代,日本汽车业在西欧及美国汽车业还热衷于制造大型豪华汽车时,对未来汽车市场出现的变化趋势做了分析和预测。他们认为,随着家庭的变小和就业机会、闲暇机会的增多,一户一车会向一户多车转变;汽车数量的增多会引起道路拥挤状况的加剧;在高速公路上,大型小汽车不如小型汽车灵便;而中东紧张的局势必会引起能源危机。鉴于上述分析,他们预测,小型、耗油量低、驾驶方便灵活、价格便宜的汽车将来会有越来越多的需求。因此,他们早在20世纪60年代就着手研发小型汽车,并从20世纪70年代开始进军西欧和美国市场,到20世纪80年代时,日本产的小型汽车已在美国市场上取得了有利的竞争地位。而欧美国家,尤其是美国的汽车业,由于起步较晚,失去了竞争优势,面对日本汽车业的攻势只能连连败退。这就是抓住未来市场机会取得领先优势的实例。

然而,未来市场机会毕竟不是现实的市场机会,存在着较大的风险。企业必须经过科学地调查研究,在取得大量数据资料的基础上分析、预测,并且随时注意观察环境的变化趋势,经常修改不符合实际的预测,这样才能提高将未来市场机会成功转变为现实的市场机会的概率。这也说明,寻找和识别未来市场机会的难度是很高的。

重视对未来市场机会的预测,并不意味着可以轻视对目前市场机会的分析。一般来说,在企业市场机会的分析比重上,目前市场机会分析占有较大份额,未来市场机会的分析和预测是建立在对目前市场机会分析基础之上的。这意味着,企业要以脚踏实地、面对未来的观念来应对环境的变化。

5) 对全面市场机会与局部市场机会的把握

从其范围来说,市场有全面的、大范围的市场和局部的、小范围的产品市场之分,因而,市场上出现的机会也就有全面市场机会和局部市场机会之分。

全面市场机会是在大范围市场(如国际市场、全国市场)出现的未被满足的需求,而局部市场机会则是在一个局部的市场(如某个省或某个特定地区)出现的未被满足的需求。例如,大城市房地产行业火爆,但对于边远山区,特别是购买力水平低、购买需求较低的地区来说,并不是该地区的市场机会。反之,有些企业又常将本地区的特殊市场机会作为一般性的全面市场机会看待,认为在该地区出现的这种需求,在其他市场上也一定会出现。例如,湖南人喜欢吃槟榔,槟榔的市场销售很好,槟榔的收购、加工、销售已形成一个产业链,市场容量较大,但如果全国其他城市的企业也将此种市场机会作为全面市场机会看待,则很可能会遇到需求不足或无需求的情况。

二、确定市场营销目标

在对市场情况进行分析后,企业要做的就是根据自身的任务、资源和特长等条件,权衡利弊,选择目标市场增长点,制定具体的目标,如年销售收入、增长点和增长率等。目前,大部分企业都是由高层和职能部门下达总体任务目标,再由市场部和营业部各级部门层层分解执行的。因此,各级市场执行部门需要细化目标、明确增长点和加强可控性。

三、设计市场营销组合

企业市场营销的主要任务之一就是不断调整营销组合,使之与外部不可控的市场环境因素相适应。在明确了市场营销目标后,要对企业产品及其价格、分销渠道、促销的具体执行过程进行设计,这是确保市场营销目标实现的最主要部分。

资料:××航空公司××年的市场营销目标及市场措施

1. 目标

航班单位收益在2004年海口出港航班实际单位客运收益的基础上提高6%,具体如下:

B737航班小时收入为39700元(按净收入计算为38000元)。

B767航班小时收入为59850元。

DON328航班小时收入为11570元。

2. 营销策略

(1)整体营销策略。发挥基地优势,积极提升销售能力,加强市场拓展力度和对基地市场的控制力度。

(2)产品策略。在现有产品中选择符合海南市场特点的产品推销方式,与开发中心一起设计符合本地市场需求的产品,以提高航班收益。

(3)价格策略。以现有价格联盟为基础,设立联合办公室,根据市场情况及时调整价格,监督协议执行情况,打击包机和违规公司,以确保提高航班收益。

(4)渠道策略。充分发挥基地优势,加大市场控制力度和完善客户服务举措,扩大销售渠道覆盖区域,积极提升渠道销售能力。

(5)促销策略。在保证现有促销政策相对稳定及其净结优势的基础上,加大月度、季度考核分量,给予中小代理人提升类别的机会。

第二节　组　　织

问题：

（1）航空公司市场部门的组织结构图是怎样的？

（2）航空公司市场部门有哪些职能？

市场营销管理是一个持续的过程，需要一个组织来完成管理的目标。因此企业必须建立合理的市场营销组织结构，并使组织间的目标统一、合作融洽、分工明晰，创立以市场为导向的组织。

航空公司的市场部门一般以营销组合的四个要素为基本框架，同时在设置相应的机构时考虑市场的地理位置。目前，国内不同航空公司市场销售部的结构各有不同，且可根据市场工作的需要随时调整。如图7-5所示为某航空公司市场营销部的组织结构。

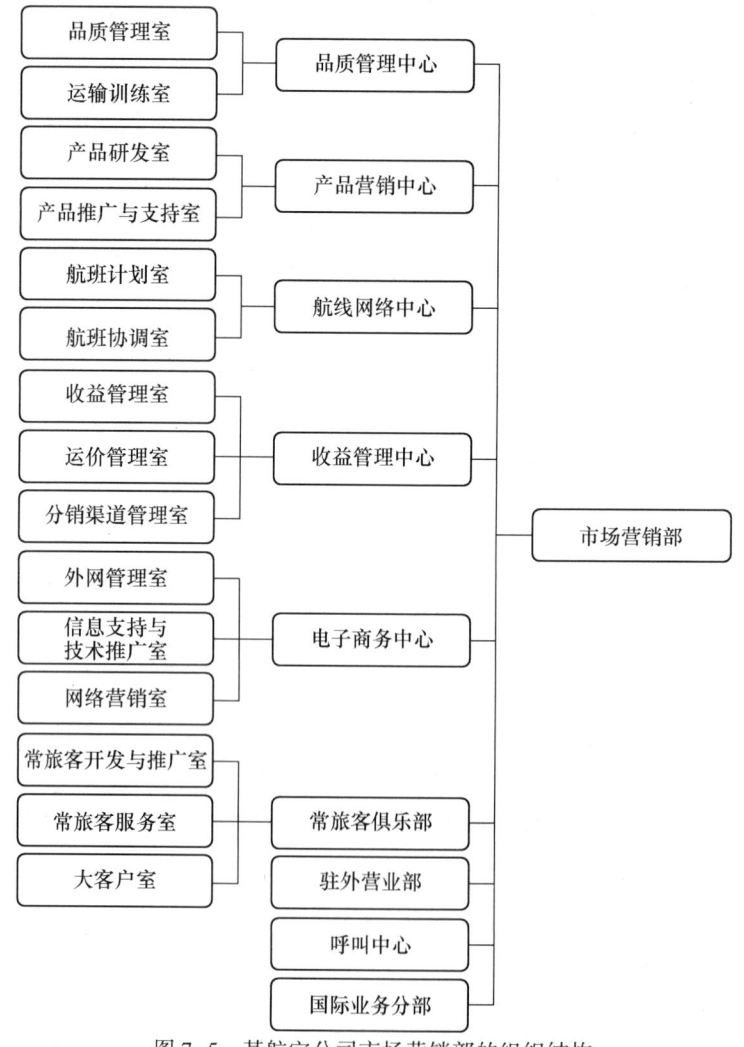

图7-5　某航空公司市场营销部的组织结构

小知识

　　市场营销组织是指由存在于企业内部,参与市场营销活动的职位、人员、机构形成的相对独立的子系统。

第三节　领　导

问题:

(1) 对市场销售人员有哪些激励机制?

(2) 当前民航市场营销管理的授权情况如何?

(3) 建立市场沟通机制的作用是什么?

　　在市场目标确定以后,需要组织的全体成员按照计划执行,执行效果如何在很大程度上取决于领导作用的发挥程度,涉及如何激励、如何分权及如何有效沟通等问题。

一、建立市场激励机制

　　目前,对市场销售人员,激励一般有以下几种方式。

　　1. 销售提成

　　销售提成一般适用于销售人员。以售票员为例,他们每销售一张票提成一定的金额,这种方式简单有效,避免了销售人员干多干少一个样、销量上不去等问题。

　　2. 绩效管理

　　绩效管理适用于市场工作人员,如航线管理员、销售经理等,即分别对各自负责的市场指标,如航班收益、销售总收入、产品销售收入等,以月、季、年为周期进行考核,将任务的完成率与绩效工资挂钩。

　　3. 实行岗位工资

　　实行岗位工资,即什么样的岗位按什么样的工资进行发放,按岗定酬,以充分调动每个人的积极性。

二、管理授权

　　当今世界,民航市场瞬息万变,市场范围广阔,可谓商场如战场。在管理上如何分权和授权,关系到企业对市场的反应速度及其在市场中的竞争能力,如果权力高度集中,事事都要请示汇报,势必会影响企业对市场决策的及时性,错失市场良机;但如果完全放权,有可能会出现操作不当或违规的现象,造成公司的损失。因此,企业需要充分考虑自身特点和市场需要,确定合适的分权、授权方案。

　　在过去,由于计算机、网络技术的不发达,航空公司普遍采用放权的方式,当地市场的营业部因此具有很大的市场决断权,包括座位的分控权等。这在一定程度上提

高了航空公司对市场的反应速度和机动能力。但随着技术的进步和电子客票的使用,很多航空公司认为,在总部就可以了解和掌握各地的市场,于是逐渐采取集中管控模式,即减小分权,将权力逐步收归总部控制,包括分控权、部分驻外市场人员管理权等。

三、建立持续反馈和沟通机制

市场营销人员每天都会面对众多的市场信息,并需要对这些信息采取相应的行动,确保信息共享、市场行动准确,这就要求航空公司市场部门必须建立一套能够提供持续反馈和沟通的机制,这些机制包括会议制度、沟通协调制度等。

航空公司的会议制度和沟通协调必须务实、省时、方便,各航空公司根据自身的情况也有不同的做法。

1. 会议的分类

会议按时间可分为晨会、周例会、年终会。按形式可分为视频会议、现场会议、电话会议等,视频会议由于比较简单、方便和有效而经常被采用。

2. 沟通协调制度

沟通协调制度包括取消征询意见表、市场信息的采集和反馈等。

资料:营业部晨会情况(样单)

营业部		时间	
地点		主持人	
与会人员			
晨会内容			
收益中心需营业部落实事宜的反馈			
需总部解决的问题	问题描述		
	与责任单位沟通结果		
	解决建议		
	解决责任单位		
	解决时限		

第四节　控　　制

问题:

(1)航空公司常用的市场考核指标有哪些?

(2)什么是销售指数?

控制是市场营销管理的最后一个环节,对执行后的结果和目标之间的差距进行测量和分析,并提出修正和提高措施。为此,必须确定控制所要明确的标准,一般表

现为企业对市场部门的考核指标。

一、航空公司常用考核指标

1. 座公里收入

座公里收入是指航班一个座位飞行 1 公里带来的收入。这一指标能比较科学地衡量航班收入能力和水平,且不受机型和航距的影响。

2. 小时收入

小时收入是指航班飞行 1 小时的平均收入。这一指标因机型的不同而不同。

3. 运输总收入

运输总收入是指航班飞行总收入,包括客运收入、货运收入、运行李收入及其他收入。

4. 飞机平均日利用率

飞机平均日利用率是指飞机平均每天飞行的小时数。由于安全原因,民航局规定飞机日利用率一般不超过 12 小时/天。如图 7-6 所示为美国主要航空公司的飞机平均日利用率的情况。

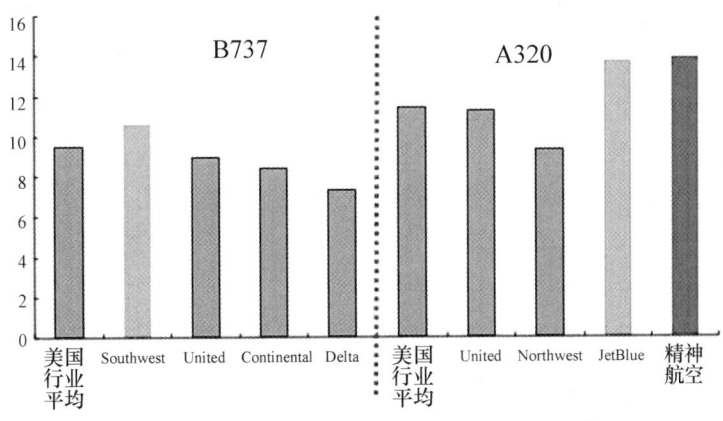

图 7-6　美国主要航空公司飞机平均日利用率

5. 市场份额

市场份额是指一个航空公司在一个市场上的运输量占这个市场上总体运输量的百分比。

6. 销售指数

销售指数是衡量一个航空公司的销售量是否与投入量成正比的指标。如果销售指数低于 1,说明该航空公司销售与竞争公司相比相对较弱;大于 1 则相反。

销售指数＝本公司市场份额/本公司运力份额

除了以上指标,由于市场的变化及诸多因素的不可控性,目前很多航空公司还采用了和竞争公司相关指标差距这一指标进行衡量。

二、考核周期

航空公司目前一般以销售季或自然季、年为周期,进行市场营销成效的衡量并进行适时调整。

资料:××航空公司××年市场部所属中心、营业部考核指标

指标名称	单位	指标数	考核周期及权重			备注
			年	季	月	
运输收入	元		45%	45%	45%	因市场原因取消航班,运输收入任务考核不变;主动要求增加航班的,运输收入任务考核亦不变
座公里收入	元/座公里		30%	30%	30%	和去年一样,营业部对其进出港航线任务均负责,具体考核比例维持去年考核比例不变
与竞争公司座公里收入对比	%	—	15%	15%	15%	考核与共飞航线效益最好的航空公司座公里收入对比(有差距的需缩小差距,有优势的要扩大优势)
国际航线销售指标			10%	10%	10%	
主动加班量						均作为免除责任参考指标
电子商务指标						
FC舱销售指标						
大客户指标						

注:综合指标完成率=运输收入完成率×45%+座公里收入完成率×30%+与竞争公司座公里收入对比指标完成率×15%+国际航线销售指标完成率×10%

小 结

市场营销管理过程和其他管理过程一样,也由计划、组织、领导、控制四个部分组成。市场营销管理成功与否,取决于企业在这四个环节上的完成程度。

市场营销计划书一般包括市场分析、目标确定、市场营销组合(市场措施)等部分。航空公司市场营销计划书一般以PPT的形式出现。

民航市场调查的主要形式是抽样调查,即指从调查对象的总体中,按一定方式选择或抽取一部分调查对象。

SWOT分析法又称为态势分析法。S、W、O、T四个英文字母,分别代表优势(Strength)、劣势(Weakness)、机会(Opportunity)、威胁(Threat)。把S、W和O、T分开,S、W用于对比,O、T用于发现。通过SWOT分析,企业可以做到知己知彼,并据此

对市场做出正确判断后采取行动。

　　航空公司的市场部门一般以营销组合的四个要素为基本框架,同时在设置相应机构时考虑市场的地理位置。

　　在市场目标确定以后,需要组织的全体成员按照计划执行,执行效果如何在很大程度上取决于领导作用的发挥程度,涉及如何激励、如何分权及如何有效沟通等问题。

　　控制是对执行后的结果和目标之间的差距进行测量和分析,并提出修正和提高措施。为此,必须确定控制所要明确的标准,一般表现为企业对市场部门的考核指标,即座公里收入、小时收入、运输总收入、飞机平均日利用率、市场份额、销售指数。

练习与实训

一、单项选择题

1. 5 月 10 日三亚—北京 HU7180 航班的总收入是 16 万元,飞行小时为 3.5 小时,三亚—北京航距为 2710 公里,机型为 B737-800,总座位数为 165,该航班的座公里收入为（　　）元。

　　A. 45714　　　　　B. 0.358　　　　　C. 0. 568　　　　　D. 不能计算

2. 近年来三亚市房地产市场红火,某人从这一现象中看到了市场机会,开始经营地板砖生意,收入很好,请问他是找到了（　　）。

　　A. 局部市场机会　　　　　　　　B. 显现市场机会

　　C. 潜在市场机会　　　　　　　　D. 未来市场机会

3. 2009 年,海南航空公司三亚进出港航班共有旅客 150 万人次,当年海南航空公司三亚进出港航班座位总数为 170 万个;已知凤凰国际机场 2009 年旅客吞吐量为 795 万人次,当年凤凰国际机场全部进出港航班座位总数为 920 万个,海南航空 2009 年在三亚市场上的销售指数是（　　）。

　　A. 0.95　　　　　B. 0. 35　　　　　C. 1.02　　　　　D. 不能计算

二、多项选择题

1. 市场营销管理过程由（　　）组成。

　　A. 计划　　　　　B. 组织　　　　　C. 领导　　　　　D. 控制

2. 民航市场调查的主要形式是（　　）。

　　A. 抽样

　　B. 整体调查

　　C. 总体调查

　　D. 按一定方式选择或抽取一部分调查对象

3. 航空公司市场部门建立一套能够提供持续反馈和沟通的机制,这些机制包括（　　）。

A. 会议制度　　　B. 沟通协调制度　　C. 程序制度　　　D. 安全制度

三、思考题

1. 简述 SWOT 分析法。

2. 航空公司常用考核指标有哪些?

四、单元实训项目

目的:学会分析市场机会。

要求:请分析目前学校中有哪些未满足的市场需求?

五、课外实践

实践目的:分析市场需求。

演练要求:

1. 访问淘宝网,浏览相应商品并尝试购买。

2. 每组选派代表,调查其他组同学的购买动机,然后由组长进行总结,最后将结果向全班汇报。

演练指导:

1. 全班分为若干组,每组确定要购买的物品。

2. 课外实践结束后,各组交流调查信息。

××航空公司市场销售部绩效考核指标

关键成功因素	指标	指标定义/公式	评分规则及标准	信息来源
降低可控客运销售费用	实际客运销售费用和预算之间的差异率	(实际销售费用－预算额)/预算额×100%	(1)=目标值,得90分;(2)比目标值每提高__%,减__分;(3)比目标值每降低__%,加__分,最高120分;(4)大于目标值的__%,不得分;(5)介于其中按线性关系计算	财务报表、预算报表
提高客运业务市场份额	客运市场份额	客运销售收入/客运行业销售总额×100%	(1)=目标值,得90分;(2)比目标值每提高__%,加__分,最高120分;(3)比目标值每降低__%;减__分;(4)发展速度低于行业发展速度,额外减__分;(5)发展速度高于行业发展速度__%,额外加__分;(6)介于其中按线性关系计算	业务报告、行业统计数据
严格按公司的地面接待服务标准执行	客户地面接待服务调查评分	客户地面接待服务调查评分结果	(1)=目标值,得90分;(2)比目标值每提高__分,加__分,最高120分;(3)比目标值每降低__%,减__分;(4)介于其中按线性关系计算	神秘客户调查评分

续表

关键成功因素	指标	指标定义/公式	评分规则及标准	信息来源
提高市场研究水平	市场研究报告质量	考核者评分	考核者直接评分	市场研究报告
不断提高公司盈利航班及航线数量	航班(航线)盈利比率	盈利航班(航线)数量/全部航班(航线)数量	(1)=目标值,得90分;(2)比目标值每提高__%,加__分,最高120分;(3)比目标值每降低__%,减__分;(4)介于其中按线性关系计算	财务相关统计报表
提高客户重复消费的比例	公司常旅客消费积分	当期常旅客消费积分的增长额	(1)=目标值,得90分;(2)比目标值每提高__%,加__分,最高120分;(3)比目标值每降低__%;减__分;(4)介于其中按线性关系计算	常旅客消费积分系统记录
提高公司收入质量,防止过度低价竞争	机型小时收入	机型客运收入/机型飞行小时	(1)=目标值,得90分;(2)比目标值每提高__%,加__分,最高120分;(3)比目标值每降低__%,减__分;(4)高于行业平均水平,额外加__分;(5)低于行业平均水平,不得分;(6)介于其中按线性关系计算	财务帐户及相关统计报表
按客户的要求及时将客户的物资运输到位	行李丢失率	民航相关定义	(1)=目标值,得90分;(2)比目标值每提高__%,加_分,最高120分;(3)比目标值每降低__%,减_分;(4)高于行业平均水平,额外加_分;(5)低于行业平均水平,不得分;(6)介于其中按线性关系计算	行李运输纪录

案例思考:

(1) 制定并执行上述考核指标是在市场营销管理中什么阶段的工作?

(2) 如要完成第一项"降低可控客运销售费用"任务,应该采取什么措施?

165

第八章　市场营销战略

注:各种市场都在不断细分,航空业也一样,只有选择好自己的主攻方向,才能有的放矢、专心致志地在这块市场中发展。

导入案例

粉红色航线

英国企业家亚当·查尔斯创立了世界上第一条"粉红色航线",该航线致力于为女性提供一流的时尚服务。"粉红色航线"首航由英国利物浦的约翰·列侬机场飞往巴黎,150名乘客将全部是女性。飞往美国纽约和意大利米兰的航线也将于年内晚些时候开通。

英国著名女歌手劳拉·克里奇利已与"粉红色航线"签约,正式成为其形象代言人,她的巨幅照片被喷涂在"粉红色航线"首航的波音737-300型客机的机身上。乘客可通过航空公司票务网站购买"粉红色航线"机票。该航线的乘客在候机厅内可以品尝粉红色香槟,并享受美甲服务。在豪华的空中之旅期间,不但可享用精美的食品,同时将享受绝对女性化的特色服务。在各个目的地停留时,将提供一些特需配套服务,好让乘客疯狂购物。

第一节　市场营销战略的概念、意义、特点与内容

问题:

(1) 什么是市场营销战略?

(2) 市场营销战略需要明确什么?

一、市场营销战略的概念

市场营销战略(Marketing Strategy)是指企业为实现其经营目标,对一定时期内市场营销发展的总体设想和规划,以及制定要实现这样的规划所应采取的重大行动和措施。

二、市场营销战略的意义

"人无远虑,必有近忧"。企业也是如此。企业能否在激烈竞争的市场上求得长期的生存和发展,在很大的程度上取决于企业的经营活动是否能适应外部环境的变化。企业营销战略确定了企业经营活动的方向、中心、重点和发展模式,是企业在竞争中求生存、求发展的关键。

三、市场营销战略的特点

1. 全局性

营销战略体现企业全局的发展需要和根本利益,关系到企业兴衰与命运,所以带有全局性的特点。

2. 长期性

营销战略是指从当前企业现状和市场环境出发,着眼于未来,指导和影响未来较长时期内企业的生产经营活动。因此,制定营销战略时必须有远见,能预测市场的长期发展变化态势,才能在竞争中立于不败之地。

3. 未来性

从国家的角度来看,今天面临的许多积重难返的问题,正是过去缺乏战略考虑的结果。从企业发展的角度来看,企业今天的行动是为了执行昨天的战略,企业今天制定的战略正是为了明天更好地行动,因此企业战略的拟定要着眼于企业未来的生存和发展。当然,未来要以当前作为出发点,对未来发展趋势的预测也要以企业的过去和现在为依据。作为企业领导者,要高瞻远瞩,面向未来,只有这样才能使企业营销战略具有未来性。

4. 系统性

市场营销战略是关于企业经营活动的总体部署,体现着企业高、中、低各个层次的发展要求。因而在制定营销战略时,需要通盘考虑,统筹规划,系统地安排各职能部门的业务活动。

5. 适应性

市场营销战略必须与不断变化的市场环境相适应。营销战略的制定不是一蹴而就的,需要经常性地修改、调整。这是因为在市场竞争日益激烈的今天,市场营销环境瞬息万变,企业面对的机会与威胁在不断地演变转换,原有营销战略可能变得不合时宜,对过时营销战略的及时修正也就十分有必要了。

6. 风险性

市场营销战略是对未来事务的规划,它只能建立在企业对未来市场状况预测的基础上。而市场状况错综复杂,变化无常,使预测成为一项充满风险的行为。一旦预测失误,可能会导致企业一败涂地。因此,企业在制定营销战略时,必须经过充分细致的市场调研,征求各方面的意见,慎之又慎。

7. 竞争性

制定企业营销战略的目的,就是在激烈竞争中壮大自己的实力,使本企业在与竞争对手争夺市场和资源时占有相对优势。因此,企业营销战略就是针对来自环境及竞争对手等各方面的冲击、压力、威胁和困难而制定的长期行动方案。它与那些不考虑竞争、挑战而单纯以改善企业现状、增加经济效益、提高管理水平为目的的行动方案不同,只有当这些工作与强化企业竞争力量、迎接挑战直接相关时,才能构成营销战略的内容。因此,企业必须使自己的营销战略具有竞争性,以保证自己战胜竞争对手,保证自己的生存和发展。

8. 相对稳定性

营销战略必须在一定时期内具有稳定性,才能在企业营销实践中具有指导意义,如果朝令夕改,就会使企业经营发生混乱,从而给企业带来损失。当然,企业营销实践是一个动态过程,指导企业营销实践的战略也应该是动态的,以适应外部环境的多变性。但从总体看,企业营销战略应具有相对稳定性。

四、市场营销战略的内容

1. 明确企业的具体任务

(1)企业高层管理者的个人目标和观念。事实证明,高层管理者对企业任务的制定有很大的影响。

(2)环境的变化。企业是在环境中生存和发展的,任务是否合理取决于环境的特点及其提供的机会。

(3)企业资源状况。任务是否可行,关键在于以企业资源状况是否有能力完成这些任务。

(4)企业的竞争优势。好的任务应能够充分发挥企业现有的竞争优势,即根据企业优势规定企业的任务。

(5)企业的经营范围。传统的对企业经营范围的规定,习惯从产品或技术的角度描述,但从现代市场营销的观点看,企业的经营是一个满足顾客需求的过程,而不是制造产品的过程。任何产品或技术都迟早会被淘汰,只有顾客的需求永远存在。因此,企业的经营范围应该用顾客的某种需求来描述。

2. 确定企业的营销目标

企业任务确定后,就要将任务具体化为企业的营销目标。营销目标应是多元的目标体系,包括市场目标、发展目标和利润目标等各方面的内容。

3．制定企业市场拓展战略

发展战略规划就是对企业现有经营业务进行评估分析,选择企业的市场和经营投资方向,不断拓展市场,使企业持续发展的过程。

第二节　目标市场营销理论

问题：

(1) 目标市场营销理论包括哪几个环节?

(2) 试分析国内航空公司分别使用了什么目标市场战略?

1956 年,美国市场营销学家温德尔·史密斯在《市场营销策略中的产品差异化与市场细分》中提出了市场细分的概念,奠定了目标市场营销的理论基础,从而使市场营销进入一个新的阶段。

目标市场营销是市场营销战略的一个重要环节,它包括市场细分(Segmenting)、目标市场选择(Targeting)和市场定位(Positioning)三个相互关联的步骤,故又称 STP 营销,如表 8-1 所示。

表 8-1　STP 营销

市场细分	目标市场选择	市场定位
确定细分变量和细分市场	评估每个细分市场的吸引力	为每个目标细分市场确定可能的定位观念
勾画细分市场轮廓	选择目标细分市场	选择、发展和沟通所挑选的定位观念

一、市场细分

市场细分是目标市场营销的基础,企业只有充分认识市场,了解市场需求的多样性、复杂性,才能使自己的产品更好地适应市场的需求。而市场细分则为企业识别市场机会、有效进入市场提供了可能。

1．市场细分的概念

1) 市场细分的含义

市场细分是指根据顾客在需求特点、购买心理、购买行为等方面的明显差异,把某一产品的整体市场划分为若干个"子市场"或"分市场"的过程。例如,日本资生堂公司 1982 年对日本女性化妆品市场做了调查研究,按照女性顾客的年龄,把所有潜在的女性顾客分为四种类型(即把女性化妆品市场细分为四个不同的子市场):第一类为15~17 岁的女性顾客,她们正当妙龄,讲究打扮,追求时髦,对化妆品的需求意识较强烈,但购买的往往是单一的化妆品。第二类为 18~24 岁的女性顾客,她们对化妆品非常关心,采取积极的消费行动,只要是中意的化妆品,价格再高也在所不惜。这一类女性顾客往往会购买整套化妆品。第三类为 25~34 岁的女性,她们大多数已结婚,因此对化妆品的需求心理和购买行为都有所变化,化妆成为她们的日常生活习

惯。第四类为 35 岁以上的女性顾客,她们可分为积极派和消极派,但都显示出对单一化妆品的需求。

2) 市场细分的基本原理

细分市场的前提是市场并非一个,市场需求并非同质。因此,在观察一个市场时,应该把它看作异质需求的结合体,而在这个异质需求的结合体中又存在同质需求,这便是市场细分的出发点。

市场细分的基本原理就是顾客需求的异质性和同质性。在被细分后的子市场与子市场之间,顾客需求、特点和行为模式等明显不同。相反,在同一子市场内,顾客需求、特点和行为模式等都是相同的。

2. 市场细分的必要性

1) 顾客需求的异质性是市场细分的内在需要

由于顾客需求的千差万别和不断变化,即顾客的需求、欲望及购买行为都呈现异质性,故顾客需求的满足呈现差异性。很明显,没有一种产品或服务能吸引所有顾客,甚至那些只买同一种产品的顾客,其购买行为也会因季节不同而发生变化。因此,为了有效满足顾客需求,企业就不得不将市场细分成不同的顾客群体,了解各个顾客群体的需求和欲望,并制定与之相适应的市场营销组合。

2) 企业的资源限制和有效的市场竞争是市场细分的外在强制条件

现代企业的规模再大,都不可能占有人力、财力、物力、信息等一切资源,不可能向市场提供所有的产品,满足市场所有的购买或消费需求。同时,由于受资源限制和其他约束,任何一个企业也不可能在市场营销全过程中占有绝对优势。在激烈的市场竞争中,为了求生存、谋发展,企业必须分析市场需求,进行市场细分,选择目标市场,明确市场定位,集中资源有效地服务于市场,力争取得最大的竞争优势。

3) 市场细分是选择目标市场的前提条件

企业只有在市场调研的基础上将市场细分成各种子市场,才能结合本身资源状况从中选择适合自己的目标市场。

案例:

日本钟表企业通过市场调查得知,美国对手表的需求有三类不同的顾客群:第一类顾客群想购买一般的能计时、价格低廉的手表,占美国手表市场的 23%;第二类顾客群想购买计时基本准确、耐用、价格适中的手表,占美国手表市场的 46%;第三类顾客群要购买名贵手表,要求计时精确,他们购买手表往往要作为礼物,追求象征性或感情性的价值,占美国手表市场的 31%。同时得知,素享盛名的美国、瑞士钟表商一向注重第三类顾客群,并将其作为目标市场,广告宣传和推销活动也都很有针对性。经过上述细分后,日本钟表企业选定了第一类、第二类顾客群,并制定了相应的市场营销组合,进入该市场,很快就获得较高的市场占有率。

4) 市场细分是发现和开发市场的必要环节和有效途径

通过市场细分,企业可以了解某种产品的市场需求状况及其满足程度,明确哪些

顾客的需求已得到满足,哪些尚未得到满足,哪些满足程度不够,从而获得市场机会。

案例:

日本佳能公司通过细分市场,发现成熟且供大于求的照相机市场还有尚未满足的市场需求,即适合女性使用的照相机,于是开发出"snappy(敏捷)"系列照相机而大获成功。

3. **市场细分的依据**

1) 一般市场细分依据

(1) 人口因素。以人口因素为市场细分依据就是企业按照人口变量来细分顾客市场,包括年龄、性别、收入、职业、教育水平、家庭规模、家庭生命周期、种族等。人口变量很久以来一直是细分顾客市场的重要变量,这主要是因为人口比其他变量更容易测量,而且用人口变量细分市场简单易行。

① 按年龄细分为儿童市场、青年市场、中年市场、老年市场。不同年龄的顾客有不同的需求特点,如青年人对服饰的需求,与老年人的需求差异较大,青年人需要鲜艳、时髦的服装,老年人需要端庄素雅的服饰。

② 按性别细分为男、女。

③ 按收入细分为高、中、低、贫困市场。高收入顾客与低收入顾客在产品选择、休闲时间的安排、社会交际与交往等方面都会有所不同。例如,同是外出旅游,在交通工具及食宿地点的选择上,高收入者与低收入者会有很大的不同。正因为收入是引起需求差别的一个直接而重要的因素,在服装、化妆品、旅游服务等领域根据收入细分市场相当普遍。

④ 按民族细分为汉、满、蒙、回、壮、苗等市场。

⑤ 按职业细分为公务员、教师、工人、医生、军人等市场。它是指按顾客职业的不同、所受教育的不同及由此引起的需求差别细分市场。例如,农民购买自行车偏好载重自行车,而学生、教师则喜欢轻型、样式美观的自行车;又如,由于顾客所受教育水平的差异所引起的审美观具有很大的差异,不同顾客对居室装修用品的品种、颜色等会有不同的偏好。

⑥ 按家庭生命周期细分。一个家庭,按年龄、婚姻和子女状况,可划分为七个阶段,即单身阶段、新婚阶段、满巢阶段Ⅰ、满巢阶段Ⅱ、满巢阶段Ⅲ、空巢阶段、孤独阶段。在不同阶段,家庭购买力、家庭人员对商品的兴趣与偏好会有较大差别。

⑦ 按教育状况细分为高等、中等、初等教育市场。

⑧ 按宗教细分为基督教、天主教、佛教、伊斯兰教等市场。

(2) 地理因素。按地理因素细分市场是指按照顾客所处的地理位置、自然环境等对市场进行细分,具体变量包括国家、地区、城市、农村、地形气候、交通运输等。

按地理因素细分的主要理论根据是:处在不同地理位置的顾客对企业的产品有不同的需求和偏好,他们对企业所采取的市场营销战略,对企业的产品、价格、分销渠道、广告宣传等市场营销组合有不同的反应。

案例:

香港一家公司在亚洲食品商店推销其产品蚝油时采用这样的包装装潢画:一位亚洲妇女和一个男孩坐在一条渔船上,船里装满了大蚝,效果很好。可是这家公司将这种东方食品调料销往美国时,仍使用原来的包装装潢,却没有取得成功,因为美国顾客不能理解这样的包装装潢设计的含义。后来,这家公司在美国旧金山一家经销商和装潢设计咨询公司的帮助下,改换了商品名称,并重新设计了包装装潢画:一个放有一块美国牛肉和一个褐色蚝的盘子,这样才引起了美国顾客的兴趣。经过一年的努力,这家香港公司在美国推出的蚝油新包装装潢吸引了越来越多的顾客,超级市场也愿意经销蚝油了,产品终于在美国打开了销路。

市场潜量和成本费用会因市场位置不同而有所不同,企业应选择那些本企业能最好地为之服务的、效益较高的地理市场为目标市场。

(3)心理因素。按心理因素细分市场是指按照顾客的生活方式、个性特点等心理变量来细分顾客市场。在同一人口统计群体中的人可能表现出差异极大的心理特性。尤其是在生活多样化、个性化、质比量更受到重视的时代,市场不只是要在性别、年龄、职业等方面加以细分,而更重要的是要通过顾客的生活方式、价值观、兴趣爱好、个性、交友关系等来进行心理上的区分。

① 生活方式。即根据人们的生活价值观所形成的生活行为体系或生活模式和生活方法细分市场。生活方式不同的顾客对产品有着不同的需求和兴趣爱好;顾客生活方式的改变也会产生新的需求。这充分说明,生活方式是影响顾客的需求和欲望的一个重要因素。在现代市场营销实践中,越来越多的企业运用顾客的生活方式来细分顾客市场,并且对生活方式不同的顾客群体制定不同的市场营销组合。

如何测定和了解顾客的生活方式呢? 有代表性的方法是"AIO 测定尺度"。企业可以用"AIO 测定尺度"来测量顾客的生活方式。

a. A 是指活动(activities),如顾客的工作、业余消遣、休假、购物、体育、款待客人等活动。

b. I 是指兴趣(interests),如顾客对家庭、服装的流行样式、食品、娱乐等的兴趣。

c. O 是指意见(opinions),如顾客对社会、政治、经济、产品、文化教育、环境保护等问题的意见。

企业可派出调查人员去访问一些顾客,详细调查顾客的各种活动、兴趣、意见。然后用电脑分析处理调查资料,从而发现生活方式不同的顾客群,即按照生活方式来细分顾客市场。

美国一项调查将美国国民的生活方式分成 9 个类型,即生活操心派、忍耐派、归属派、野心派、自我实现派、个人主义派、体验派、社会理念派、全面平衡派。其中,分布较多的是归属派,他们传统、顺应体制,精神导向强烈。

② 个性细分。企业还可以按照顾客不同的个性来细分顾客市场。这些企业通过广告宣传,试图赋予其产品与某些顾客的个性相似的"品牌个性",树立"品牌形象"。

案例:

在 20 世纪 50 年代后期,福特与雪佛兰汽车是按不同的个性来促销的。福特汽车购买者被认为是独立、感情容易冲动、男子汉气质及具有自信的人,而雪佛兰汽车的拥有者则为保守、节俭、关心声誉、较少男子气质及力求避免极端的人。

(4) 行为。企业可以按照顾客对产品的了解程度、态度、使用情况或反应等来细分顾客市场。其行为变量包括时机、利益、使用者、使用率、忠诚度。

① 时机,即根据顾客产生需求、购买或使用产品的时机,将其区分开来。

在我国,不少公司利用春节、元宵节、中秋节、五一等节日大做广告,借以促进产品销售;在加拿大,顾客一般都在早餐时饮用橙汁,某橙汁公司向广大顾客宣传介绍在午餐或宴会上饮用橙汁,以促进橙汁销售。

② 利益,即顾客往往因为各自不同的购买动机、追求不同的利益,所以购买不同的产品和品牌。以购买牙膏为例,有些顾客购买高露洁牙膏,主要是为了防治龋齿;有些顾客购买云南白药牙膏,主要是为了防治口腔溃疡、牙周炎。因此企业还要按照不同的顾客购买商品时所追求的不同利益来细分顾客市场。企业可根据自己的条件,权衡利弊,选择其中一个追求某种利益的顾客群为目标市场,设计和生产适合目标市场需求的产品,并且用适当的广告媒体和广告语,把这种产品的信息传达给追求这种利益的顾客群。现代市场营销的实践证明,利益细分是一种行之有效的细分方法。

③ 使用者,即许多商品的市场可以按照使用者情况来细分,如非使用者、曾经使用者、潜在使用者、初次使用者和经常使用者等。资金雄厚、市场占有率高的大公司,一般都对潜在使用者的顾客群体感兴趣,它们着重吸引潜在使用者,以扩大市场阵地;小企业资金薄弱,往往着重吸引经常使用者。当然,企业对潜在使用者和经常使用者要酌情运用不同市场营销组合及相关措施。

④ 使用率,即市场也可以按产品被使用的程度,细分成少量使用者、中度使用者和大量使用者。大量使用者的人数通常只占市场总人数的一小部分,但是他们在总消费中所占的比重却很大。市场营销者通常偏好吸引对其产品或服务大量使用的群体,而不是少量使用者。例如,一份旅游业的研究报告指出,旅行社的经常性旅客在假日旅游上比不经常旅游的旅客更投入,更喜欢变革,更具有知识和更喜欢成为意见带头人。这些旅客经常旅游,常常从报刊、书籍和旅游展示会上收集旅游信息。旅行社应指示市场营销人员主要通过电信市场营销、特定合伙和促销活动把重点放在经常性旅客身上。

如乘坐飞机的旅客中,有部分旅客乘机出行的频率明显高于一般旅客,航空公司设立了常旅客系统和制度进行维护。显然,航空公司会把重点目标定在常旅客身上,并有针对性地开展各种广告宣传及客户关系维护,不断壮大其常旅客群。

⑤ 忠诚度,即企业可以按照顾客对品牌(或商店)的忠诚度来细分顾客市场。所谓品牌忠诚,是指由于受价格、质量等诸多因素的吸引,顾客对某一品牌的产品情有

独钟,形成偏爱并长期购买这一品牌产品的行为。提高顾客对品牌的忠诚度,对于一个企业的生存和发展、扩大市场占有率极其重要。

顾客对品牌忠诚度的高低,可以用重复购买次数、购买挑选时间、对价格的敏感程度等标准来衡量。

2)民航客运市场细分依据

长期以来,航空公司一直依靠三个因素来细分客运市场,即旅行目的、旅途的远近、始发地的地域或者文化差异。

(1)旅行目的。旅行目的永远是航空客运市场细分的最基本因素。按照旅行目的,航空客运市场可以分为商务旅行市场和休闲旅行市场。

(2)旅途的远近。短途旅客的需求与长途旅客的需求有着根本的不同。短途旅客对机场服务和条件的要求较高,但对空中服务,如座椅、餐食等的要求却相对较少。与之相反,在远程航线上,空中服务的好坏对保证顾客满意度显得非常重要。

(3)始发地的地域或文化差异。不同文化导致了顾客需求的差异。例如,在西北欧或北美地区,多数人会认为商务旅客是中年人、男性、穿戴得体,并且随身携带的行李很少;相反,在许多国家,商务旅行具有明显不同的含义,有相当一部分旅客希望旅行目的地的消费品是便宜的,他们会采购大量物品带回自己的国家再卖掉,从中赚钱,这些旅客对服务水平的要求并不高,反而会要求航空公司提供更高的免费行李额。总之,旅客始发地的地域或文化差异是航空公司细分市场的一个重要参考因素。

4. 市场细分的步骤

办任何事情,特别是复杂、工作量巨大的事情,其工作程序是否科学合理事关重大。进行市场细分,对于企业开展成功的营销活动具有重要意义。因此,市场细分的程序一定要科学合理。在一般情况下,市场细分通常要经过如下步骤。

(1)决定构成市场细分的基础。可以作为市场细分的基础很多,通常可以通过地理、人口、心理与行为、用户性质与规模等因素对市场进行细分,以此确定若干细分市场。

(2)根据需求选定产品市场范围。企业一旦选择了细分基础后,接着便要考虑选定可能的产品市场范围。每个企业都以自己的任务和目标作为制定发展战略的基础。产品或服务的市场范围主要取决于市场需求。例如,房地产开发商打算建造一批适合低收入家庭的住房。但选择购买住房作为投资方式的许多中、高收入的家庭也是潜在买方,需求是选定产品市场范围的重要决定因素。

(3)列举潜在顾客的基本需求,如房地产开发商可以从地理、人口、行为和心理等变量出发,大致估算一下潜在顾客有哪些需求。房地产开发商可能发现,人们花钱买房除了满足基本需求,如包括遮风蔽雨、停放车辆、安全、经济、方便、实惠等;还要满足投资需求,包括投资的保值、增值,以及转让的有关手续、费用等。

(4)分析潜在顾客的不同需求,如房地产开发商可以根据人口变数做抽样调查,向不同的潜在顾客了解哪些需求对他们更为重要,哪些需求更为迫切。例如,60%的人买房是为了自己居住,20%的人买房是为了投资,20%的人买房是两者兼而有之。如果进一步分析,可以发现为居住而买房的人又大都是低收入者,其中70%家庭年收入在 100000 元左右,20%家庭年收入在 60000 元左右,10%家庭年收入低于 60000元。这样进一步细分,对于选择企业的目标市场是很重要的。

(5) 省略潜在顾客的共同需求。企业需要省略各分市场或各顾客群的共同需求。尽管这些共同需求很重要,但只能作为设计市场营销组合的参考,不能作为细分市场的基础,如遮风蔽雨、停放车辆、安全、方便等,几乎是每一个潜在的商品房顾客都希望获得的。作为房地产开发商可以把它看作出售商品房决策的重要依据,但在细分市场时则要省略。

(6) 为细分市场暂时命名。企业对各分市场剩下的需求,还要进一步分析,并结合分市场买方的特点,暂时安排一个名称,如高收入买方、中收入买方、低收入买方等;也可以用其他方法来给细分市场命名,如家庭住户、度假者、新婚者、遗赠者、投资者等。通过这种细分,可以掌握买方的偏好,促进市场营销。

(7) 进一步认识各分市场的特点。在以上步骤的基础上,企业还要对每一个细分市场的买方需求及行为,做进一步的考察,看看各细分市场的特点已被掌握了哪些,还有哪些需要深入了解,以便明确有没有必要再做细分或重新合并。例如,购买房产者中,安居者和投资者的需求差异很大,应当作为两个分市场,同样的建筑设计也许能同时适合这两类顾客,但对他们的广告宣传和人员销售方式却不应相同。企业必须善于发现买方的这些差异。

(8) 测量各细分市场的大小。现在已经基本确定各细分市场的类型,紧接着就应该把每个细分市场同人口变量结合起来分析,以测量各细分市场潜在顾客的数量。进行市场细分是为了寻找获利机会,而这又取决于各细分市场的销售潜力。

5. 市场细分应注意的问题

(1) 防止因市场细分而增加生产成本和降低企业利润。

(2) 注意有些市场可能根本就不需要细分。

(3) 适时运用反细分策略。

① 含义。反市场细分策略就是在满足大多数顾客的共同需求基础上,将过分狭小的市场合并起来,以便能以规模营销优势,用较低的价格去满足较大市场的消费需求。

② 反市场细分策略的形式:

a. 通过缩小产品线来减少细分市场。

b. 将几个较小的细分市场集合起来,形成较大的细分市场。

③ 反市场细分的成因:

a. 市场细分过细,有可能带来增加生产成本和推销费用的问题。

b. 从规模经济角度看,也不应对市场划分过细,因为细分会造成市场需求的多样

性、产品的复杂性,差异性产品的增多会导致小批量、多品种生产,这不符合规模效益的要求。

c. 顾客或用户的价值观、态度的变化。

二、目标市场选择

目标市场是指企业决定要进入的市场,即企业的目标顾客,是企业市场营销活动所要满足的那部分市场需求。在现代市场经济条件下,任何产品的市场都有许多顾客群,他们有不同的需求,而且他们分散在不同地区。因此,一般来说,任何企业(即使是大公司)都不可能很好地满足所有顾客群的不同需求。即使强大的国际商业机器公司也不可能完美地满足每位顾客对计算机的需求。当公司选择合适的目标市场,并为每个目标市场仔细定义和设计适当的市场营销方案时,就会做得更好。

> 企业选择目标市场的模式主要有 5 种类型:产品/市场集中化、产品专业化、市场专业化、选择专业化、市场全面化。

1. 选择目标市场的依据

企业在市场细分的基础上,要在细分的市场中选择一个或几个子市场作为自己开展市场营销活动的对象,即目标市场。但究竟如何选择目标市场呢? 要考虑哪些因素呢?

1)存在尚未满足的需求

这是选择目标市场时首先要考虑的因素。需求是企业生产经营之母,企业选择的目标市场只有存在着尚未得到满足的需求,才有进入的价值。企业进入该市场既能满足顾客需求,又能使企业自身得以生存和发展。

2)有足够的销售量

企业选择的目标市场不仅要有需求,而且要有足够的销售量,这是选择目标市场时不可忽视的重要标准之一。也就是说,企业选择的目标市场不但要存在需求,而且要有足够的顾客愿意并能够通过交换来满足这种需求。

案例:

美国的 Lee 牌牛仔裤就始终把目标对准占人口比例较大的那部分"婴儿高峰期"的顾客群体,从而成功地扩大了该品牌的市场占有率。20 世纪六七十年代,Lee 牌牛仔裤以 15~24 岁的青年人为目标市场。因为这个年龄段的人正是那些在"婴儿高峰期"出生的,在整个人口中占有相当大的比例。可是,到了 20 世纪 80 年代初,昔日"婴儿高峰期"一代已成为中青年。为适应这一目标市场的变化,厂商只是将原有产品略加改进,使其正好适合中青年顾客的体型。结果,到了 20 世纪 90 年代初,该品牌牛仔裤在中青年市场上的份额上升了 20%,销售量增长了 17%。

3) 未被竞争者完全控制,有进入的余地

企业选择的目标市场,应该是没有完全被竞争者控制的市场。一般来说有两种可能性:一是竞争尚不激烈,有进入的余地;二是表面上被完全控制,但实际上仍有缝隙可钻。

案例:

日本江崎糖业公司进入泡泡糖市场并获成功就是最好的例证。日本泡泡糖市场年销售额约为 740 亿日元,其中大部分为"劳特"所垄断,可谓江山唯"劳特"独坐。江崎公司专门研究了"劳特"产品的不足和短处,寻找市场的缝隙,结果发现"劳特"的四点不足:第一,以成年人为对象的泡泡糖市场正在扩大,而"劳特"却仍旧把重点放在儿童泡泡糖市场上;第二,"劳特"的产品主要是果味型泡泡糖,而现在顾客的需求正在多样化;第三,"劳特"多年来一直生产单调的条板状泡泡糖,缺乏新型样式;第四,"劳特"产品价格是 110 日元,顾客购买时需多掏 10 日元的硬币,往往感到不便。

通过分析,江崎糖业公司决定以成人泡泡糖市场为目标市场,并制定了相应的市场营销策略。不久便推出功能性泡泡糖四大产品:①司机用泡泡糖——提神醒脑;②交际用泡泡糖——洁口除臭;③体育用泡泡糖——消除疲劳;④轻松型泡泡糖——改变人的不良情绪。并精心设计了产品的包装和造型,制定了合理且方便的价格。功能性泡泡糖问世后,像飓风一样席卷全日本。江崎公司不仅挤进了由"劳特"独霸的泡泡糖市场,而且市场份额从零猛升至 25%,当年销售额达 175 亿日元。

4) 企业具备进入目标市场的能力

企业选择目标市场,既要考虑外部条件,即目标市场情况,又要考虑企业自身主观条件,即是否具备足以满足目标市场需求的企业经营资源和市场营销能力等。

案例:

在事业刚开始的时候,"金利来"就把品牌目标定在男士领带的世界知名品牌上。当时有人认为,香港领带市场已经被外国名牌所占领,要同它们竞争谈何容易! 但是,"金利来"没有被这一表面现象所迷惑。在考虑了自身条件,并对市场状况的诸多有利条件及不利因素进行科学分析之后,"金利来"毅然做出了进入该市场的选择。实践证明,"金利来"当时的目标市场选择是正确的,发挥了自己的长处,抓住了有利的商业机会,这是"金利来"迈向成功的第一步。

2. 选择目标市场营销策略

目标市场一旦确定,就需要根据目标市场的需求特点制定相应的市场营销策略。概括起来,目标市场营销策略大致可分为三个类型。

1) 无差异市场策略

无差异市场营销是指企业在市场细分之后不考虑各子市场的特性,而只注重子市场的共性,决定只推出单一产品,运用单一的市场营销组合,力求在·定程度上满足尽可能多的顾客的需求。这种策略的优点是产品的品种、规格、款式简单,有利于标准化与大规模生产,有利于降低生产、存货、运输、研究、促销等成本费用。其主要

缺点是单一产品要以同样的方式广泛销售并受到所有购买者的欢迎,几乎是不可能的。企业一般不宜长期采用此策略。这是因为:第一,大多数产品的市场需求是千差万别并不断变化的,一种产品很难长期满足这种需求;第二,当众多企业都采用这种策略时,就会使整体市场竞争异常激烈,而小的细分市场上的需求却得不到满足,这对市场营销者、顾客都不利;第三,采用这种策略的企业,容易受到其他企业发动的各种竞争的伤害。

案例:

在相当长的一段时间内,可口可乐公司因拥有世界性的专利,仅生产一种口味、一种规格和形状的瓶装可口可乐,连广告词也只有一种。它所实施的就是无差异市场战略,期望凭借一种可乐来满足所有顾客对饮料的需求。

2)差异性市场营销策略

差异性市场营销是指在市场细分的基础上,企业选择两个以上乃至全部细分市场作为自己的目标市场,并为每个选定的细分市场制定不同的市场营销组合方案,多方位地开展有针对性的市场营销活动。采用这种市场营销策略,其明显的优点在于:第一,针对不同的目标市场,制定不同的市场营销方案,能够分别满足不同顾客群的需求,市场营销活动易于收到较好的效果;第二,选择两个以上目标市场,还可以使企业取得连带优势,提高企业的知名度。当然,实行差异性市场营销策略,会使企业的生产成本、管理费用、销售费用等大幅度增加。因此,实施差异性市场营销策略要求所带来的收益超过所增加的成本、费用,并且要求企业具有较为雄厚的财力、物力和人力条件。

案例:

美国爱迪生兄弟公司经营的 900 家鞋店,分为 4 种不同的连锁店形式,每种形式针对一个不同的细分市场,有的专售高价鞋,有的专售中价鞋,有的专售廉价鞋,有的专售时髦鞋。在芝加哥斯泰特大街短短 3 个街区的距离内就有该公司的 3 家鞋店。尽管这些商店彼此很近,但并不影响相互的生意,因为它们针对的是女鞋市场上的不同细分市场。

3)集中性市场营销策略

集中性市场营销是指在市场细分的基础上,选择其中一个细分市场作为企业的目标市场,集中力量为该市场开发一种理想的产品,实行高度专业化的生产和销售。这种市场营销策略主要适用于资源力量有限的中小企业。中小企业无力与大企业抗衡,在一些大企业尚未或不愿顾及的小细分市场上全力以赴,往往易于取得成功。这一策略的不足之处是风险较大,一旦目标市场发生变化,会对企业产生很大的甚至是致命的打击。因此,采用这一策略的企业要密切注意目标市场的动向,提高应变能力。

案例:

有一家小规模的制鞋公司,在皮鞋市场上的竞争力较弱。通过市场调查和细分

后,该公司了解到皮鞋市场上有各种不同的皮革制成的皮鞋,款式有150多种。但是,很多顾客喜欢在家穿轻便舒适的皮便鞋,该公司决定以此顾客群作为目标市场,集中企业的一切资源,专门生产这种皮便鞋,使公司在竞争激烈的皮革制品市场上站住了脚,获得了很大的经济效益。

3. 选择目标市场营销策略的影响因素

一个企业究竟应当采用哪种目标市场营销策略,受到企业资源、产品、市场、竞争等多种因素的影响,所以在选择目标市场营销策略时必须考虑这些重要因素。

1) 企业资源

企业资源包括人力、物力、财力、技术水平、市场营销能力等经营资源。如果资源雄厚,就可以考虑实行差异性市场营销策略;否则,最好实行无差异市场营销或集中性市场营销策略。

2) 产品特性

产品特性包括两个方面的问题。

① 产品的同质与异质,如果是同质产品或需求上共性较大的产品,一般宜实行无差异市场营销策略;反之,对于异质产品,则应实行差异性市场营销策略或集中性市场营销策略。

② 产品生命周期处于不同阶段,其目标市场营销策略也应有所区别。处在导入期和成长期的新产品,市场营销的重点是启发和巩固顾客的偏好,最好实行无差异市场营销策略或针对某一特定子市场实行集中性市场营销策略;当产品进入成熟期后,市场竞争激烈,顾客需求日益多样化,可改用差异性市场营销策略以开拓新市场,满足新需求,延长产品生命周期。

3) 市场特性

市场特性也应考虑两点。

① 市场同质与否。如果市场上所有顾客在同一时期偏好相同,购买的数量相同,并且对市场营销刺激的反应相同,则可视为同质市场,宜实行无差异市场营销策略;反之,如果市场需求的差异较大,则为异质市场,宜采用差异性市场营销策略或集中性市场营销策略。

② 市场供求趋势。如果一种产品在未来一段时期内供不应求,顾客的可选择性较弱,企业就可以实行无差异市场营销策略;相反,则实行差异性或集中性市场营销策略。

4) 竞争状况

竞争状况也可以从两个方面来考虑。

① 竞争者的强弱。

② 竞争者采用何种目标市场营销策略。

一般来说,企业应当根据竞争对手的实力及其市场营销策略,选择更有效的目标市场营销策略。例如,竞争对手力量较弱,企业可采用无差异市场营销策略;竞争对

手如果采用无差异市场营销策略,企业就应当采用差异性市场营销策略;如果竞争对手也采用差异性市场营销策略,企业就应进一步细分市场,实行更有效的差异性或集中性市场营销策略。

> **小知识**
>
> 选择目标市场的依据:
> (1) 存在尚未满足的需求。
> (2) 有足够的销售量。
> (3) 未被竞争者完全控制,有进入的余地。
> (4) 企业具备进入目标市场的能力。

案例:

英国有一家小油漆厂,访问了许多潜在顾客,调查他们的需求,并对市场做了以下细分:60%的本地市场,是一个较大的普及市场,对各种油漆产品都有潜在需求,但是本厂无力参与竞争。还有四个分市场,各占10%的份额。一个是家庭主妇群体,特点是不懂室内装饰需要什么油漆,但是要求质量好,油漆效果美观,希望油漆商提供设计方案;一个是油漆工助手群体,需要购买质量较好的油漆,替住户进行室内装饰,他们过去一向从老式金属器具店或木材厂购买油漆;一个是老油漆技工群体,他们的特点是一向不买调好的油漆,只买颜料和油料自己调配;最后,是对价格敏感的青年夫妇群体,收入低,租公寓居住,按照英国的习惯,公寓住户在一定时间内必须给住房上油漆,以保护房屋,因此,他们购买油漆不要求质量,只要比白粉刷浆稍好就行,但要求价格便宜。

经过研究,该厂决定选择青年夫妇群体作为目标市场,并制定了相应的市场营销组合:①产品。经营少数不同颜色和包装的油漆,并根据目标顾客的喜好,随时增加、改变或取消颜色品种和装罐大小。②分销。产品送抵目标顾客住处附近的每家零售商店,目标市场范围内一旦出现新的商店,立即招徕其经销本厂产品。③价格。保持单一低廉价格,不提供任何特价优惠,也不跟随其他厂家调整价格。④促销。以"低价""满意的质量"为号召,以适应目标顾客的需求特点,定期变换商店布置和广告版本,创造新颖形象,并变换使用广告媒体。

由于市场选择恰当,市场营销策略较好地适应了目标顾客,虽然经营的是低档产品,该企业仍然获得了很大成功。

问题:案例中市场细分的主要依据是什么?

三、市场定位

1. 市场定位的含义

市场定位是指确立企业及其产品在目标市场上的地位。具体来说是企业及其产品在顾客心目中的形象。要使产品能在顾客心目中留下深刻印象,并产生购买行为,就要求企业的产品必须具有鲜明的特色,确实能满足顾客的某种特殊需求。

市场定位的概念是在20世纪70年代由美国两位资深的广告代理商阿尔·赖斯

和杰克·特鲁塔发表在《广告时代》杂志上的一系列论文中首先提出的。他们的这一新概念及其战略思想很快就被世界各地的市场营销学者和企业经营者所接受,并成为营销战略的一个重要环节。

企业通过市场定位:①确认现在所处的地位,即产品、品牌能在多大程度上对应市场需求;②比较、评价竞争者与本企业的产品和品牌在市场上的地位;③抢先发现潜在的重要市场位置;④了解和掌握应该追加投放新产品的市场位置,以及现有产品重新定位或放弃的方向等;⑤设法在自己的产品、品牌上找出比竞争者更具竞争优势的特性或者创造与众不同的特色,从而使其产品、品牌在市场上占据有利地位,取得目标市场的竞争优势。例如:

"麦当劳"——大众快餐店;

"马克西姆"——高档豪华餐厅;

"金钥匙"——最具特色的超值服务;

"海尔"——优质产品,优质服务;

日本轿车——小型、节油。

2. 市场定位因素

一般来说,市场定位因素就是顾客认为能满足自己某种需求和欲望的利益因素。

1)功能性利益

功能性利益,即产品本来要发挥的基本实用功能或产品属性,如高效性、易使用性、便利性、正确性、可靠性、安全性、耐久性等。

2)信息性利益

信息性利益,即能对应于所有的信息,提高信息处理能力,满足获得知识的欲望,或者能扩大能力、自我表现等。

3)感觉性利益

感觉性利益,包括视觉,如好看、样式好、有魅力、轻便、崭新等;触觉,如轻、好拿、柔软、暖和等;听觉,如噪声小、听起来舒服等;嗅觉,如无臭、香等;味觉,如好吃、甜、酸;其他,如无毒副作用、低脂肪等。

4)心理性利益

心理性利益,即提高内心的充实感,追求精神上的丰富和满足感;保持良好的心理状态,如自尊心、威望、地位的满足,快感、安心感、轻松感等。

5)场所性利益

场所性利益,即从空间上看,场所具有的方便性、舒适性、接近性及其他。

6)时间性利益

时间性利益,即更快的速度、时间选择性大、节约时间、时间通融性、及时性、定时性等。

7)经济性利益

经济性利益,即降低成本,省力、省能,或提高费用效率比、便宜等。

8）社会性利益

社会性利益,即谋求对社会生活的发展、革新的贡献程度及社会的接受程度,如无公害或减轻公害,提高顾客的福利水平,增大社会利益,增进健康等。

9）文化利益

文化利益,即对应价值观的多样化,灵活地适应不同文化上的规范,如风俗习惯、法律法规等。

3．市场定位的程序

市场定位分析决定市场定位战略,应按一定步骤进行。严格说起来,新产品市场定位和现有产品的市场定位是有区别的,但这里概括地考查下述六个步骤。

1）根据对顾客知觉需求的把握,对目标市场进行定义

目标市场顾客的知觉需求是什么,这种知觉需求是如何获得满足的,是否得到满足,或者顾客从对应这种知觉需求的现有产品群中感觉到什么样的利益。应通过对上述问题的调查来进一步理解市场和产品的关系。

2）测定顾客的喜好程度

进行顾客喜好分析,测定顾客的喜好程度。其方法有多种,最经济的方法就是一种期待值模型,即用1~5个定位因素直接询问顾客有关产品的特性（市场定位因素）及其重要程度。

3）决定本企业产品或品牌的位置

通过顾客喜好分析可以解决以下问题：

（1）增强对本企业产品的市场竞争状态的了解。

（2）掌握顾客通过与竞争企业产品的相对比较而了解的本企业产品或品牌的长处和缺点。

（3）较竞争企业产品或品牌,是否存在差异,有无更有利的位置。

（4）是否存在仍处于空白状态的理想空间。

（5）在充分认识且认为完全有能力对抗强大的竞争对手,并逆转市场定位之后,必须创造新产品的市场位置,重新对现有产品进行市场定位。

4）决定影响市场定位的产品属性

一旦发现了理想的市场位置,下一步就要选择使这种市场定位具体化的物理性产品属性。例如,如果选择既醇又清爽的啤酒作为理想的市场位置,就要研究为达此目的而采取什么样的物理特性组合最适合。

5）制定市场营销组合策略

为了具体实现所确定的市场定位战略,企业必须创造性地制定市场营销组合策略,即4P组合策略。

4．市场定位方式

市场定位战略实际上是一种竞争战略,即根据产品的特点及顾客对产品的了解,确定本企业产品与竞争者之间的竞争关系。企业常用的市场定位方式主要有以下三种。

1）避强定位

避强定位是指避开强有力的竞争对手的市场定位。其优点是：能避开与强大竞争对手的直接冲突，并在顾客心目中迅速树立起自己的形象。由于这种定位方式风险相对较小，成功率较高，常常为很多企业所采用。

例如，伊莱克斯1996年进入中国电冰箱市场所采取的定位方式就是避强定位。当时，在中国电冰箱市场上，海尔、容声、美菱、新飞四大品牌的市场占有率已达71.9%，海尔为电冰箱行业的龙头老大，市场占有率达30%以上，是伊莱克斯拓展中国电冰箱市场的主要竞争对手。伊莱克斯：①在电冰箱的功能和特色诉求上避开了上述四大品牌。海尔的诉求是"抗菌"，容声和新飞的诉求是"节能""环保""除臭"，美菱的诉求是"保鲜"，而伊莱克斯的诉求是"静音"。②在企业及其产品的形象诉求上，不是自吹自擂，而是"谦恭"。伊莱克斯作为年销售额147亿美元，电冰箱销量欧洲排名第一的国际家电巨人，在1998年2月海口召开的全国经销商大会上郑重提出向仅占其销售额5%的中国品牌海尔学习。正因为伊莱克斯市场定位恰当，所采取的市场营销措施得力，到2000年，仅4年时间，其市场占有率已上升到12.9%，排名中国电冰箱行业第二。

2）迎头定位

迎头定位是指与在市场上居支配地位，即最强的竞争对手"对着干"的定位方式。这种方式风险较大，但一旦成功就会取得巨大的市场优势，因此对某些实力较强的企业有较大的吸引力。实行迎头定位，一方面要知己知彼，尤其要清醒地估计自己的实力；另一方面，还要求市场有较大的容量。

3）追随定位

追随定位是指将企业和产品定位在市场领先者之后的定位策略。如果把一个市场上的企业和产品在顾客心目中的地位想象为一个系列的话，那么追随定位就是把自己定位在第二个层次上，与领先者和平共处，只是紧紧跟随领先企业而不去刺激它。这种定位的好处：首先，可以借鉴领先企业的产品、经验，节约了大量的研究开发费用；其次，有利于企业在模仿的基础上，利用新科技创造改进型新产品。总之，还是要形成自己企业和产品的特色，才能与领先企业共同发展，如日本的松下公司就是采用这种市场定位的典型。

第三节　市场拓展战略

问题：

(1) 企业的市场拓展战略一般有几类？

(2) 多元化市场拓展战略有风险吗？

企业的市场拓展战略有三大类，每一类又各有三种形式。

一、密集型发展战略

当企业现有经营领域还存在发展潜力时,一般应采取密集型发展战略。其三种形式如下。

1. 市场渗透

市场渗透是指通过采取更加积极有效的、更富进取精神的营销措施,如增加销售网点、短期调低价格、加强广告宣传等促销活动,努力在现有市场上扩大现有产品的销售量,从而实现企业业务增长。

2. 市场开发

市场开发是指通过努力开拓新市场来扩大现有产品的销售量,从而实现企业业务的增长。实施这种策略的关键是开辟新的销售渠道,并配合大规模的广告宣传等促销活动。企业通过在新地区或国外设立新的商业网点,或开拓新的分销渠道,加强广告、促销等措施,在新的市场上扩大现有产品的销量。

3. 产品开发

产品开发是指通过向现有市场提供多种改型变异产品,如增加花色品种、增加规格档次、改进包装、增加服务等,以满足不同顾客的需要,从而扩大销量,实现企业业务的增长。实施这种战略的重点是改进产品设计,同时也要大力开展以产品特征为主要内容的宣传促销活动。

二、一体化发展战略

一体化发展战略是指一个企业把自己的营销活动伸展到由供、产、销构成的企业价值链的不同环节而使自身得到发展的市场战略。企业往往利用这种市场机会实行不同程度的一体化经营,纵向增强自身生产和销售的整体能力,从而提高效率,扩大规模,增加盈利。一体化发展战略如图 8-1 所示。

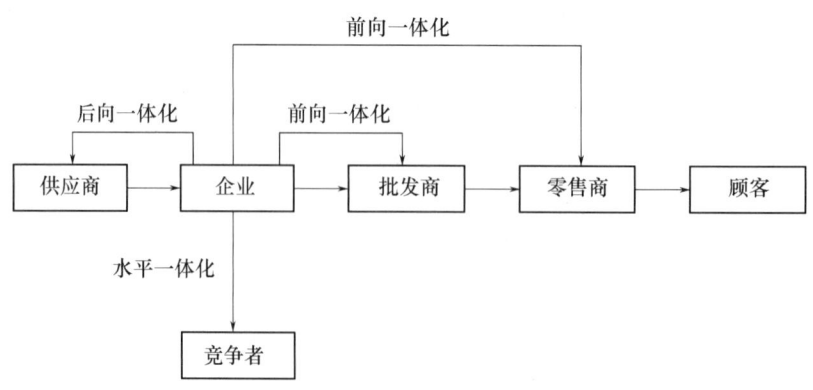

图 8-1　一体化发展战略示意图

1. 后向一体化

企业向自己所处价值链的上游方向,即原料供应方向发展,如自行组织生产本身需要的原材料、能源、包装器材等而不再向外采购,称为后向一体化战略。企业可以通过自建、兼并、契约等形式,取得对上游产业的控制权,实现供产一体化、产销一体化或者批零一体化(钢铁公司自办矿山、服装厂兼并棉纺厂、海航并购飞机租凭公司等),均是向原材料方向延伸。

2. 前向一体化

企业向自己所处价值链的下游方向,即自己原有客户方向发展,例如组建直接面向用户自行销售产品或服务的网点,或者将产品进行深加工后再销售等,称为前向一体化战略。企业可以对其产品的加工或销售单位取得控制权甚至直接拥有,以便更好地控制销售渠道、贯彻营销目标、获取更多利益(木材公司生产家具、批发商经营零售商店)。

3. 水平一体化

水平一体化战略,即企业通过接办或兼并同行业企业来寻求成长的机会。由于并购的是与本企业存在竞争关系的企业,企业在现有市场上的营销规模和优势得以扩大,拥有的产品品种和品牌增多,在体现规模效益的同时又减少了竞争对少的数量,如海航集团并购山西航空公司、长安航空公司等。

三、多元化发展战略

企业为了更多地占领市场和开拓新市场,或避免单一集中经营的风险,往往会选择进入新的业务或市场领域,这一战略就是多元化(也有翻译成多角化)经营战略。多元化战略已成为当今大型企业,特别是跨国公司普遍采用的战略模式。

1. 同心多元化

同心多元化战略是指企业利用现有物质技术力量开发新产品,增加产品的门类和品种,犹如从同一圆心向外扩大业务范围,以寻求新的成长。

2. 水平多元化

水平多元化战略,即企业针对现有市场(顾客)的其他需要,增添新的物质技术力量开发新产品,以扩大业务经营范围,寻求新的成长。

3. 集团多元化

集团多元化战略是指企业通过投资或兼并等形式,把经营范围扩展到多个新兴部门或其他部门,组成混合型企业集团,开展与现有技术、现有产品、现有市场无联系的多元化经营活动,以寻求新的成长机会。

上述三种发展战略,一般来说,企业应先从密集型发展战略入手,再尝试一体化发展战略,最后才考虑多元化发展战略,因为越往后风险越大,所需投入和对企业管理能力要求越高。

小　结

市场营销战略(Marketing Strategy)是指企业为实现其经营目标,对一定时期内市场营销发展的总体设想和规划,以及制定实现这样的规划所应采取的重大行动措施。市场营销战略具有全局性、长期性、未来性、系统性、适应性、风险性、竞争性、相对稳定性的特点。市场营销战略的内容包括明确企业的具体任务,确定企业的营销目标,制定企业市场拓展战略。

目标市场营销是市场营销战略的一个重要环节,它包括市场细分(Segmenting)、目标市场选择(Targeting)和市场定位(Positioning)三个相互关联的步骤,故又称STP营销。

市场细分是指根据顾客在需求特点、购买心理、购买行为等方面的明显差异性,把某一产品的整体市场划分为若干个"子市场"或"分市场"的市场分类过程。市场细分的基本原理就是顾客需求的异质性和同质性。航空公司一直依靠三个因素来细分客运市场,即旅行目的、旅途的远近及始发地的地域或者文化差异。

目标市场是指企业决定要进入的市场,即企业的目标顾客,是企业市场营销活动所要满足的那部分市场需求。目标市场营销策略大致可分为三个类型,即无差异市场营销策略、差异性市场营销策略、集中性市场营销策略。

市场定位是指确立企业及其产品在目标市场上的地位。具体来说是企业及其产品在顾客心目中的形象。企业常用的市场定位方式主要有以下三种:避强定位、迎头定位、追随定位。

企业的市场拓展战略有三大类,每一类又各有三种形式。密集型发展战略包括市场渗透、市场开发、产品开发。一体化发展战略包括后向一体化、前向一体化、水平一体化。多元化发展战略包括同心多元化、水平多元化、集团多元化。

练习与实训

一、单项选择题

1. 在春节、中秋节、情人节等节日即将来临的时候,许多商家都大做广告,以促销自己的产品,他们对市场进行细分的方法是(　　　　)。

A. 地理细分　　　　B. 人口细分　　　　C. 心理细分　　　　D. 行为细分

2. 企业只推出单一产品,运用单一的市场营销组合,力求在一定程度上适合尽可能多的顾客的需求,这种策略是(　　　　)。

A. 无差异市场营销策略　　　　　　　　B. 密集性市场营销策略

C. 差异性市场营销策略　　　　　　　　D. 集中性市场营销策略

3. 市场定位是(　　　　)在细分市场的位置。

A. 塑造一家企业　　　B. 塑造一种产品　　　C. 确定目标市场　　　D. 分析竞争对手

4. 同一细分市场的顾客需求具有(　　　　)。

A. 绝对的共同性　　　　　　　　　　　B. 较多的共同性

C. 较少的共同性 D. 较多的差异性

5. 采用无差异市场营销策略的最大优点是( )。

A. 市场占有率高 B. 成本的经济性

C. 市场适应性强 D. 需求满足程度高

6. 拖拉机制造商过去向橡胶和轮胎公司采购所需轮胎,现决定改为自己生产轮胎,这种做法称为( )。

A. 后向一体化 B. 前向一体化 C. 水平一体化 D. 同心一体化

7. 在当前市场上扩大现有产品的销售,这种战略称为( )。

A. 产品开发 B. 市场开发 C. 市场渗透 D. 多元化经营

8. 美国通用电气公司在20世纪80年代收购了美国业主再保险公司和美国无线电公司,从而从单纯的工业生产行业进入金融服务业和电视广播行业,这种做法属于下述( )增长方式。

A. 集团多元化 B. 同心多元化 C. 水平多元化 D. 垂直多元化

二、多项选择题

1. 细分消费者市场的因素有( )。

A. 地理环境因素 B. 人口因素

C. 心理因素 D. 行为因素 E. 行业因素

2. 市场定位的主要方式有( )。

A. 产品定位 B. 迎头定位

C. 避强定位 D. 追随定位 E. 形象定位

3. 可供企业选择的目标市场营销策略有( )。

A. 无差异市场营销策略 B. 扩展性市场营销策略

C. 差异性市场营销策略 D. 集中性市场营销策略

三、单元实训项目

目的:深入理解市场定位方式。

要求:请分析春秋航空公司的市场定位。

四、课外实践

实践目的:学会分析企业竞争战略。近年来,我国东南沿海省份的一些民营企业在小商品(如打火机、贺年卡、领带、袜子等)的生产和销售、出口方面取得瞩目业绩,虽然各家企业产品线大都相当单一,但却能够占据全球产销量的大份额。

演练要求:

(1) 这些企业运用的是何种竞争战略?

(2) 你认为,随着企业的进一步壮大和市场环境的变化,这些企业是否有必要在将来改变其竞争战略?应选用何种成长战略?

演练指导：

（1）将学生分组，每个小组需完成上述两项内容。

（2）资料可以通过图书馆、互联网或企业获得。

（3）课外实践结束后，各组交流调查信息。

五、案例分析

美国西南航空公司的市场战略

20世纪90年代，西方经济进入衰退期，美国航空业因此受到极大影响。1991年至1992年两年间，美国航空公司的赤字总额累计达80亿美元。曾经盛极一时的TWA、大陆、西北三家航空公司均因经营不善而宣告破产。但一家名叫西南航空公司的小企业却在一片萧条的气氛中异军突起，并在1992年取得了营业收入增长25%的令人难以置信的佳绩。

西南航空公司的成功得益于该公司一贯坚持的营销战略和赫伯特·克莱尔的出色领导。这是一个小企业战胜大企业的经典案例。

第二次世界大战结束后，美国经济进入高速发展的繁荣期。在世界第三次科技革命的推动下，航空业等新兴工业蓬勃兴起。20世纪60年代末，美国GNP高达9741亿美元，人均收入为2579美元。生活水平的提高使人们对交通工具有了更高的要求，而飞行以其快速舒适的特点受到广泛青睐。

20世纪60年代中期，美国有7条国内定期航线。但当时的大航空公司更热衷于跨洋长途飞行，对短程空运业务则不屑一顾。而国内日趋频繁的商务旅行与美国过于广阔的疆土使短程运输业变成了有利可图的"战略性机会窗口"。1967年，克莱尔律师与罗林·金在餐桌上发现了这个窗口。他们用56万美元建立起西南航空公司，开始在大航空公司的夹缝中求生存。

1968年，西南航空公司成立后，只经营达拉斯、休斯敦和圣安东尼奥三个城市间的短程航运业务。在巨人如林、竞争残酷的美国航空界，克莱尔对战略性营销战略的初始选择无疑是明智的。战略性机会窗口的市场切入点是通过SWOT分析法来实现的：S即Strength（长处），W即Weakness（弱点），O即Opportunity（机遇），T即Threat（威胁）。前两者为企业内部因素，是可控变量；后两者是外部因素，属非可控变量，但是，它们可以被利用。

通过SWOT系统分析法，西南航空公司进行了正确的市场定位。20世纪70年代，西南航空公司只将精力集中于得克萨斯州之内的短途航班上。它提供的航班不仅票价低廉，而且班次频率高，顾客几乎每个小时都可以搭上一架西南航空公司的班机。这使得西南航空公司在得克萨斯航空公司市场上占据了主导地位。

尽管大型航空公司对西南航空公司进行了猛烈的反击，但由于西南航空公司的经营成本远远低于其他大型航空公司，因而可以采取价格战这种方法。

不论如何扩展业务范围,西南航空公司都坚守两条标准:短航线、低价格。1987年,西南航空公司在休斯敦至达拉斯航线上的单程票价为 57 美元,而其他航空公司的票价为 79 美元。20 世纪 80 年代是西南航空迅猛发展的时期,其客运量每年增长300%,但它的每英里运营成本不足 10 美分,比美国航空业的平均水平低了近 5 美分。

在选准战略性机会窗口后,低价格是保证它打赢这场战争的关键。为了维持运营的低成本,西南航空公司采取了多方面的措施。在机型上,该公司全部采用节省燃油的波音 737 型飞机。这不仅节约了油钱,而且使公司在人员培训、维修保养、零部件购买上均执行一个标准,大大节省了培训费、维护费。

同时,由于员工的努力,西南航空公司创下了世界航空界最短的航班轮转时间。当别的竞争对手需用 1 个小时才能完成乘客登机、离机及机舱清理工作时,西南航空公司的飞机只需要 15 分钟。在为顾客服务上,西南航空公司针对航程短的特点,只在航班上为顾客提供花生米和饮料,而不提供用餐服务。

航空公司的登机卡通常是纸质的,上面标有座位号,而西南航空公司的登机卡是塑料的,可以反复使用。这既节约了顾客的时间又节省了大量费用。

西南航空公司没有计算机联网的订票系统,也不负责将乘客托运的行李转机。对于大公司的长途航班来说,这是令顾客无法忍受的,但这恰恰是西南航空公司的优势与精明之所在。它选择并进入这样一个狭小的战略性窗口,使大型航空公司空有雄厚的实力却无法施展。正如一位大型航空公司的经理所说:"它(西南航空公司)就像一只地板缝里的蟑螂,你无法踩死它。"西南航空公司是在确保控制成本和盈利的条件下拿起价格武器的。为了降低成本,它在服务和飞机舒适性上做了些牺牲。但是,只要质量、安全、服务不是太差,顾客是欢迎低价格的。

对于服务类企业来说,对自身及外界各基本要素进行深入分析,建立起战略性服务观是在竞争中处于不败之地的关键。到 1993 年,西南航空公司的航线已拓展到 15个州的 34 座城市。它拥有 141 架客机,这些客机全部采用相对节油的波音 737 型,每架飞机每天要飞 11 个起落,由于飞行起落频率高、精心选择的航线客流量大,所以西南航空公司的经营成本和票价依然是美国最低的,其航班的平均票价仅为 58 美元。而当西南航空公司进入加利福尼亚州后,几家大型航空公司不约而同地退出了洛杉矶—旧金山航线,因为它们无法与西南航空公司 58 美元的单程票价格展开竞争。在西南航空公司到来之前,这条航线的票价高达 186 美元。西南航空公司的低价格战略战无不胜。1991 年,当克莱尔发现已找不到竞争对手时,他说:"我们已经不再与航空公司竞争,而要与行驶在公路上的福特车、克莱斯勒车、丰田车、尼桑车展开价格战,我们要把高速公路上的客流搬到天上去。"

在西南航空公司的发展过程中,克莱尔一直坚持稳健的发展战略。对于实力弱小的中小企业来说,四处出击乱铺摊子的"游击战"是无法取得战略性胜利的。克莱尔主张集中力量、稳扎稳打,看准一个市场后就全力投入进去,直至彻底占领该市场。他拒绝了开通高利润的欧洲航线的邀请,坚定不移地坚守短途航线,以避免与大航空公司兵刃相见。克莱尔对开通航线的城市也有着严格的标准,对每天低于 10 个航班客运量的城市,西南航空公司是不会开辟航线的。

案例思考:

(1) 美国西南航空公司的目标市场的特点是什么?

(2) 美国西南航空公司采用了哪种市场定位方式?

(3) 美国西南航空公司运用了什么目标市场营销策略?

附录 A ICS 系统航空公司控制指令速查
(收益管理常用指令)

ML(航班查询指令)

- ML:B/HU7181/10DEC06 提取 HK、RR 旅客记录
- ML:C/HU7181/10DEC06 提取全部旅客名单,包括 RR、HK、HN、HL、HX
- ML:E/HU7241/10DEC06 提取锁定座位的旅客
- ML:F1/HU7181/16DEC06 提取航班上常旅客名单
- ML:F2/HU7181/14DEC06 提取航班上持银卡的常旅客名单
- ML:F3/HU7281/15AUG06 提取航班上持金卡的常旅客名单
- ML:F4/HU7281/13AUG06 提取航班上持白金卡的常旅客名单
- ML:G/HU7241/16AUG06 提取团体旅客(仅提取团名)
- ML:HU/HU7181/20DEC06 提取团体旅客(含团员名单和团队名)
- ML:I/HU7181/19AUG06 提取到达本站并转乘该航班的旅客
- ML:M/HU7181/16AUG06 提取需要特殊餐食的旅客
- ML:NT/HU7241/17AUG06 提取没有票号的旅客,N 为否定先项
- ML:O/HU7281/18AUG06 提取有现行 OSI 项的旅客
- ML:P/HU7281/20AUG06 提取 PNR 中有 AUX、SSR、OSI 项的旅客
- ML:P1/HU7181/20AUG06 提取经过离港系统处理后,由 PFS 报生成的 PNR
- ML:P2/HU7281/19AUG06 提取航班上被保护旅客的名单
- ML:Q/HU7241/18AUG06 提取从本航班转移到其他航班的旅客
- ML:S1/HU7181/16AUG06 提取航班上 GOSHOW 的旅客
- ML:S2/HU7281/27AUG06 提取航班上 NOSHOW 的旅客
- ML:S4/HU7241/28AUG06 提取航班上需坐轮椅旅客
- ML:S5/HU7181/18AUG06 提取航班上有摇篮需要的旅客
- ML:S6/HU7281/18AUG06 提取航班上出票的婴儿旅客
- ML:T/HU7241/21AUG06 提取已出票的旅客,通过电传电报的旅客也包括

🕐 ML:T1/HU7241/05AUG06 提取电子客票旅客名单

🕐 ML:U/HU7181/19AUG06 提取未订妥座位的旅客（HL、US、UU、HN）

🕐 ML:U1/HU7181/20AUG06 提取无人陪伴儿童的旅客

🕐 ML:U3/HU7281/28AUG06 提取候补座位的旅客

🕐 ML:U4/HU7181/18AUG06 提取申请座位的旅客

🕐 ML:V/HU7181/20AUG06 提取 VIP 旅客

🕐 ML:V1/HU7181/18AUG06 提取航班上 CIP 旅客

🕐 ML:V2/HU7281/16DEC06 提取某一航班上从 F/C/A/降舱下来的旅客

🕐 ML:W/HU7281/29AUG06 提取完全取消的 PNR,不包括部分旅客被取消的

🕐 ML:W1/HU7181/16AUG06 提取 PNR 中取消的旅客名单

🕐 ML:W2/HU7281/18AUG06 提取航段取消的旅客名单

🕐 ML:X/HU7181/29AUG06 提取已取消订座的旅客名单

🕐 ML:Y/HU7281/28DEC06 提取利用空余座位的旅客（SA、ID、NR）

🕐 ML:BC1/HU7281/27AUG06 提取 CODE SHARE 的旅客

🕐 ML:NBG/HU7241/23AUG06 提取未订妥座位的非团体旅客

🕐 ML:NB/HU7181/22AUG06 提取未订妥座位的旅客

🕐 ML:NR/HU7181/28AUG06 提取未 RR 的旅客

🕐 ML:ZX/HU7241/4AUG/SZXWUH 提取由于航班取消所删除的记录

🕐 ML:ZX/HU7181/28AUG06 提取航段取消未受保护的旅客

🕐 ML:B/HU7281/11AUG/O/BJS 提取责任组以 BJS 开头的 HK、RR 状态的 PNR

🕐 ML:B/HU7181/20AUG/O/PEK005 提取责任组是 PEK005 的 HK、RR 状态的 PNR

🕐 ML:B/HU7181/30AUG/O/T 提取非 ICS 系统的 HK、RR 状态的 PNR

🕐 ML:B/HU7241/21AUG/O/T/HDQ1B 提取 ABACUS 系统订取的 PNR

🕐 ML:B/HU7181/24AUG/O/1E 提取所有来自 CRS(PEK1E)系统的订座,同时列出订座部门代号

🕐 ML:B/HU7281/24AUG/O/1E/PEK 提取所有来自 CRS(PEK1E)系统、所有来自北京的代理订座,同时列出订座部门代号

🕐 ML:B/HU7241/24AUG/O/1E/SZX188 提取所有来自 CRS(PEK1E)系统、订座部门是 SZX188 的订座

FLR（统计指令）

🕐 FLR:HU7181/18AUG06 显示航班的出票情况

🕐 FLR:HU7181/20AUG06/F 显示航班机型、布局、载重信息

🕐 FLR:AI/PEK/20AUG06 显示到达该城市的国际航班

🕐 FLR:OD/CAN/18AUG06 显示从该城市出发的国内航班

🕐 FLR:PEKCAN/28AUG06 显示航班的订座情况

🕐 FLR:SHAPEK/18AUG06/F 显示航班机型、布局、载量信息

🕐 FLR:PEKCAN/22AUG06/E 显示航班电子客票销售情况

🕐 FLR:CTUCAN/19DEC06/G/90 显示销售高于90%的航班

🕐 FLR:CANPEK/22AUG06/L/60 显示销售低于60%的航班

🕐 FLR:PEKCTU/25AUG06/CRS/WL 显示CRS系统候补订座情况

🕐 FLR:HU7181/20JUL/E 显示打印了电子客票T4联的旅客数目

FLP（统计指令）

🕐 FLP:HU7181/18AUG06 显示指定时间内航班的销售情况

🕐 FLP:HU7241/15AUG06/25AUG06/SZXWUH 显示指定时间内航班的某一航段销售情况

🕐 FLP:L/HU7281/29AUG06 显示各等级的销售情况

🕐 FLP:G/HU7281/18AUG06 显示团队和散客的销售情况

🕐 FLP:T/HU7181/18AUG06/20AUG06/D 直接显示TOTAL数

RB（航线订座分布表）

🕐 RB:28AUG06/PEKCAN 显示城市对间的订座情况

🕐 RB:E/20AUG06/30AUG06/D/PEKSHA/RTN 显示指定时间内城市对间的订座情况

🕐 RB:L/+/PEKSHA 输出该航段上座百分比

🕐 RB:L/25AUG06/PEKCAN/HU 指定航空公司查看该航线上座百分比

🕐 RB:T/15JUL06/20JUL06/HAKPEK/HU 指定航空公司查看该航线上汇总统计数据

🕐 RB:T/15JUL06/20JUL06/HAKCGO 显示所有航空公司该航线汇总统计数据

RO（航班读出）

🕐 RO:HU7181/22AUG05 完整读出航班信息

🕐 RO:F/HU7181/26AUG06 完整读出航班信息

🕐 RO:L/HU7241/19AUG06 航节部分信息的读出

🕐 RO:S/HU7281/27AUG06 航段部分信息的读出

🕐 RO:C/HU7241/19AUG06 计数信息的读出

🕐　RO:Z/HU7181/29AUG06 显示 POS 表的使用情况

🕐　DIH:HU7181/20AUG06 显示所有历史操作

🕐　DIH:HU7181/24AUG06 选项(下列)

DIH(航班历史数据查询)

🕐　DIH:HU7181/24AUG06 LS 限制销售状态的改变

OB:超订座位

SK:航班修改

NL:修改限制销售组合数

CS:设置、取消舱位混合等级

GT:修改团体限制

ST:航班舱位状态改变

SC:航班取消(T-CARD 取消)

AH:特定修改

CC:修改机型、布局

WL:设置、取消候补自动证实

PC:修改 PCF 表号、PCF 数

RC:调整 PNI 及 INV 数

EL:设置、取消航班紧急锁定

PR:设置或移去永久申请标识

XC:取消或恢复舱位等级

XS:取消或恢复航班或经停点

AV:修改 AVS 表号

CO:关闭航班

RP:释放旅客信息

PM:旅客舱单统计

DS:起飞数据统计

🕐　DIH:HU7181/20AUG/D/12AUG06/18AUG06 显示某一航班在某段时间内的历史操作

🕐　DIH:HU7241/+/HAKSZX 增加城市对,方便多航段航班历史数据查询

AV(航班查询)

🕐　AV:A/PEKCAN/1AUG 显示结果按照到达时间先后顺序排列,默认为 A

🕐　AV:E/PEKCAN/1AUG 显示结果按照飞行最短时间排序

🕐　AV:PEKCAN/3AUG/D 显示直达航班

🕐　AV:PEKCAN/1AUG/N 显示无经停航班

🕐 AV：V/PEKCAN/15AUG06/S 选择指定舱位是最早可利用的航班

🕐 AV：HAKWUH/15AUG05/C1 查询有 1 个中转点的航班

🕐 AV：PEKHAK/30AUG06/CSX 查看经长沙中转的航班

🕐 AV：PEKSHA/1AUG/1100 显示 8 月 1 日 11 点以后到上海的航班

🕐 AV：RA/2AUG 显示 8 月 2 日的回程航班

🕐 AV：C/1 显示 AV 输出中航班序号为 1 的完整舱位

🕐 AV：H/PEKHAK/+（代理人系统）输出完整的舱位

🕐 AV：J/HU7181/15AUG06/15SEP06（航空公司系统）输出一段时间舱位状况

OVTB 查占座

🕐 OVTB：HU7181/+ 查出明天 HU7181 的占座情况

🕐 OVTB：HU7181/21AUG06/IGX 释放 8 月 21 日 HU7181 占座

🕐 OVTB：HU7241/+/8SEP/IGX5 释放明天到 9 月 8 日占座 5 分钟以上的座位

🕐 RC：HU7281/9AUG06 查看航班，当 PNI>INV 时，可以调；反之不可调。占座用 OVTB 释放

OHI 查找及恢复历史 PNR 数据

🕐 OHI：N/WANG/LEI/HU7181/10AUG05 查找以 WANG 开头名字中包含 LEI 的 PNR（模糊查询，运行快）

🕐 OHI：N/＊WANG/LEI/HU7181/10AUG05 查找名字中既包含 WANG 又包含 LEI 的，前后顺序和位置不限

🕐 OHI：L/HU/01SEP05/PEK 查找 2005 年 9 月 1 日北京出港的 HU 航班

🕐 OHI：L/＊ZHAO/HU7241/01SEP05 查找名字中包含 ZHAO 的 PNR（ML 格式输出）

🕐 OHI：R/ZHAO/HU7241/01SEP05 恢复 2005 年 9 月 1 日 HU7241 航班名字中包含 ZHAO 的 PNR

参 考 文 献

［1］张先云. 市场营销学［M］. 北京:机械工业出版社,2007.

［2］斯蒂芬·萧. 航空公司市场营销与管理［M］. 邵龙译. 北京:中国民航出版社,2007.

［3］杨丽佳. 市场营销案例与实训. 2 版. 北京:高等教育出版社,2011.

［4］www. cata. org. cn